障害のある子どもの放課後と地域福祉

放課後等デイサービスの二面性

伊井 勇 著
Ii Isami

はじめに

　子どもは夕方に育つ。それはノスタルジックで古びた言葉なのでしょうか。
　友だちと遊ぶ、自分の好きなことをする、習いごとやお手伝いをする時間として、放課後を過ごした人は少なくないでしょう。あるいは、学校のない休日には、スポーツをして、本を読んで、音楽を聴いて、絵を描いて、時にはゴロゴロと寝転んで、思いのままに過ごした経験があるのではないでしょうか。
　放課後や休日の原体験が、過去・現在・未来の自分を縫い合わせていると感じる時があります。スポーツ選手、科学者、建築家、アーティスト、芸能人、棋士など、名だたる方々が子ども期の放課後や休日にしていた活動を起点あるいは基点にして、キャリアを築き上げるエピソードは枚挙に暇がありません。
　冒頭から卑近の例ですが、著者の生活には物心がついた頃から犬がいます。小学生の頃は、家で飼っている犬に加えて、近所には贔屓にする犬が何頭もいました。下校中や野球の練習中など、放課後・休日のちょっとした時間を見つけては犬と遊んでいました。今でも、どうしても犬が気になる——。
　放課後や休日における活動は、家の中で行うことや学校のグラウンドを利用することもありますが、家庭や学校とは異なる場所で営むことも多いものです。そして、活動する場所や内容、仲間の有無や多少は、その日によって異なります。また、前後の予定や季節によって、活動時間の長短もちがいます。放課後や休日の活動は、常に「変わりうる」という緩やかさを内包しているといえるでしょう。
　本書では、放課後や休日に活動する場所を、家庭や学校とは質的に異なるという意味を込めて「第三の居場所」と表現しています。「第三の居場所」とは、都市社会学者であるレイ・オルデンバーグの著書『The Great Good Place』(とびきり居心地よい場所)の邦訳本として出版されている『サードプレイス』(みすず書房,2013)を皮切りに、現代社会において注目を集める用語の1つです。なお、オルデンバーグが着目したのは、カフェ、バー、集会所など大人の社会におけるサードプレイスでした。
　本書が目指すのは、子どもがイキイキと活動するための「居心地よい場所」として、放課後や休日の居場所が形成されることです。今日の状況に即していえば、児童福祉法に基づいて2012年に制度化した放課後等デイサービスが中心になって、障害のある子どもの放課後や休日を支えています。本書では、副題にもあるように、そ

の放課後等デイサービスに着目しています。とりわけ、放課後等デイサービスが創設するまでの粘り強い社会運動や政策化のプロセス、あるいは、放課後等デイサービスが創設した後の様相や内包する課題を検討することに、本書の関心があります。

くわしくは本論で検討しますが、これまでの障害のある子どもの放課後や休日の過ごし方は、障害の種別や軽重、生活年齢、発達年齢、学校種別などによってバラツキがあるとしても、ひとりぼっちか、家庭で家族と過ごすことが多くなりがちでした。遊び方も仲間と過ごす機会は少なく、テレビをみる、ゲームをする、動画をみるといったように単調になることが少なくない。また、家族と過ごす時間が多いということは、ケアする主体も偏ってしまいます。そのため、放課後や休日の過ごし方を豊かにしていくことは、家族の介助を軽減すること（レスパイト）にも繋がります。

障害のある子どもの放課後や休日では、こうした課題を解決するために、社会的な支援によって支える仕組みを必要としてきました。障害のある子どもの多くは、1979年の養護学校教育義務制実施を境にして学校に通うようになり、これに伴って放課後が「発生」しました。また、2002年の学校5日制の完全実施によって、放課後・休日が「拡大」しました。

そして、時代ごとに浮上する放課後・休日の課題を解決するために、その方策を模索してきた過去があります。この期間は、1979年を起点にすれば50年近くになります。また、2012年には国の制度として障害のある子どもの放課後と休日を支える放課後等デイサービスが創設し、10年以上が経過しました。

本書では、子どもが活動する舞台を下支えする制度に目を向けて、障害のある子どもの放課後・休日にとって、何を価値あるものとし、その維持と発展に力を尽くすかということを改めて考えていきます。

なお、こうした検討を試みる出発点には、現場の方々に代わって制度を読み解くことで、地域福祉や障害児支援に対する貢献をしたいと思ったことがあります。制度を運営していくためには、放課後活動に関わる実践者、学校教育に従事する教師、子育てに向き合う保護者、制度の策定および福祉業務の調整を担う行政職員などの協働が必須であり、多様な属性の方々がそれぞれの現場から関わっています。

ありていに言って、現場をもつ人はかなり忙しい。日々の業務が忙しければ、どうしても「いま・ここ」に視点が向くものだと思います。「1日を1回転させるために、何回転しなければいけないのか」という難題と日々隣り合わせにあることも想

像されます。

　そこで、研究成果の公表を通じて、地域福祉や障害児支援に貢献したいと思う著者なりの社会参画を試みようと思います。書籍の特徴を活かして、長期的な視点からゆっくりと静かに思考を巡らせる機会を、本書が担えればと思います。

　ただし、立命館大学に提出した博士学位請求論文を加筆・修正する形でつくられたため、本書がもつ特性上、説明的な文体となり、少々硬筆で理屈っぽい印象になるかもしれません。それは、著者なりに思考を重ねた軌跡でもあります。読みにくい箇所はすべて著者の力量不足によるものですが、なるだけいろいろな現場の方に読んでいただけるよう努めました。

　加えて、「私たちの利用する放課後等デイサービスは、気づけば街でよく見かけるようになったけど、いつ頃から、どのようにしてできたのか」「最近、放課後等デイサービスが急増したけど、どうしてなのか」「コンビニエンスストアの空き店舗、雑居ビルのワンフロア、複合施設の一角などに放課後等デイサービスの事業所があるけど、福祉施設が設置される場所は変わってきているのか」といった素朴な疑問を射程に含みつつ検討していきたいと思います。

　他方で、本書が議論の中心にする放課後等デイサービスの実態は、社会福祉基礎構造改革による影響を呈した事例として、社会福祉学や地域福祉論、特別ニーズ教育などの学術研究にとって示唆的です。放課後等デイサービスは制度の発足から10年以上が経過しているため、この一連の改革の影響を分析するために必須となる資料やデータが、ある程度蓄積しました。

　本書の検討は、放課後等デイサービスの事業者に対して実施したインタビュー調査の結果に加えて、放課後等デイサービスに関わる先行研究、官庁統計・外郭団体等の数量的データ、新聞記事、全国障害者問題研究会全国大会・放課後部会の議事録、全国放課後連のニュースレターなど、さまざまな素材を扱っています。放課後等デイサービスが経験する苦闘は、社会福祉学や地域福祉論、特別ニーズ教育にとっても、1つの参考事例になるのではないでしょうか。

　本書で扱う第三の居場所は、その序数が示すように、第一の家庭や第二の学校に次ぐ居場所として、副次的な位置にそっと置かれがちです。第一の家庭や第二の学校に比して、社会的関心や問題解決に対するプライオリティ（優先順位）が低い。さらに、放課後・休日という語感も関係して、そこまで重要な論点ではないものとして暗黙のうちに捨象されているのかもしれません。

しかし、それだからといって重要度の低い問題とはいえないのです。たしかに、放課後・休日は、家庭の範疇に置かれる期間が長かった。ただし、地域社会の紐帯が緩み、共働き家庭が増加し、安全・安心に子どもが発育することが求められる今日社会において、制度として第三の居場所を充実させていくことは、障害の有無を問わず社会的な課題といえるでしょう。そして何より、この時間を主人公として活動する子どもがいます。冒頭で記したように、放課後や休日の原体験が、過去・現在・未来の自分を縫い合わせることがあります。子どもの人格形成に強く影響するといえましょう。

　第三の居場所を制度として確立させ、誰かの手によって吟味を怠らず、常に制度のブラッシュアップを考える必要があります。その意味で言えば、制度は国や自治体が創るものと捉え、取り決められた内容に従い実践をすればよいと従属的・硬直的な発想に留まるものではないと思います。あるいは、制度はよくならないし、子どもの発達環境はたかがしれていると抱く虚無感を乗り越えていきたいものです。

　家庭よりも規模が大きく規律があり、教える側になったり教わる側になったりと、常に役割が入れ替わる異年齢集団を無理なく創り出せる。教育的な意図を感じさせない活動を柔軟にタイムリーに「同じ目の高さ」で組織できる。こうした「自由のありよう」（多元的な自発的活動）に第三の居場所の魅力が詰まっているのではなかろうか──。

　このような思いから、本書を執筆しました。本書が障害のある子どもの第三の居場所について静かに考える一助になれば、これにまさる喜びはありません。

2024年4月

伊井　勇

Contents

はじめに ··· 3

Ⅰ部　問題設定

第1章 本書の目的と全体構成 ··· 12
1節 研究目的 ·· 12
2節 子どもの放課後・休日を対策する意味 ·· 17
3節 放課後等デイサービスの概要 ··· 24
4節「発達障害の増加」に対する社会福祉の対応 ······································· 26
5節 本書の構成と各章の概要 ··· 31

第2章 放課後等デイサービスに関する動向 ····················· 35
1節 放課後等デイサービスに対する社会的関心
　　──新聞記事の整理を通じて ··· 35
2節 放課後等デイサービスの研究動向 ··· 55

第3章 本書の分析視角と研究課題 ··· 70
1節 本書の分析視角 ·· 70
2節 本書が依拠する視点 ··· 76
3節 地域福祉の政策展開 ··· 96
4節 本書の研究課題と調査の方法 ·· 103

Ⅱ部 放課後・休日対策の重要な転換点としての放課後等デイサービス

第4章 障害のある子どもの放課後・休日対策の変遷と政策展開 … 108
    1節 本章の研究目的と問題の所在 ……………………………………… 108
    2節 放課後・休日問題の対象化 ………………………………………… 109
    3節 放課後保障の展開と放課後・休日対策の増幅 …………………… 113
    4節 放課後保障と放課後・休日対策の変遷 …………………………… 124

第5章 地域福祉としての放課後保障
    ――全国放課後連の活動に着目して ……………………………………… 129
    1節 本章の研究目的 ……………………………………………………… 129
    2節 全国放課後連の結成と放課後保障の根幹にある考え方 ………… 131
    3節 全国放課後連の活動内容 …………………………………………… 141
    4節 放課後保障の特徴と果たした役割 ………………………………… 158

第6章 数量データからみる放課後等デイサービス ……………………… 161
    1節 本章の研究目的 ……………………………………………………… 161
    2節 障害のある子どもの放課後・休日対策の現状 …………………… 161
    3節 放課後等デイサービスにおける発達支援の提供 ………………… 172
    4節 数量データが示す放課後等デイサービスの特徴 ………………… 179

Ⅲ部 放課後等デイサービスの基礎構造と内包する課題

第7章 発達障害のある子どもの利用からみる放課後等デイサービスの量的拡大の構造 …… 182

- 1節 本章の研究目的と問題の所在 …… 182
- 2節 調査の概要 …… 186
- 3節 調査結果と考察
  ──発達障害児の放課後等デイサービス利用が拡大した背景 …… 187
- 4節 放課後等デイサービスの量的拡大の構造 …… 198

第8章 放課後等デイサービスにおける擬似市場と利用契約 …… 204

- 1節 本章の研究目的と問題の所在 …… 204
- 2節 社会福祉の潮流における放課後等デイサービスの位置づけ …… 206
- 3節 放課後等デイサービスにおける利用契約に着目した事例調査 …… 218
- 4節 放課後等デイサービスの構造的特徴とその課題 …… 224

第9章 放課後等デイサービスにおける発達支援の論点と課題
──発達障害のある子どもに対する発達支援に着目して …… 228

- 1節 本章の研究目的と問題の所在 …… 228
- 2節 研究方法 …… 232
- 3節 調査対象の整理 …… 235
- 4節 調査結果──3つの基本的な機能から得た知見 …… 238
- 5節 発達障害のある子どもに対する発達支援 …… 246

第10章 本書の総括 ……………………………………………………… 253
　1節 結論——本書の検討を通じて明らかになったこと ………… 253
　2節 本書の知見がもつ学術的・社会的意義 ……………………… 263
　3節 研究課題 ………………………………………………………… 267

参考文献 …………………………………………………………………… 270
おわりに …………………………………………………………………… 278

I 部

問題設定

第1章 本書の目的と全体構成

1節 研究目的

　本書の目的は、障害のある子ども（以下、障害児）の放課後や休日に関する制度的な対応（以下、放課後・休日対策）が醸成されてきた過程を明らかにするとともに、社会福祉基礎構造改革以降の展開および地域福祉の政策動向を踏まえ、障害児の放課後・休日対策に関わる構造的課題を明らかにすることにある。

　この目的に従って、本書では、主に次の2点を検討する。

　第一は、障害児の放課後・休日において中心的な居場所となっている放課後等デイサービス（以下、放デイ）に着目して、制度・政策や実践に関わる課題の導出を行う。とりわけ、発達障害のある子ども（以下、発達障害児）に焦点を当て、放デイにおける量的拡大と発達支援の検討を通じて、放デイの構造的課題の一端を明らかにし、政策的・実践的示唆の導出を試みる。

　第二は、放デイが創設された2012年よりも前、すなわち障害児の放課後・休日対策が社会福祉の政策体系として対象化される以前の状況を把握し、それぞれの時期・段階で地域福祉問題とその問題への対策が進展した過程を明らかにする。1979年の養護学校教育義務制実施を契機にする障害児の放課後・休日対策を通時的/時系列的な視点から捉え、先進自治体の補助から国の制度に醸成した過程を明示する。

　この検討課題をより鮮明にするために、本書では放デイを2つの側面から捉える方略を取りたい。すなわち、本書では、放デイを図1-1のように、コインの両面の関係として捉えている。言い換えれば、放デイにおける二面性に着目している。

　1つ目の側面に、放デイは障害児の放課後・休日対策の重要な転換点（エポック）

として存立することである。放デイの制度化は、従来の障害児の放課後・休日対策を、量的にも質的にも転換させた。

くわしくは、第Ⅱ部に論述するが、障害児の放課後・休日は、1979年の養護学校教育義務実施を契機として、社会課題となった。放課後や休日に一人になってしまう障害児の生活が問題となってきた。また、家族と過ごす時間が多く、ケアする主体も偏ることが問題となっていた。専門的機能をもつ居場所が全国的に拡充しておらず、この問題をそのまま放置することは子どもの発達、保護者の就労が保障されなく、生活状態の悪化を招くことが懸念されてきた（藤本1974、黒田2009）。

こうした生活問題とニーズに着目して、有志のボランティアや保護者グループが結集し、生活問題に対する活動やサービスを創出するとともに、公的責任での対応に結びつける社会運動の機運が高まった。そして、放デイは制度化した側面がある。

2つ目の側面は、放デイが制度化されても対象者に対する専門的な実践（有用な給付・援助・支援など）の提供に至らない困難を内包していることである。もちろん、専門的な実践を展開する事業者も多数存在する。その一方で、次に示すような事態が確認される。

たとえば、厚生労働省（以下、厚労省）（2021a:12）は、放デイ事業所において実際に行われている、または行われていた事業運営・支援内容について、支援内容の多様性を否定しないとしつつも、都道府県・指定都市・中核市の担当者の目線で見た場合に法令違反ではないが障害福祉サービス等報酬の対象として相応しくない、とする具体例を次のように分類している。

それは、①支援内容が「安全な預かり」に偏っており、発達支援が適切に行われ

〔第Ⅱ部での検討課題〕
放デイの創設は、従来の障害児の放課後・休日対策を量的にも質的にも転換させた

〔第Ⅲ部での検討課題〕
放デイが創設しても、万全で有用な専門的実践を提供しているとは言いがたい状況を内包している

〔第Ⅰ部での検討課題〕
放デイの動向や学術研究の整理

図1-1　本書の検討課題と放課後等デイサービスの二面性　　　　　　　出所：筆者作成

ていないと見られるもの、②学校の宿題をみるなど支援内容が「学習塾的な支援」に偏っていると見られるもの、③（学習塾以外の）一般的な「習い事とほとんど変わらない支援」を行っていると見られるもの、④その他、である。必ずしも相応しくないとされる各カテゴリの具体例を整理すれば、表1-1のようになる。

　なお、放デイにおける事業運営・支援内容は、制度が創設した当初から問題視されていた。特に、第2章で詳述するように、新聞記事では「虐待」「事件・事故」「不正請求」「発達支援の質」などの課題が指摘されている。そして、こうした諸問題の背景には、放デイの利用者と事業者の急激な増加が指摘されている。

　放デイにおける量的拡大の様相を図示しておくと、図1-2のようになる。放デイは制度化された2012年以降、大幅な増加を続けていることがわかる。その伸びを2012年と2022年で比較すれば、事業所数は約6.2倍、利用実人員は約11.9倍となっている。くわしくは第3章や第Ⅲ部で論述するが、放デイが拡大する背景には、10人定員の小規模運営、設置場所、職員の資格要件などの条件が緩いこともあり、事業所の設置が比較的容易であることがあげられる（小澤2018:227）。さらに、多様な背景をもつ運営主体の参入が可能であることも要因となる。

　つまり放デイでは、社会福祉制度として必要となるサービスの水準に満たない事業者を含みながら、顕著な量的拡大が続いている。言い換えれば、制度化され障害児の放課後・休日の居場所は格段に増加したのであるが、必ずしも専門的な実践を

図1-2　放課後等デイサービスにおける利用者数・事業所数の推移
出所：2012年から2022年の「社会福祉施設等調査の概況」を参照して筆者作成

表1-1 放課後等デイサービスにおける発達支援として必ずしも相応しくないと考えられる事業運営・支援内容の具体例

事例の分類	事業運営・支援内容	相応しくないと考える理由
①安全な預かりに偏っていると見られる事例	児童にゲーム・DVD等を与えて遊ばせる、おやつを与えるといった支援しか行われていない。	単なる児童の「預かり」になっており、居場所の提供や保護者のレスパイト的な役割は果たしているかもしれないが、それだけでは放デイの基本方針である「生活能力向上のために必要な訓練、社会との交流の促進その他必要な支援」を行っていない。
	昼夜逆転している児童に対し、事務所のソファーで寝かせるだけにしている。	放デイにおいて提供すべき支援とはいいがたい。
②学習塾的な支援に偏っていると見られる事例	放デイの他に、同一法人において学習塾を運営している。学習塾とエリアは分かれているが、支援内容は学校の宿題が中心。	支援内容は学習支援ではあるが、障害特性に配慮した課題等が提供されているわけでもなく、学習塾や放課後児童クラブと同様の内容となっている。
	学習塾を経営している会社が放デイ事業所を運営しているが、学習塾の（一般児童向けの）教材やプリントをやらせようとするケースがある。	塾の教材やプリントでは、個々の障害児の特性に合わせた支援をすることは困難だ。
	利用児童の受験対策や資格取得を目指すための指導を行っている。中には進学率を売り文句にする事業所も存在する。	放デイは「生活能力の向上のために必要な訓練や社会との交流その他の支援」を行う事業であり、学習塾や資格取得の学校ではなく、また、私費で利用する学習塾と区別できない。
③習い事と変わらない支援を行っていると見られる事例	放デイの他にフリースクールを運営している法人において、同一の施設内でどちらのサービスも提供しており、支援内容や活動場所も明確な線引きがない。	フリースクールと法定サービスである放デイの支援内容等が混同しており、支援内容についても、フリースクールの内容と変わらない。
	プログラミングの技術指導を行っている。	放デイにおいて提供すべき支援の内容とはいいがたく、偏った発達を促すおそれもある。
	絵画のみ、サッカーのみ、音楽のみを実施している。また、ICT訓練と称してパソコンやタブレットに慣れさせるだけの支援を行っている。	個別の障害児の状況に応じた発達支援とはいいがたく、一般的なカルチャースクール等と区別ができない。
④その他の事例	サービス提供時間のほとんどを送迎が占めており、実質的に送迎を目的としたような利用形態である。	報酬に見合った発達支援の時間が確保できていない。
	スキー場のスキー教室やボウリング場、カラオケや映画館に連日連れて行っている事業所や、市民体育館等の利用が常態化している事業所がある。	単にレジャー施設で過ごしているだけと思われる事例もあり、利用児童の個別的な状態に沿った支援内容とはいいがたいと思われる。また、主たる支援場所が指定を受けていない場所となるということは、障害児の安全に配慮した設備要件が有名無実化することになる。
	個別支援計画の達成目標について、具体性を欠き、目標達成のために何を行っているのかが不明瞭な状態となっている。また、どの利用者についても同じような達成目標となっており、それぞれの利用者に合わせた目標設定が行われているのかが不明瞭な場合がある。	支援内容が漫然かつ画一的となり、障害児の心身の状況等に応じた支援が提供できないおそれがある。
	土日のプログラムとして、毎週のように入場料や利用料のかかる施設や小旅行に遊びに連れて行っている。	プログラムの内容から、もともと土日の利用予定でない利用者の利用希望もあるため、定員超過が生じがちとなっている。また、毎週のように車で遊戯施設に出かけることで、家庭での余暇の過ごし方が身につかない恐れがあり、通常の児童の週末の過ごし方として不適当と思われる。
	訓練のメニューとして近隣の店舗から「厚意で」軽作業を提供され、併せて「児童が達成感を得るため」として店舗から作業代金を受領しており、作業代金から消耗品費を差し引いた金額を児童に「お手当」として支給していた。	実質的な児童就労と見られかねないと思われるため。

出所：厚労省（2021a:12-14）「放課後等デイサービスの現状と課題について」を参照して筆者作成
＊：回答内容は、2021年6月「自治体アンケート結果」をもとにして例示されたものである。

提供できているとはいえない実情を合わせもつ。これを踏まえれば、実践者および事業所に対して質の高い支援を啓蒙しつつも、上記のような状況を招いた背景、すなわち、社会福祉の新たな流れの中で創設された制度の背景に注意を払うことが必須といえよう。

さらに付言すれば、放デイは制度の発足から10年以上が経過し、分析するために必須となる資料やデータがある程度蓄積した。その意味で放デイの苦闘を詳細に検討することは、社会福祉制度の新たな姿を反映させる先例的な制度を読み解くことを意味しており、社会福祉学や地域福祉論、特別ニーズ教育にとって1つの参考事例になるといえる。

以上の2つの側面を踏まえれば、放デイの制度化を一面的に理解することはむずかしいことがわかる。端的には、①放デイの創設は、従来の障害児の放課後・休日対策を量的にも質的にも転換させた新しい潮流であること、②その一方で、制度化しても万全で有用な専門的実践を提供しているとは言いがたい状況を内包していること、この二面性を合わせもっている。したがって、ひと口に放デイを検討するといっても、コインの両面を見るようにして、丹念にその構造を検討していく必要がある。

本書の第Ⅱ部では、上記の「①放デイの創設は、従来の障害児の放課後・休日対策を量的にも質的にも転換させた新しい潮流であること」に主眼が置かれている。すなわち、第Ⅱ部では、障害児の放課後・休日対策が政策化したプロセスについて検討する。特に、障害児の放課後・休日の「社会問題」、その問題に呼応する「社会運動」、そうした要求に応じて展開する「制度・政策」に着目してくわしく検討している。

他方で、本書の第Ⅲ部では、上記の「②制度化しても万全で有用専門的な実践を提供しているとは言いがたい状況を内包していること」に主眼が置かれている。つまり、放デイにおいて、必ずしも専門的実践を提供しているとは言いがたい状況を露呈している背景を検討するものである。

なお、この後の第Ⅰ部では、第Ⅱ部・第Ⅲ部で検討する内容の素地を固めていく。第2章では、学術研究の動向と新聞記事の整理を通じて、放デイに関する状況をくわしくみていく。第3章では、本書が依拠する理論的枠組みや地域福祉の政策動向について検討する。

2節 子どもの放課後・休日を対策する意味

　本節では、本書が主題にする放課後・休日対策の背景を整理していく。障害児の放課後・休日対策は、第Ⅱ部でくわしく展開するため、ここではさしあたり、障害の有無を問わず広く子どもを対象にして、その対策が必要とされてきた時代的背景をみていく。

　ここでの議論を先に明示すれば、子どもの放課後・休日対策は、高度経済成長期以降に浮上した課題といえる。おおむね1960年代を端緒として、子どもの放課後・休日の問題が取り上げられ、その後の時代の変化と連動しつつ、今日までに社会課題として顕在化してきた。放課後・休日は家庭の範疇に置かれる期間が長かったが、地域社会の紐帯が緩み、共働き家庭が増加し、安全・安心に子どもが発育することが求められることで、放課後・休日の制度的な対応が必要となってきた。

　産業構造や社会構造の変化が、子どもや保護者の生活に影響を与えたことで、制度として第三の居場所を充実させていく必要性が高まっているといえるだろう。こうした放課後・休日を取り巻く問題は、以下にあるように、「子育てニーズの拡大」「子どもの発達環境の変化」の２点によって特徴づけられる。

2-1　子育てニーズの拡大としての放課後・休日対策

　放課後・休日対策を今日的な課題として浮上させた背景の１つ目に、子育てニーズの拡大があげられる。特に、都市化に伴う保護者の生活および社会生活の変化により、「相互扶助の衰退」とともに「行政サービスへの依存度の拡大」が進展してきた点を、以下では具体的に確認していく。

　日本社会では、1950年代から高度経済成長が始まり、全国各地方から都市（とりわけ三大都市圏）への人口が集中する時期だった。1960年代から70年代半ばの時期は、核家族化の進行とともに、「男は仕事、女は家庭」といった「性別役割分業」が日本において確立し、核家族内での性別役割分業が最も明確な形で出現する時期だった（安河内2008:142）。

　1950年代頃まで見られた大家族や濃厚な地域社会のつながりのなかでの相互扶助（住民間における支え合い）の上に行われた育児は「複合的育児」と呼ばれた。これ

に対し、高度経済成長期に出現した「単相的育児」は、地域社会のつながりは弱く、子育てはもっぱら専業主婦によって担われる体制として対比して捉えられた（網野1994:94-96）。

さらに「単相的育児」に加え、1980年代以降の子育て環境の変化は「都市的生活様式の拡大」として特徴づけられている。高度経済成長期以降、今日までに、親・兄弟以外の親族サポートの欠落、地域社会の中での助け合いの欠落、そして最後まで残存した親・兄弟のサポートの減少※1という相互扶助の衰退のプロセスがある。その衰退のプロセスに比例して、行政サービスを中心とする専門サービスへの依存度の拡大をみせる。この依存度の拡大が今日的特徴とされる（安河内2008:163）。

他方で、女性の就労と出生率の「逆の相関」の関係（女性の就労が高まるほど出生率が下がる）は、育児休業と所得保障、保育所の利用、就労環境の改善などの制度的対応を講じ、仕事と家事・育児を両立しやすくすることで、その傾向を弱めることが一般的に知られている。しかし、日本では、育児休業と所得保障の充実に比べ、保育サービスの拡充が課題となっている（落合2019: xii）。

特に、子育て支援の実質的課題を見通した内容に、次のような指摘がある。「子育て支援の近隣ネットワーク」に当初は希望を見出したが、育児雑誌などで「公園デビュー」という言葉がつくられ、育児にからむ近所づきあいのストレスが増すことが相次いだ。そして「今や近隣ネットワークに頼るより、『母親による育児の限界』を社会的に認知して、母親の就労の如何を問わず保育所全入を進めるべき段階なのではないか」と考えを進めたと言及している（落合2019: xii）。保育という行政サービスへの依存度が拡大する様相を明確に把握し、子育て支援の実質的課題が近隣ネットワークから保育所拡充に転換することを読み取ることができる。

さらに、保育サービスよりも未拡充である、学童期（小学生）の放課後・休日に関わる言及をみていく。たとえば、子育て支援の必要性が叫ばれるものの、社会的関心は乳幼児期の保育制度に集中するため影が薄く、もともと家庭や地域の責任の範疇であって、政策として取り組む必要性が低かったという指摘が確認される（池本2009: i）。また、待機児童数をみれば、放課後児童健全育成事業（以下、学童保育）の待機児童数は17,279人であり、保育所の待機児童数19,895人と同程度である（池本2020:60）※2。

他方で、障害児の放課後・休日では、次のような新聞記事が確認される。「『学童落ちた』。保育園の話ではありません。昨年暮れに申請した、長男の来年度の学童

保育の継続利用が認められませんでした。発達障害の長男は昨春特別支援学校に入学し、平日放課後は障害児対象の放課後デイサービスを利用、夏休みなどは近所の学童、土曜は児童館での学童と数ヶ所を使い分けての1年でした」（朝日新聞2018年3月4日）といった報道がある。

　保育制度に集中するため影が薄い放課後・休日対策であるが、学童保育および放デイでは、利用者数が増加の一途をたどっている。学童保育では、2022年の登録児童数が1,392,158人で過去最高値を更新した（厚労省2022a, b）。放デイでは上述した図1-2のように、大幅な増加を続けている。

　しかし、いまだにこれらの制度の潜在的なニーズを含めた利用数の頂点を予測することはむずかしい状況である。当面はニーズのある地域に対し供給増を図りつつも、少子化に伴う子ども人口の減少は必至であり、適切な供給量を長期的な視点から見通すことが必要となる（池本2020:55-56）。

　加えて、コロナ禍（COVID-19）は、「臨時休校」「分散登校」など教育システムに混乱をもたらした（増山2021:11-13）。その間、障害児の午前中からの居場所と保護者の就労は、放デイや学童保育など、民間の施設を含む学校外の活動を支援する主体により支えられた。日常生活を送る上で必要不可欠な仕事であるエッセンシャルワークが見直された。コロナ禍（COVID-19）を通じ、放課後・休日に関わる支援も、子どもや保護者の生活を支える社会的機能であることが改めて認識された。

　このように、都市化に伴う社会生活および保護者の生活の変化により、地域社会における「相互扶助の衰退」や、それに伴う「行政サービスへの依存度の拡大」に規定され、子育てニーズの拡大が進展する。子育てニーズは、おおむね1960年代から顕在化し、2020年代までに拡大してきた。子どもの放課後・休日対策は、このような子育てニーズの拡大を1つの背景として、今日的な課題となっている。

2-2　子どもの発達環境の変化としての放課後・休日対策

　放課後・休日対策を今日的な課題として浮上させた背景の2つ目として、子どもの発達環境の変化をみていく。子どもの発達環境の変化も、上述の子育てニーズの拡大と同様に、高度経済成長期以降に浮上した課題である。特に、子どもの発達環境の変化として「学校外の貧困化」が問題視され、さらに「居場所」をキーワードに議論されることも多くなっている。子どもの発達を巡って、学校教育だけでその

成長・発達の解決を図るには限界があり、子どもの生活において相対的に長い学校外の時間、すなわち放課後や休日を議論することが今日的な課題となっている。

(1) 子どもの発達環境の変化と「学校外の貧困化」

　子どもの発達環境は、高度経済成長期を経て「学校外の貧困化」が問題となり、「三間（空間・時間・仲間）の喪失」が指摘された。1990年代の子どもの多忙化や、2000年代以降の生活のバーチャル化への対応は、今日的な重要課題となっている（増山2015）。

　より具体的に言えば、「子どもの放課後史」で子どもの発達環境に劇的な変容をもたらした要因は、3つあるとされる。1つは、「高度経済成長政策」の時代にすすめられた産業構造の転換（第一次産業の衰退）に伴う「村落共同体の崩壊と都市化の進展」である。これにより、子どもの生活から「労働」と「(社会的)役割」を失わせるとともに、遊びにおける集団や自然との関わりが希薄なものになった。2つは、「保護者の教育熱の高まり」と「学習塾や各種習いごとの拡大」である。これにより、学習の長時間化とともに、放課後・休日の生活に学校化・教育化がもたらされた[※3]。3つは、テレビの普及から始まる「電子メディア・ゲームの普及」と近年のパソコン・ケータイ・スマホ等の「ニューメディアの普及・進化」である[※4]。これにより、子どもの遊びそのものの質を変え、生活をバーチャル化させ長時間のメディア接触をもたらすことになったとされる（増山2015:77）。

　また、1970年代後半から少年非行が目立ち始め、増加の一途をたどる少年犯罪、多発する児童虐待、子どもを狙った悪質な事件など、子どもをめぐる歪みが少子化と関わる問題として指摘される。さらに、「三間（空間・時間・仲間）の喪失」に加え、子どもの「五つの無（無気力・無責任・無関心・無感動・無作法）」が問題視されてきた（中西2006:55）。

　加えて、1980年代には家庭内暴力、不登校、いじめ、ひきこもりなどに苦しむ子どもと保護者が増加した。1990年代には学級崩壊などの現象がみられるようになった。特に、①子どもが自他を認識する力を欠き、自己肯定感に乏しく、不安感やイライラ感をもつことが各種調査から明示され、②学級崩壊は、直接的には学校制度の問題に根差すものであるが、同時に乳幼児から積み重なっている心理的・発達的な状況、家庭・地域の環境問題、マスメディアの社会的影響など、子どもの生活自体の問題に要因があることが指摘されている（佐藤2002:ⅲ）。

その一方で、障害児の放課後・休日では、学校だけでない生活全般と生涯にわたる「教育的な働きかけ」が要求されてきた。この点は、第Ⅱ部で論述するが、社会的施策や支援がない中では、そのケアを担う主体も限定的であり、空間的にも人間関係の面でも家庭のなかで「閉塞した生活」のままになることが実態調査を通じて問題視され続けた（藤本1974、黒田2009）。

　特に、障害児に対する学校だけでない生活全般と生涯にわたる「教育的な働きかけ」の要求は、1979年の養護学校教育義務制実施に伴う放課後・休日の「発生」、1992年の学校5日制の導入や2002年の学校5日制の完全実施による放課後・休日の「拡大」が契機となった。

　なお、学校5日制により、学校の休業日は150日以上に達し、1年のうちに約45％の日々を学校に行かず地域や家庭で過ごすことになったと指摘される。学校外での活動が拡大されることについて、明治期の学制発足以来、子どもにとっても家庭にとっても、学校の意味は大きくなり続けたが、今後はこうした傾向が逆転し学校外の生活が大きな比重をもつようになると指摘される（佐藤2002:1）。

　このように、子どもの発達を巡って、学校教育だけでなく、子どもの生活で相対的に長くなる学校外の時間、すなわち、放課後や休日のあり方を議論することが今日的な課題となっている。

（2）子どもの発達環境の変化と「居場所」の関連

　こうした子どもの発達環境や育ちに関わる問題は、「居場所」をキーワードにして議論が展開される。「居場所がない」ことが、子どもの生きづらさと結びついたのは、以下のように不登校問題との関係からであった。

　これまで子どもにとっての学校は、生活の中心的な場であり、子どもが学校に通い勉学に勤しむのは当然とされてきたが、近年になり学校での生活の「厳格さ」「窮屈さ」「息苦しさ」「人間関係の煩わしさ」から学校に行けない子どもが急増した。また、学校内だけでなく、学校外においても安心して居心地よくいられる場所がないことも指摘されている（住田2014:3-5）。

　また、「フリースクール」が不登校児のオルタナティブな生活空間であると同時に、既存の学校的価値への抵抗運動ともなった（住田2014:4、御旅屋2015:136）。こういった背景を踏まえ、政策文書においても、居場所の用語が使用されるようになった[※5]。

　他方で、増山（2015:116-117）は、居場所の中身が十分に議論されないままに政策

用語として使用することを批判的に論じる。とりわけ、子どもに関わる否定的諸問題と結びつけられたとして、政策用語としての居場所という言葉は、「無規定なスローガン」となって子ども・若者の問題の解決手段として使用されるとする。そもそも子どもの居場所は、当事者である子どもによって認識され、獲得されていくものであり、大人により与えられるものではないと言及する。したがって政策用語として居場所を用いることには吟味が必要であり、教育・福祉・文化のさまざまな分野で子どもの生活や育ちの場を整備していく政策用語としては、「子どもの生活圏」の保障という言葉を使用する方がふさわしいと指摘している点は示唆的である。

さらに、国連・子どもの権利委員会 (The Committee on the Rights of the Child, UN) は、これまで日本の子どもが2つの困難に直面してきたと指摘しており、子どもの居場所を検討する上で再確認しておく必要がある。その2つとは、第一に、日本の子どもが競争主義的な公教育制度のもとで大きなプレッシャーにさらされていること、第二に、親や教師など子どもに直接関わる大人との人間関係が荒廃し、このことが子どもの情緒的幸福度の低さの原因になっていることである（子どもの権利条約市民・NGOの会2020:41）。

そして、2019年3月に国連・子どもの権利委員会から公表された「日本政府第4・5回統合報告審査に関する最終所見」では、日本の子どもが置かれている現状とその打開に向けた勧告の1つとして、「社会の競争的な環境から子ども時代と子どもの発達を守る必要」があげられている。これまでの勧告では、日本の学校の競争的システムを形容する用語に、「第1回：highly（高度に）」「第2回：excessive（度を越した）」「第3回：extremely（極度の）」を使用して、深刻さの増幅を表現してきたことがわかる。また、「第4・5回」では、an overly competitive system（あまりにも競争的なシステム）と、さらに強い表現が使われた（子どもの権利条約市民・NGOの会2020:56-59）。

また、サードプレイスにおける居場所づくりが話題にされるようになってきた背景には、これまで影響力をもっていたファーストプレイスである家庭や、セカンドプレイスである学校が不安定なものになっている中で、改めて地域社会や公共の場の役割に注目が集まるようになったと指摘される（阿比留2022:23）。

特に、現実には、家族主義、仕事の多忙化、地域コミュニティの衰退が現在も進行しており、子どもが接する社会は家庭と学校に集中するのが実情となる。その結果、子どもにとって学校が唯一の公的な居場所になる確率が高まる。このような客

観的（物理的・時間的・メンバーシップ性）にも、主観的にも特定の場所を唯一の場所とするあまり、その場に対して過剰に依存する度合いが高まることを「過剰居場所化」と指摘している（阿比留2022:25）。学校の「過剰居場所化」、あるいは家庭間格差や貧困の連鎖などが問題となる中で、地域に多様なサードプレイスとしての居場所が必要であるという課題が共有され、2010年代以降に入り子ども食堂や学習支援など、さまざまな居場所づくりの取り組みが広がるようになった（阿比留2022:26-27）。

増山（2021:120）は、「子どもの居場所」を考えることは、日本の子どもの発達と自立のあり方を考えるうえでの基本問題の1つとなっていると指摘する。特に、子どもが心の中に抱えている「居場所のなさ」は、外からは簡単にわかるものではない、それを理解するためには、手間と時間がかかるが、その労を惜しまず寄り添い、ともに歩む生活の中で、いつどのような形で、どこで表出するかもわからない、かすかに漏れ出る心情・情報をつかむことが大切であると指摘している。

そのために、大人の善意を集結して安全と安心に目を配りながら「子どもの居場所」づくりに取り組まなければならないと指摘する。その一方で、子どもたちを1か所に集めて、大人が準備した居場所で過ごさせ、監視・管理していれば「安心・安全」かもしれないが、それは「子どもの居させられ場所」づくりであり、子どもの居場所ではないと警告している（増山2021:133-134）。

このように、子どもの発達環境の変化は、居場所をキーワードとして議論が展開している。また前段でみたように、子どもの発達を巡って、学校教育だけでその成長・発達の解決を図るには限界があり、子どもの生活で相対的に長い学校外の時間、すなわち放課後や休日を議論することが今日的な課題となっている。

以上のように、「子育てニーズの拡大」「子どもの発達環境の変化」を巡る問題を背景として、子どもの放課後・休日対策は、制度的な対応が避けられない課題となっている。子どもの第三の居場所は、その序数が示すように、第一の家庭や第二の学校に次ぐ場所として、副次的な位置に置かれがちである。第一の家庭や第二の学校に比して、問題解決に対するプライオリティ（優先順位）を低く見積もることも少なくない。あるいは、放課後・休日という語感も関係して「重要でない論点」とされる。しかし実際には、社会福祉、学校教育、地域福祉、社会教育、家族社会などに関連する論点を含む重要な課題となっている。

放課後等デイサービスの概要

 本節では、障害児の放課後・休日対策として、中心的な役割を担う放デイの制度的な概要を明示していく。なお、放デイの学術的・社会的な背景は、次章以降でくわしく論じている。
 放デイは、2010年12月の障害者自立支援法等の改正法により、児童福祉法において法定化され、2012年の児童福祉法の改正により障害児通所支援の1つとして創設された社会福祉制度である。
 2015年には、放デイのガイドラインが策定された（2024年改訂）。ガイドラインには、「基本的役割」として、①子どもの最善の利益の保障、②共生社会の実現に向けた後方支援、③保護者支援、の3点があげられている（厚労省2015:2-3）。
①子どもの最善の利益の保障には、放デイは、「学校（幼稚園及び大学を除く）に就学している障害児に、授業の終了後又は休業日に、生活能力の向上のために必要な訓練、社会との交流の促進その他の便宜を供与すること」と規定され、「支援を必要とする障害のある子どもに対して、学校や家庭とは異なる時間、空間、人、体験等を通じて、個々の子どもの状況に応じた発達支援を行うことにより、子どもの最善の利益の保障と健全な育成を図る」と位置づけられている。
②共生社会の実現に向けた後方支援では、放デイの提供にあたって、「子どもの地域社会への参加・包容（インクルージョン）を進めるため、他の子どもも含めた集団の中での育ちをできるだけ保障する視点が求められるもの」と明記されている。
③保護者支援では、「保護者が障害のある子どもを育てることを社会的に支援する側面もある」として、より具体的には、「子育ての悩み等に対する相談を行うこと」「家庭内での養育等についてペアレント・トレーニング等活用しながら子どもの育ちを支える力をつけられるよう支援すること」「保護者の時間を保障するために、ケアを一時的に代行する支援を行うこと」により保護者支援を図ることが、放デイの役割に明記されている。
 また、そのガイドラインには、「基本的姿勢」として、放デイにおける発達支援の役割が明記されている。放デイの「対象は、心身の変化の大きい小学校や特別支援学校の小学部から高等学校等までの子どもであるため、この時期の子どもの発達過程や特性、適応行動の状況を理解した上で、コミュニケーション面で特に配慮が必要な課題等も理解し、一人ひとりの状態に即した放課後等デイサービス計画（＝

個別支援計画）に沿って発達支援を行う」（厚労省2015:3-4）とある。そして、発達支援を通じて、「子どもが他者との信頼関係の形成を経験できることが必要であり、この経験を起点として、友達とともに過ごすことの心地よさや楽しさを味わうことで、人と関わることへの関心が育ち、コミュニケーションをとることの楽しさを感じることができるように支援する。また、友達と関わることにより、葛藤を調整する力や、主張する力、折り合いをつける力が育つことを期待して支援する。基本活動には、子どもの自己選択や自己決定を促し、それを支援するプロセスを組み込むこと」（厚労省2015:4）が求められている。

他方で、放デイの体系を概観すると次のようになる。放デイを含む障害児通所支援は、「障害種別に関わらず、身近な地域で支援を受けられること」を目指し、従来の障害種別ごとに体系化され、通所支援と入所支援の制度体系の骨格がつくられた制度であると言及される（厚労省2021b:1）。

具体的には、放デイが創設される2012年より前は、次のような社会福祉制度の体系がとられていた。通所サービスでは、障害者自立支援法に基づく児童デイサービス、児童福祉法に基づく知的障害児通園施設、難聴幼児通園施設、肢体不自由児通園施設（医）、重症心身障害児（者）通園事業（補助事業）があった。こうした社会福祉制度の体系が、2012年より児童福祉法に基づく「障害児通所支援」に一元化された。障害児通所支援には、児童発達支援、医療型児童発達支援、放デイ、居宅訪問型児童発達支援、保育所等訪問支援が再編された（厚労省2021c:1）。

表1-2　放課後等デイサービスにおける利用者数・事業所数等の推移

	事業所数（か所）	利用実人員（人）	利用者延べ人数（人）	利用者1人あたりの利用回数
2012年	3,107	41,955	268,927	6.4
2013年	3,909	58,350	399,433	6.8
2014年	5,267	86,524	610,876	7.1
2015年	6,971	124,001	816,574	6.6
2016年	9,385	154,840	1,123,954	7.3
2017年	11,301	226,611	1,559,448	6.9
2018年	12,734	320,486	2,110,294	6.6
2019年	13,980	365,513	2,471,472	6.8
2020年	15,519	400,096	2,844,164	7.1
2021年	17,372	438,471	3,106,548	7.1
2022年	19,408	497,875	3,420,184	6.9

出所：2012年から2022年の「社会福祉施設等調査の概況」を参考に筆者作成

放デイは、制度化された2012年以降、表1-2の通り毎年増加を続けている。その伸びを2012年と2022年で比較すれば、事業所数は約6.2倍、利用実人員は約11.9倍、利用者延べ人数は約12.7倍となっている。他方で、費用額（サービス支給量）が増加する原因は、「利用者数」と「1人あたりの利用回数」の2つに大別される。放デイにおける利用者「1人あたりの利用回数」は6.4から7.3回と、2012年から2022年まで近似する値をとっていることがわかる。このことから、放デイの場合には「利用者数」の増加が、量的拡大の要因に深く関係すると推察される。

　なお、その他の放デイに関わる統計・数量データは第6章に、量的拡大の検討は第7・8章で検討する。さらに、こうした量的拡大の一方で、先述したガイドラインでも重要な位置づけにある発達支援については、第9章で検討している。

4節　「発達障害の増加」に対する社会福祉の対応

　本書の第Ⅲ部では、放デイを利用する発達障害児に着目している。着眼する背景を端的に言えば、近年のいわゆる「発達障害の増加」の様相をはじめ、発達障害児の処遇が今日的な課題となっていることにある。そのため、本節では、発達障害児の処遇が今日的課題となる点をあらかじめ整理しておきたい。

　なお、本書における発達障害児とは、発達障害者支援法の対象を中心としているが、療育手帳・障害者手帳の取得や診断などの有無にかかわらず、通常の小学校に在籍している生活全般に対する生きづらさや学習に対する困難をもつ「特別な教育的ニーズ」のある子どもを含めている。その理由は、第一に、今日の発達障害を巡る用語の扱い方は、ICD-11やDSM-5などの定義をみても不確定な部分があるためである（Klinら2008:566）。第二に、学術的定義と教育現場の間で用語に差異があることである（窪島2019:17、中西2022:43）。第三に、日本の学校教育では「二重学籍」の是非の議論があるように、学籍が子どもの発達環境を規定する側面があるためである（窪島2019:705）。

　以下では、発達障害児を取り巻く環境について概観していく。

4-1　発達障害に関する法制度の整備

　第一に、発達障害に関する法制度の整備と障害の社会的認知の広がりである。ま

ず、法制度の整備を手がかりにしながら、発達障害の社会的認知の広がりを概観していきたい。

　発達障害児者は、発達障害者支援法の成立（2004）と施行（2005）を契機に、社会的支援の対象に位置づけられた。発達障害者支援法の第2条では、発達障害を「自閉症、アスペルガー症候群その他の広汎性発達障害、学習障害、注意欠陥多動性障害その他これに類する脳機能の障害であってその症状が通常低年齢において発現するものとして政令で定めるものをいう」と定めている。発達障害者支援法により、それまでの法律で社会的支援の対象とみなされてこなかった、自閉症、アスペルガー症候群その他の広汎性発達障害、学習障害、注意欠陥多動性障害などを発達障害として定義した。その定義が確立したことで、障害者に関するさまざまな法制度に発達障害の位置づけが定着するようになった。

　柘植（2008:18）は、「LD、ADHD、自閉症といった、これまで教育・福祉・医療などさまざまな分野で適切な対応がなされてこなかった、すなわち『サービスの狭間』にあった発達障害者を、総合的に支援することを目指す法律が成立したことにより、明確な法的根拠を持って対応を進めるという新たな段階に入った」と指摘している。

　あるいは、発達障害児は、2000年前後まで「発達の問題」という認識が教育現場でも十分ではなかったことが指摘される（川﨑2023:212）。主に小・中学校の通常の学級に在籍するLD（学習障害）、ADHD（注意欠陥多動性障害）、自閉症への対応が求められるようになり、文部科学省（以下、文科省）や全国の地方自治体においてさまざまな取り組みが急ピッチで進んだが、それまで明確な法的根拠はなかった。一方、福祉分野では、知的障害、身体障害、精神障害については、それぞれ個別の福祉サービスを提供する仕組みが用意されていたが、発達障害は福祉サービスの明確な対象とはされず「制度の谷間」に置かれてきた（柘植2008:16-17）。

　このように、発達障害児に対する支援は「サービスの狭間」「制度の谷間」となってきたが、発達障害者支援法を契機に社会的支援の対象に位置づけられた。なお、発達障害者支援法の第2条4では、「この法律において『発達支援』とは、発達障害者に対し、その心理機能の適正な発達を支援し、及び円滑な社会生活を促進するため行う個々の発達障害者の特性に対応した医療的、福祉的及び教育的援助をいう」としている。前節では放デイのガイドラインをみたが、発達障害児に対する発達支援は、こうした法的根拠に依拠して実行されるものと考えられる。

また、発達障害者支援法の第9条では、「市町村は、放課後児童健全育成事業について、発達障害児の利用の機会の確保を図るため、適切な配慮をするもの」と明確に示された。こうした規定は、健常児を主な対象とする学童保育において、発達障害児が受容された要因の１つといえる。また、発達障害者支援法は、「生活全般にわたる支援」の一端を担うための「発達障害の特性に対応した福祉的援助」や「保護者支援」に寄与したことが指摘されている（足立2010:156）。

　このように、発達障害者支援法は、「これまでわが国において対応が十分ではなかった発達障害者への教育・福祉・医療・労働などの各分野における支援を本格的に、さらには総合的に進めるに当たっての根拠を与えるもの」（柘植2008:18）であり、質的な転換をもたらす法律であった[※6]。

4-2　定義の変化や障害の社会的認知の広がりによる「発達障害の増加」

　第二に、近年のいわゆる「発達障害の増加」が、教育・福祉制度の問題を顕在化させている。上述した発達障害者支援法の成立（2004）と施行（2005）を背景として、学校教育法の改正（2006）と特別支援教育の施行（2007）が行われ、学校教育での発達障害児の支援が位置づけられた。すべての学校において一人ひとりの教育的ニーズを把握し、障害のある幼児児童生徒の支援の充実が図られていくこととなった。

　1990年代までは発達障害の認識が広まっておらず、その未整備であった支援体制が、発達障害者支援法の成立から20年を待たずして、「通常学級に在籍する発達障害の可能性がある小学生」が１割を超える（10.4％）と指摘されるまでになった（文科省2022）。このように、定義の変化や障害の社会的認識の広がりによる「発達障害の増加」が、特別支援教育における教育的・福祉的な課題を顕在化させ、これに対応することが喫緊の課題となっている。

　ただし、この「通常学級に在籍する発達障害の可能性がある」として報道された数値には、留意が必要である。2022年12月に文科省は、「通常の学級に在籍する特別な教育的支援を必要とする児童生徒に関する調査結果」を公表したが、あくまでこの調査は、教育上の支援を必要とする子どもの割合を明らかにするものであって、発達障害の診断や、その可能性を調べる目的で実施されたものではないと指摘されている。すなわち、発達障害の診断を必要とする子どもの多くがこの中に含ま

れることは確かである一方で、診断が必要なほど「目いっぱい」に頑張っている状態でも、教諭や保護者などが子どもの「困り感」に気づかなければ、この調査結果に反映されない。また、そうした子どもを受け入れるキャパシティが小さければ、周囲が「問題」と認識する可能性は高くなると指摘されている（川﨑2023:208）。

また、「通常学級に在籍する発達障害の可能性」として算出される約1割とは、諸外国における特別な教育的支援に関する報告とかけ離れていること、日本における実践知ともギャップがあることが指摘されている[※7]。つまり、この約1割という数値は、衝動性が著しく強い子ども、対人関係に過度な困難を示す子どもなど、困難の「見えやすい」子どもが優先的にピックアップされることが指摘されている（窪島2022a）。

加えて、通常学級にはおおむね30〜40人が在籍しており、さまざまなデータから推測すると、1クラスの中に、発達障害の可能性がある子どもが3人、境界知能の子どもが5人、不登校の子どもが1人、虐待経験者が1人以上、うつや不安などのメンタルに不調をかかえる子どもが数人いると考えられる。それぞれが重なることもあるが、こうした推定から通常学級でも何らかの支援を要する子どもは、3割程度になると考えても過大ではない、と指摘されている（古荘2024:39）。

さらに、日本の通常学級のカリキュラム上の問題点として、日常的に通常学級に在籍する約14％のボーダーライン知的機能（境界線）の子どもの学習ニーズが無視され、画一的なカリキュラムを強いることが指摘されている（窪島2023:21）。

あるいは、通常学級の課題として、窪島（2022b:153-154）は、ボーダーライン知的機能の子どもたちは、紛れもなく基本的には通常学級の子どもでありながら、その認知的および発達的特性から、定型的発達の子どもたちの教育課程と通常の指導方法では、その学習と発達のポテンシャルを生かすことができないことを指摘している。特に、その困難は、3・4年生で明瞭に顕在化することを指摘している。その困難として、たとえば、不均一な学力成績、抽象的思考を回避して具体的思考にとどまる傾向、応答時間の遅さ、理解と学習の困難さ、課題の回避、不十分な注意、新しい知識と以前に学んだ情報の統合である。学力関連以外にも、低いフラストレーション耐性、過敏性、不快感、自尊心の低さ、モチベーションの低さなどを列挙している。しかし、そのニーズに対しては、「既存の通常学級教育も障害児学級教育も適切でなく、『裂け目に落ちる』しかない状況に置かれている」と指摘している。

以上のように、近年のいわゆる「発達障害の増加」は、教育・福祉制度の問題として注目されている。発達障害は、一見で障害の存在がわかりにくいこともある。

しかし、当事者には些細なことではない。こうした点は、「やればできる」の指導の重視（赤木2021:34-35）、保護者の「しつけ不足」として養育責任への回帰（山下2019:75-76）などに繋がりやすいことが指摘されている。これまで汲み取ることができずに潜在化していた子どものニーズが、徐々に顕在化してきていることも踏まえ、教育的・福祉的な対応が迫られているといえよう。また、ボーダーライン知的機能を含めるとさらに多くの子どもの困難が存在する可能性も想定されている。

4-3 障害や特性に配慮した居場所の利用ニーズが急増する「逆行現象」

　第三に、インクルージョンが謳われる今日社会において、障害や特性に配慮した居場所の利用ニーズが急増する「逆行現象」があげられる。日本では、インクルーシブ教育が進展するほど、特別支援学校や特別支援学級に行く子どもが増加する「奇妙な状況」が指摘されてきた（赤木2017:129）。

　特に、インクルーシブ教育の根幹である通常学級では、教育内容の画一化と教育指導の形式化が進むこと、さらに、発達障害児の自閉・情緒特別支援学級への転籍の強要による通常学級の「浄化作用」が指摘されている（窪島2023:20）。なお、こうした特別なニーズの存在が医学的・心理学的に確認されると、それだけで通常学級の条件整備の問題解決に至らず「排斥システム」が始動してしまうことが指摘されている（窪島2023:19）。

　加えて、24万人を超える不登校児の増加傾向は、インクルージョンと逆の動向として指摘されている。特に、その主訴には、発達障害の特徴があるケースや学校の管理主義的な雰囲気や環境に馴染めないという声もあり、通常の学校や通常学級が、子どもにとって必ずしも生きやすく暮らしやすい場とは言えない状況が指摘される（近藤2023:42）。

　こうした事態に対して、特別な教育的ニーズの充足方法が議論の1つとなっている[8]。特に、そのニーズの充足方法として「学校における福祉機能の充実」と「地域社会への福祉機能の分散（外部化）」という両極に布置する解決方策が認められるものの、その方策の効果や背景にある考え方の深化には更なる検討の余地がある。

　ここで整理してきた「発達障害に関する法制度の整備」「発達障害の増加」「逆行現象」は、放デイに強く関係している。たとえば、放デイを含む障害児通所支援で

は、発達障害の診断に関係の深い臨床心理・神経心理検査に係る診療報酬の算定回数が大きく伸びていること（厚労省2021b:2）、臨床心理・神経心理検査の算定回数は増加傾向にあり、子どもの心理・発達に関する特性把握の需要が年々増加していること（厚労省2021d:5）が指摘されている。また、放デイでも発達障害児の利用拡大が制度的な課題となっていることが指摘されている（山根・前岡ら2020、前林・藤原2021）。

放デイの利用者が急増する背景には、障害や特性に配慮した居場所が急増する「逆行現象」の1つの集積地として、放デイが機能することが考えられる。発達障害は、教育学、心理学、医学などの領域だけでなく、地域福祉、児童福祉、障害福祉などの領域でも学術的な検討および実践的な諸対応が問われているといえるだろう。

ここまで発達障害児を取り巻く状況を概観してきたが、前節で検討した「子育てニーズの拡大」「子どもの発達環境の変化」を背景とした放課後・休日対策の必要性は、発達障害児も例外ではない。発達障害というファクタが加わることで、その様相や対応はより複雑化する。

したがって、発達障害は、社会福祉制度の課題としても学術的・実践的な検討が迫られているといえよう。さらに言えば、日本における障害児教育・福祉の歴史的経緯において、障害児教育の教育権保障の第三のうねりとして展開してきた放課後保障の議論に、2000年代以降急激に高まった新たな課題として、発達障害児の放課後保障を付加することが必要となる。

5節　本書の構成と各章の概要

以上を踏まえ、本書を以下のように展開する（図1-3）。

第Ⅰ部では、本書の目的と概要および学術的・社会的な背景の整理を行う。第1章である本章は、上述のように本書の目的と概要を示してきた。第2章では、放デイの学術的・社会的な背景の整理を行う。特に、社会的な背景では、新聞記事を素材として、放デイに対する社会的関心を検討していく。また、学術的な背景では、放デイの先行研究の動向を整理していく。第3章では、分析視角や理論背景の検討、地域福祉の政策展開の整理を行っていく。

第Ⅱ部では、「放課後・休日対策の発展過程に対する地域福祉的考察」を行う。

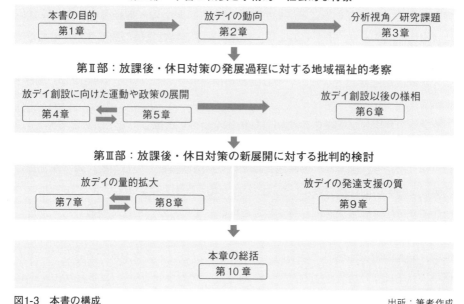

図1-3　本書の構成　　　　　　　　　　　　　　　　　　　　　　　　出所：筆者作成

　第4章では、放デイが創設されるまでの障害児の放課後・休日対策の展開を主題として、1979年の養護学校教育義務制実施を契機にした障害児の放課後・休日対策の成立過程を明らかにする。第5章では、障害児の放課後・休日対策の成立過程において、放課後保障が果たした役割について理解を深めていく。第6章では、官庁・地方自治体や外郭団体などが公表する統計・数量データを用いて、放デイの創設以降における障害児の放課後・休日対策の現況を明示する。

　第Ⅲ部では、「放課後・休日対策の新展開に対する批判的検討」を行う。第7章と第8章では、放デイの創設から約10年間の経過で問題視される量的拡大を主題とする。第7章では、利用者が増加する背景を、「家庭、学校、学童保育、児童発達支援、幼保園」など多様な居場所からの要求に伴い、福祉的・教育的要請が放デイに集積する構造を明らかにする。第8章では、社会福祉基礎構造改革以降に導入された官製の部分的な市場システムである擬似市場と放デイの関係を明らかにするとともに、放デイ制度の利用契約で重要な手続きとなる「障害福祉サービス受給者証の発行」に関する実態を明示する。第9章では、量的拡大の一方で問題視される発達支援について、発達障害児に対する発達支援に着目した検討を行う。

そして最後に、第Ⅰ部から第Ⅲ部までの検討を踏まえて、本書の結論を第10章に記する。

[注]

※1 少子化の進行は、兄弟数の減少をもたらし、その当然の結果として、頼りになる親族数／保有している親族の減少が顕著となる。また親族のうち、大きな援助が期待できる親は、高齢化の進行によりその上の祖父母世代が生存する場合が多くなるため、祖父母の日常的な世話や介護に追われることも少なくない（安河内2008:163）。

※2 なお、学童保育の待機児童数は、都道府県別の公表に留まっており、都道府県別でその数をみると、東京都が3,651人で全体の約3分の1を占める。次いで、埼玉県の1,033人、千葉県の763人、沖縄県の666人、愛知県の590人、神奈川県の556人と続くとされる（池本2020:61）。

※3 総務省（2021）の「子どもの居場所に関する調査報告書」を参考に、「放課後の過ごし方」の傾向が把握できる。たとえば、「放課後過ごす場所（複数回答可）」では、「自宅で過ごす」が87.8％で最も多く、次いで「塾習い事」が54.8％、「公園で過ごす」が42.4％となる。他方、「休日過ごす場所（複数回答可）」では、「自宅で過ごす」が89.4％で最も多く、次いで「塾習い事」と「公園で過ごす」が33.0％となる（総務省2021:26,29）。

※4 内閣府（2023）「青少年のインターネット利用環境実態調査」からインターネット利用の実態をうかがい知ることができる。インターネットを利用しているかを聞いた結果、「インターネットを利用している」が98.5％であり、その内訳（複数回答可）は、スマホが74.5％、学校から配布されたパソコンやタブレット等が64.6％、ゲーム機が64.1％、テレビが56.9％、自宅用のパソコンやタブレット等が48.8％であった（内閣府2023:19,21）。さらに、インターネットの平均的な利用時間では、「1時間未満」が4.4％、「1時間以上2時間未満」が9.4％、「2時間以上3時間未満」が15.1％、「3時間以上4時間未満」が15.9％、「4時間以上5時間未満」が14.1％、「5時間以上」が37.4％である（内閣府2023:55）。これを踏まえれば、「3時間以上」インターネットを使っている青少年は約6割を超える。こうした調査報告を概観しても、子どもの生活と長時間のメディア接触が大きな関係をもつことが確認される。

※5 居場所という表現が生徒指導において広く用いられるようになった経緯については、文部科学省国立教育政策研究所（2015）が以下のように整理している。居場所が用いられるきっかけは、1992年3月の学校不適応対策調査研究協力者会議報告「登校拒否（不登校）問題について―児童生徒の『心の居場所』づくりをめざして―」であり、「心の居場所」を「自己の存在感を実感し精神的に安心していられる場所」であるとし、学校がその役割を果たすことを求めたことに端を発すると指摘している。さらに、2003年4月の不登校問題に関する調査研究協力者会議による「今後の不登校への対応の在り方について（報告）」では、「自己が大事にされている、認められている等の存在感が実感でき、かつ精神的な充実感の得られる」場所として、「心の居場所」について言及したと指摘している。また、「学校は、児童生徒が不登校とならない、児童生徒にとって魅力ある学校づくりを主体的に目指すことが重要である」との指摘に続

き、学校が「心の居場所」として機能すべきとの従来の主張に加え、新たに「教師や友人との心の結び付きや信頼感の中で主体的な学びを進め、共同の活動を通して社会性を身に付ける」機能を求めていると指摘している。さらに、学級や学校をどの児童生徒にも落ち着ける場所にしていくことを「居場所づくり」といい、日々の授業や行事等において、すべての児童生徒が活躍できる場面を実現することを「絆づくり」という、と言及している。

※6 ただし、こうした質的転換には、木村（2015:ⅱ）が指摘する「医療化」と呼ばれるプロセスも念頭に置く必要がある。発達障害が1990年代に入るまでのほとんど世に知られていなかった時であれば、「不器用な子」「ちょっと変わった子」「勉強が苦手な子」「わがままな子」「怠け者」など非医療的に捉えられてきたとする。対して、1990年代半ばから20年ほどで、発達障害に関連する制度が次々と成立し、急速に医療的カテゴリとして認知されるようになったとする。非医療から医療への移行で、非医療的な子どもとしての不適応や逸脱は、発達障害という診断で説明されるようになり、レッテルの付与に対する拒否や葛藤や軋轢を生じさせることも想像される。そのため、木村（2015:ⅱ）が研究課題とする、医療的な解釈や実践を単純によいものとして評価し前進させるのではなく、いま一度立ち止まり、なぜ医療的な解釈や実践は急速に普及したのかを分析することには学術的意義があると考える。他方で、非医療的な捉え方では、把握することができていなかった発達障害児の困難や生きづらさがあること、発達障害の発見や支援が効果をもつこと、それらが社会的コンセンサスをもつようになってきた今日的様相を鑑みて、本研究では、法制度の整備・展開による動向を質的に転換したと捉え、議論を進めている。

※7 窪島（2022a）によれば、「特別の教育的ニーズ」を提起したウォーノックは、特別な教育的ニーズのある子どもは約20％としており、北欧では30％〜40％が何らかの特別の学習支援を受けていることを報告している。また、窪島（2022a）は、実践を通じて、読み書き障害のある子どもは、その重度も含めて学校でほとんど把握されていない実態があることを指摘している。

※8 2023年度の特別ニーズ教育（SNE）学会研究大会などで、特別な教育的ニーズの充足方法に関する議論を確認することができる。眞城（2023）のように理論的な検討が進められている（図1-4）。

- 不足を外的に補う
  → 必要とされる付加的な、あるいは異なる対応を用意することで充足する方法

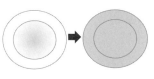

- 環境変容で実質的にニーズが生じていない状態にする
  → 学習環境を変化させることで実質的にその子どもの特別な教育的ニーズが生じない状況をつくる方法

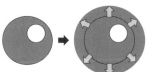

- 子どもが自らニーズを補う力を高めてニーズを解消する
  → 子ども自身が自らニーズを解消できるような力を高めて特別な教育的対応を必要としなくする方法

図1-4 特別な教育的ニーズの充足方法の例
出所：眞城（2023）のフレームワークを参考に筆者作成

第2章 放課後等デイサービスに関する動向

　本章では、放デイの学術的・社会的な背景を整理していく。主に、放デイの実態を俯瞰的・網羅的に理解するために、以下の2点を検討している。第一に、社会的な背景を俯瞰して理解するために、新聞記事を素材として放デイに向けられる社会的関心を整理する。第二に、放デイに関する学術的な背景を網羅的に理解するために、放デイの先行研究の動向を整理していく。

1節 放課後等デイサービスに対する社会的関心
──新聞記事の整理を通じて

1-1 放課後等デイサービスを報道する記事の分類

　本節では、放デイを報じた新聞記事の整理を通じて、放デイに対する社会的関心とその内容をくわしくみていく。その整理を通じて、本書に貫徹する研究課題を明確にしたい。

　新聞記事による分析は、前章で指摘したように、「放デイの創設が万全で有用な給付・援助・支援を必ずしも提供しているとはいえない」という実態の根本にある問題を詳細に把握するために必要な作業となる。

　あらかじめ注記しておくと、こうした実践の質が安定しない矛先を、特定の実践者や事業者、事業所に向けるものではない。本節では、放デイの課題を明瞭にする

ために、放デイに対する報道を整理することにしている。

また、新聞記事による分析が、社会的な背景を理解する方法として有用であることを先行研究から付け加えておきたい。本書と関連するテーマで新聞記事を素材に分析を進めた先行研究として、大泉（1981;2023）、御旅屋（2012,2015）をあげることができる。

大泉（1981;2023）は、1970年代の10年間における朝日新聞、毎日新聞、読売新聞に掲載された「障害児とその家族の悲劇的事件」について、新聞記事を通じた分析を行っている。社会福祉や障害児の問題やその問題の所在を概観するために、新聞記事の整理が行われている[※1]。こうした整理が必要となる背景として、「障害児とその家族の悲劇的事件については近年ようやく社会的に問題とされるようになったが、その論説をみると、なお恣意的なものが少なくない。その原因のひとつは、この種の問題を議論するからには当然踏まえておかなくてはならない問題事実の拡がりとその性格がよく分かっていないためだと思われる」（大泉2023:108）と指摘がある。

御旅屋（2012,2015）は、教育行政や若者論などで用いられ、意味の拡散化が進行する「居場所」概念の変遷を、朝日新聞、毎日新聞、読売新聞を対象に通時的な整理をしている。概念の解釈が多義的である場合に、その概念を通時的に捉え、概念の理解を明瞭にするために新聞記事の整理が行われている[※2]。

以上のように、新聞記事による分析は、主に2つの意味で、対象とする課題を明らかにする役割があると考えられる。第一に、対象とする用語や事象の変化を、通時的な視点から捉えるために有益な手段となる。第二に、同時代の社会事象を、複数の媒体から複眼的に把握するために有用な手段となる。

表2-1　3紙（朝日新聞、毎日新聞、読売新聞）において放課後等デイサービスを報じた記事数と取り上げた内容

項目	朝日新聞		毎日新聞		読売新聞	
地方版を含む該当記事数	155		166		112	
全国版のみ該当記事数	28		33		45	
（放デイが主に扱われた記事数）	13		23		33	
分類した項目	件数	割合	件数	割合	件数	割合
居場所の必要性	1	8%	4	17%	1	3%
虐待／事件・事故	1	8%	6	26%	12	36%
不正請求	1	8%	1	4%	6	18%
量的拡大（制度の改訂／ニーズの増加）	3	23%	5	22%	8	24%
発達支援について（発達支援の質／実践報告）	5	38%	6	26%	3	9%
コロナ禍（COVID-19）	2	15%	1	4%	3	9%
合計	13	100%	23	100%	33	100%

以上を踏まえ、本節では、朝日新聞、毎日新聞、読売新聞の三紙を対象にして、放デイを取り上げた新聞記事と内容の検討をしていく。各紙のデータベース（「朝日クロスサーチ」「毎索」「ヨミダス」）に、「放課後デイ」を検索ワードとして投入した。「地方版を含む該当件数」および「全国版のみの該当件数」は、表2-1の通りである（検索日：2023年6月9日）。

表2-2　朝日新聞において放課後等デイサービスが話題となった記事（一覧）

No.	掲載日	見出し
1	2010年11月16日	障害者の一律負担廃止法案が成立へ　民自公合意
2	2016年 4月13日	（注目株　やってみなはれ）障害児の放課後の居場所つくった
3	2017年12月24日	放課後デイサービス、急増　障害ある子預かり、5年で4倍に
4	2018年 3月 4日	（声）障害児の学童、継続利用認めて
5	2018年 6月20日	（いま子どもたちは）まこさんの成長：7　看護師の夢、見守っていくよ
6	2018年 7月27日	放課後デイ減収、国が再判定促す
7	2018年 9月28日	障害児の頭を平手打ち　京都の施設
8	2019年 1月10日	（声）「人を信じる」伝えていきたい
9	2019年 4月 8日	（声）障がい児、地域での活動大切に
10	2019年 4月28日	（いま子どもたちは）ともに育つ場：1　一時預かり、成長の時間
11	2020年 3月22日	（フォーラム）休校中、どうしてる？
12	2020年11月13日	（どさんこSTREET）聴覚障害ある子、楽しく交流　放課後デイサービスふくろう
13	2021年 3月14日	放課後デイ、相次ぐ行政処分　企業多く参入、給付金不正増

表2-3　毎日新聞において放課後等デイサービスが話題となった記事（一覧）

No.	掲載日	見出し
1	2014年 4月17日	東日本大震災：福島第1原発事故　30キロ圏、障害者施設休廃止13　行き場なく症状悪化も
2	2016年 5月16日	放課後等デイサービス：障害児預かり20業者処分　不正請求や職員不足
3	2016年 9月23日	憂楽帳：小さな成長糧に
4	2017年 1月 6日	放課後等デイサービス：運営厳格化　職員に障害児支援経験　厚労省
5	2017年 5月10日	Stand・by・you!そばにいるよ：豊かな体験与えたい
6	2017年 5月16日	交通事故：高速迷い込み男児重傷　障害児向けデイサービス中　神戸・3月
7	2018年 2月 6日	障害福祉サービス：報酬改定　地域生活支援に重点
8	2018年 2月 7日	放課後等デイサービス：事故急増　16年度全国で965件　毎日新聞調査
9	2018年 2月 7日	放課後デイ：利用広がる　障害のある子ども支援、生活力訓練や療育　利益優先、質置き去り懸念も
10	2018年 2月17日	質問なるほドリ：放課後デイサービス、なぜ急増？　企業やNPOも参入　開設基準緩く課題も
11	2018年 9月28日	虐待：障害児を平手打ち　放課後デイ指定取り消し　京都
12	2019年 6月 3日	教育の窓：障害ある子も学童で一緒に
13	2019年 6月20日	Stand・by・you!そばにいるよ：個性と向き合い　支え見守る
14	2019年12月23日	障害者施設反対：障害者施設反対68件　21都府県、中止・変更　毎日新聞調査
15	2019年12月24日	優生社会を問う：地域で暮らす／下　不寛容、障害児にも
16	2020年 2月28日	新型肺炎：新型肺炎　休校期間「自治体で判断」　文科省が正式要請
17	2020年 9月 8日	暴行：放課後デイ虐待疑い　施設長ら2人逮捕　神戸
18	2020年 9月27日	森健の現代をみる：一斉休校で見えた障害児放課後デイの課題は
19	2021年 1月26日	東日本大震災10年へ：続・沿岸南行記／13宮城・名取市から福島・相馬市へ　障害児集う大切な家
20	2021年10月 7日	性的行為：放課後デイ元役員、生徒に性的行為　福岡・起訴
21	2022年 1月31日	児童福祉法違反：放課後デイ淫行　元指導員に有罪　福岡地裁判決
22	2022年 9月20日	みんなの広場：子供が相談できる環境を
23	2022年11月28日	みんなの広場：虐待防止へ保護者も支援を

表2-4 読売新聞において放課後等デイサービスが話題となった記事（一覧）

No.	掲載日	見出し
1	2016年 4月 8日	広がる療育「放課後デイ」 発達障害など対象 民間参入
2	2017年12月15日	［数字で語る］8352か所 放課後デイ事業所 増加傾向
3	2018年 3月26日	放課後デイ 甘い基準 障害児らの療育支援 経験不要 異業種続々
4	2018年 6月13日	放課後デイ２割 廃止危機 210事業所調査 報酬改定で減収に
5	2018年10月 1日	報酬改定 揺れる「放課後デイ」 障害の度合いで差 多くの事業所減収
6	2018年12月 3日	［あんしんQ］障害ある子ども 放課後の居場所は？ 地域に専用デイサービス
7	2019年 3月20日	発達障害児の支援を強化 文科、厚労省 学校、家庭、福祉 連携マニュアル
8	2019年11月 6日	［教育ルネサンス］学びの未来（３）障害に応じて技術活用（連載）
9	2020年 3月17日	休校 障害児行き場なく 新型コロナ 放課後デイも人手不足
10	2021年 2月 1日	不正請求 甘いチェック 放課後デイ 書類提出のみ
11	2021年 2月 1日	障害児サービス 不正請求 「放課後デイ」 179事業所 公費17億円
12	2021年 2月 3日	放課後デイ 処分件数公表へ
13	2021年 2月 5日	放課後デイ 報酬引き下げ 最大９％ 厚労省の有識者検討会
14	2021年 2月28日	［社説］障害児支援 制度悪用した不正を見逃すな
15	2021年 5月 7日	少女に淫行容疑 40歳男書類送検 放課後デイ運営 元役員
16	2021年 8月22日	学童経営者 わいせつ70回 本社全国調査 「拒否できない」 障害児狙う例も
17	2021年 8月22日	学童内わいせつ19人処分 過去５年 放課後デイ25人 犯歴隠し採用も
18	2021年 9月 3日	新型コロナ 子から保護者へ 感染拡大 大阪府 クラスター分析
19	2021年 9月25日	"処分歴隠し 学童再就職 児童わいせつ被害後に発覚 情報共有の仕組みなし"
20	2021年10月 7日	通所少女に淫行 元役員在宅起訴 放課後デイ運営
21	2021年10月20日	放課後デイ運営 計1.1億過大受給 ８事業者、検査院調べ
22	2021年11月 4日	障害児わいせつ 送迎車で多発 「放課後デイ」職員 立場悪用
23	2021年12月17日	放課後デイ施設 子供5人が骨折 富山
24	2022年 2月10日	［障害児×親が働く］（中）受け皿小さい 公的サービス
25	2022年 5月17日	放課後デイ職員 女児にわいせつ 神戸、容疑で逮捕
26	2022年 7月22日	障害者施設 3月に行政指導 福岡・久留米 中学生監禁 NPO運営
27	2022年 7月24日	ワクチン４回目 各地で本格化 医療・介護従事者ら
28	2022年10月 1日	放課後デイ会社 不正受給 ２億7300万円 大分市 指定取り消しへ
29	2023年 1月23日	放課後デイ 子供の安全確保 課題 国の基準 具体性なく
30	2023年 1月23日	放課後デイ 事故4100件 障害児預かり 制度10年本社調査
31	2023年 1月23日	放課後デイ 安全対策 事業所任せ 国指針 具体性なく
32	2023年 1月23日	"「放課後デイ」事故4100件 障害児受け入れ 死亡は８件 国へ報告義務なし"
33	2023年 2月16日	障害児向け福祉 利用負担大幅減 福岡市新年度予算案

なお、該当記事には、高齢者向けのデイサービスなどが混同していた。さらに重複する記事が散見された。そのため、「全国版のみの該当記事」を照合する際に記事の選別を行い、放デイを中心に報道している記事を選定した。その選定した記事を「放デイが主に扱われた記事数」と表記した。また、各紙の「放デイが主に扱われた記事」の見出しと日付は、表2-2、表2-3、表2-4の通りである。

全体的な傾向として、2016年以降に放デイを取り上げる記事が増加していることがうかがえる。以下では、「居場所の必要性」「虐待/事件・事故」「不正請求」「量的拡大（制度の改訂/ニーズの増加）」「発達支援について（発達支援の質/実践報告）」「コロナ禍（COVID-19）」のカテゴリに基づき、放デイに関わる新聞記事を整理し、放デイに対する社会的関心を確認することにしたい。

1-2　新聞記事による放課後等デイサービスの報道

（1）居場所の必要性

学校や家庭以外の場所が必要であることを示す記事を「居場所の必要性」とカテゴライズした。居場所が必要とされる背景は、次に示すように多様であった。

> 「福島第１原発事故によって、30キロ圏内にある福島県相双地区の10市町村で障害者・障害児の就労や活動の場を提供していた通所施設28ヶ所のうち、半数近くの13ヶ所が休廃止されていることが毎日新聞の取材でわかった。避難先で再開した施設も、人材が不足している。居場所を失った障害者や保護者は避難生活の中で疲弊しており、専門家からは行政による積極的なかかわりを求める声が上がっている。…<u>放課後デイサービスが使えず仮設住宅で孤立し両親とも精神科に通ったり、発達障害のある子供の進学の相談先に苦労したりする。</u>」（毎日新聞2014年４月17日）（下線筆者加筆、以下同じ）

> 「『学童落ちた』。保育園の話ではありません。昨年暮れに申請した、長男の来年度の学童保育の継続利用が認められませんでした。発達障害の長男は昨春特別支援学校に入学し、平日放課後は<u>障害児対象の放課後デイサービスを利用</u>、夏休みなどは近所の学童、土曜は児童館での学童と数ヶ所を使い分けての１年でした。」（朝日新聞2018年３月４日）

> 「毎日新聞の調査で、過去５年間に少なくとも全国21都府県で計68件の住民による反対運動が起きていたことが明らかになった障害者施設では、大人だけでなく、子どもの施設にも厳しい視線が住民から向けられていた。一方、開設後に対立を乗り越え、施設側と住民の

交流が広がったケースもあった。…2012年の児童福祉法の改正で設置要件が緩和され、地域にも事業所を置いて障害児が支援を受けられるようになった。…だが、毎日新聞の都道府県や自治体へのアンケートによると、放課後デイサービスなど障害児施設に対する反対運動が、14年10月からの5年間で少なくとも8件起きていた。」（毎日新聞2019年12月24日）

　「東日本大震災と東京電力福島第1原発事故までは、漁港で水揚げされる新鮮な魚や海水浴場を目当てに、多くの観光客が訪れた。…発達障害の子を受け入れている児童発達支援・放課後等デイサービス施設だ。…勤務先の保育園はしばらく再開できず、保育園で不要になった絵本やおもちゃを避難所の子どもたちに届けて回った。県職員や精神科医とともに、津波で住まいをなくした自閉症の人がいる家庭も巡回し、相談を受け付けた。自分に何ができるか考え続けていた。『間もなく養護学校が始まるのに、放課後デイサービスが閉まっていて、子どもをみてくれる場所がない』。自閉症の小学生がいる父親の一言が、同じように自閉症の子を育ててきた菅野さんの背中を押した。」（毎日新聞2021年1月26日）

　「小学生以上の障害児を放課後や長期休みに預かる放課後等デイサービス。働く親にとっては欠かせない存在だが、保育園などに比べ親の就労支援の位置づけがあいまいで、預かり時間が短いなどの課題が指摘されている。」（読売新聞2022年2月10日）

　以上のように、「居場所の必要性」では、障害児の利用継続、震災・災害時における障害児の居場所、障害児者施設の設立に関わるコンフリクト（衝突）、障害児の保護者が就労する困難など、さまざまな切り口からの切実な要求によって、居場所が必要であるとする主張を読み取ることができる。特に、①原発事故により平時の生活が失われた際、障害児の子育てにおいて、学校や家庭以外の居場所が必要とされていること、②保育のニーズは、未就学期における保育園だけではなく、小学校入学後においても存在し、障害児の場合にはそれが放デイに求められること、③公共的に必要な施設ということは認めるが、それが自らの居住地付近に建設されるのは反対する住民やその態度としての「NIMBY（Not In My Back Yard：我が家の裏庭には置かないで）」問題ともいえる様相が、放デイなど障害児施設に対しても存在することがわかる。また、放課後や休日の活動をするための居場所があることは、障害児にとっても、その保護者にとっても、不可欠な社会制度であることが、新聞記事を通じてうかがい知ることができる。

(2) 虐待／事件・事故

　次に、「虐待／事件・事故」についてである。放デイにおける虐待や事件・事故を報道する記事を「虐待／事件・事故」とカテゴライズした。特に、障害児はその被害を訴えにくいこともあり、虐待やわいせつ行為の多発が問題視されている。また、虐待や事件・事故が多発する背景に踏み込んだ記事も見られる。

> 「神戸市垂水区の神戸淡路鳴門自動車道に今年３月、当時小学６年の男児が迷い込み、乗用車にはねられて右足を骨折する重傷を負っていたことが16日、兵庫県警などへの取材で分かった。…県警などによると、男児は神戸市内のNPO法人による障害児向け放課後デイサービスを利用して同区内の公園で遊んでいた際、行方が分からなくなった。」（毎日新聞2017年５月16日）

> 「障害のある子ども（6～18歳）が利用する『放課後等デイサービス』（放課後デイ）で、事故が急増している。毎日新聞が都道府県など67自治体にアンケートしたところ、2016年度に少なくとも965件発生。17年度も11月末時点で691件と1000件を超えるペースだ。背景には、新規参入事業者が相次ぎ、サービスの質の確保が追いついていない状況がある。…16年4月～17年11月分の計1656件の内訳は、骨折や打撲などのけがが最も多く1010件。次いで、行方不明126件▽従業員の不祥事41件▽誤飲・誤食38件▽虐待37件▽食中毒・感染症34件――など。」（毎日新聞2018年２月７日）

> 「少女に淫らな行為をしたとして福岡県警が６日、放課後等デイサービスの運営会社元役員の男（40）を、児童福祉法違反（淫行させる行為）容疑などで福岡地検に書類送検した。捜査関係者への取材でわかった。男は容疑を認めており、県警は起訴を求める『厳重処分』の意見をつけた。」（読売新聞2021年５月７日）

> 「放課後や夏休みなどに子供たちが利用する『放課後児童クラブ（学童保育）』と障害児が通う『放課後等デイサービス（放課後デイ）』で、2020年度までの５年間に、利用者へのわいせつ行為が確認された職員は少なくとも44人、被害者は69人に上ることが読売新聞の全国調査でわかった。」（読売新聞2021年８月22日）

> 「『放課後児童クラブ（学童保育）』や障害児が利用する『放課後等デイサービス（放課後デイ）』で、子供が施設職員からわいせつ行為を受けている問題では、わいせつ事案で退職するなどした職員が、その事実を隠して別の施設に再就職するケースもある。…学校の教員の場合、性暴力による教員免許失効者の情報を、教育委員会などが閲覧できるデー

タベースが整備されることになっている。だが、学童保育、放課後デイの職員は対象になっていない。」(読売新聞2021年9月25日)

「障害児施設での勤務経験もあり、人手不足から採用を決めた。だが、男は女児にばかり近づこうとし、子供と接しない業務へと配置換えをした。…放課後デイ事業者でつくる『全国放課後連』の真崎堯司（たかし）事務局次長は『子供は被害を訴えにくく、障害があればなおさらだ。利用できる施設も限られ、泣き寝入りしているケースもあるだろう。放課後デイは、低賃金や新規参入しやすいといった構造的な問題もある。行政にはこうした問題の解決や新たな研修制度など対策を進めてほしい』と話している。」(読売新聞2021年11月4日)

「障害がある子どもを放課後や休日に受け入れる『放課後等デイサービス（放課後デイ）』で、子どもの死亡や負傷などの事故報告が2012年度の制度開始以降、全国で少なくとも約4100件に上ることが読売新聞の自治体への調査でわかった。負傷が約9割を占めたが、死亡が8件あり、一時的な行方不明も約350件起きていた。国への事故報告の義務はなく、自治体からは事例を共有、検証する仕組みが必要だとの指摘があがっている。」(読売新聞2023年1月23日)

　以上のように、「虐待/事件・事故」では、その被害を訴えにくいこともある障害児に対する悪質な行為として、虐待や事件・事故の多発を指摘する記事が確認される。また、性暴力に関するデータベース化が未整備のため、わいせつ事案で退職する職員が、別の施設に再就職するケースもあると指摘される。また、「虐待/事件・事故」の背景には、人員不足や利用可能な事業所が限られている問題、事業者の参入構造などを示唆する記事も見られる。

　他方で、「事故約4100件以上」という数字が強調されている。ただし「4,100件以上」という数字が、独り歩きすることには留意が必要である。特に、体験活動を規制の対象にしてしまえば、放デイの目的が達成されない。すなわち、「学校や家庭とは異なる時間、空間、人、体験等を通じて、個々の子どもの状況に応じた発達支援を行うこと」を目的にする放デイにおいては、「負傷が約9割を占める」とあるように、「やむを得ない負傷」も「事故数」に含むと推察される。大きな数字が前景化することで「やむを得ない負傷」も規制の対象とするのでは、豊かな放課後や休日の創出にブレーキをかけることになるため留意が必要である。

　その一方で、事故のうち死亡が8件、一時的な行方不明は約350件起きていたことも事実であり、これは少なくない件数である。放デイ職員の人員不足や事業者の

参入に関する構造的な課題も踏まえ、「虐待/事件・事故」を捉えることが必須と考えられる。

（3）不正請求

利用実態がない報酬の受け取り、必要な職員を配置していないことを報じた記事を「不正請求」としてカテゴライズした。特に、報酬の不正受け取りといったことで事業者が行政処分を受ける例などが報じられている。また、上記の「虐待/事件・事故」と同様に、こうした問題が発生する背景に踏み込んだ記事が確認される。

> 「障害のある子どもを放課後や長期休暇中に預かる『放課後等デイサービス』で、利用実態がないのに報酬を受け取ったり、必要な職員を配置していなかったりする不正が相次ぎ、今年2月時点で16自治体の20事業者が指定取り消しなどの行政処分を受けていたことが15日、共同通信のまとめで分かった。」（毎日新聞2016年5月16日）

> 「障害を抱える子どもたちの居場所となっている放課後等デイサービス（放デイ）で、179事業所が不正請求で行政処分を受けていたことが、読売新聞の調査で明らかになった。子どもの福祉よりも営利を優先する事業者の存在が見え隠れする。…『なくてはならない第2の家のような存在です』。ダウン症で知的障害がある中学2年の息子（14）を放デイに通わせる大阪市の女性（50）は感謝する。…不正請求が各地で相次いでいる実態に、全国約480事業所が加盟する『障害のある子どもの放課後保障全国連絡会』（東京）の田中祐子事務局長は『このままでは良質なサービスをしている所よりも、金もうけ優先の事業所が生き残ってしまう』と訴えている。」（読売新聞2021年2月1日）

> 「障害のある子供が利用する『放課後等デイサービス』で、報酬の不正請求が相次いでいる。国や自治体は監視を強化しなければならない。…多くの職員を配置して、手厚く支援している施設ほど、経営は厳しい。国はサービス内容の充実度に応じて報酬額を決める仕組みの導入も検討すべきではないか。悪質な施設の横行によって、優良な施設まで立ちゆかなくなることがあってはならない。利用者側が悪質な施設をすぐに見抜くのは難しい。」（読売新聞2021年2月28日）

> 「報酬を不正に受けとったなどとして運営者が行政処分を受ける例が相次いでいる。利益を追い求める企業の参入が背景にあるとされ、厚生労働省は事業所が受け取る報酬額を減らす対策をとることにしたが、業界全体のサービスの『質』を下げるとの懸念も出ている。」（朝日新聞2021年3月14日）

以上のように、報酬を不正に受け取るなどして事業者が行政処分を受ける例や、その事案数が報じられている。また、「不正請求」の背景として、営利の追求を第一義とする事業者の参入が問題視されている。

　また、多くの職員を配置して手厚く支援している施設ほど経営は厳しくなることが報じられている。手厚く支援している施設は、ある種の「自助努力・企業努力」で質の高い支援に必要な人的資源を確保することが指摘されている。「優良な施設ほど立ちゆかなくなる」「このままでは良質なサービスをしている所よりも、金もうけ優先の事業所が生き残ってしまう」ということが危惧されている。これは、報酬のあり方にインセンティブが働いていないことを暗示しており、制度の設計に課題があることが想定される。

　さらに、「利用者側が悪質な施設をすぐに見抜くのはむずかしい」と報じられている。これは、利用者と提供者（事業者）の間にある情報格差を指摘するもので、「情報の非対称性」を示唆していると考えられる。なお、情報の非対称性とは、あるサービスや商品を提供する側は専門的な知識を有するが、サービス/商品を受ける側は詳細な知識をもち合わせていないというように、二者間で情報や知識の共有が成り立たず、対等な関係ではない状況を指す。情報の非対称性は、放デイに限らず、教育やITサービスなどの多様な領域で指摘されてきた。つまり、あるサービスや商品に対する情報量・知識量の差を踏まえた上で、適切な選択を利用者に促すことが求められる。放デイは、利用者と事業者が直接の利用契約を基本とするが、利用者が「優良な施設」か否かを峻別することが容易ではないことを示唆している。

　さらに、読売新聞（2021年2月28日）では、放デイを「社説（障害児支援　制度悪用した不正を見逃すな）」として取り上げており、社会的関心の高さを垣間見る点である。

（4）量的拡大（制度の改訂/ニーズの増加）

　ここでは、放デイを巡る量的拡大やニーズの増加、制度の変遷や報酬の改定などを報じた記事を「量的拡大」とカテゴライズした。全体的な記事数に比して「量的拡大」は、取り上げられる数が多い。報道内容を明瞭に把握するために記事の論調を踏まえて、「制度の改訂」と「ニーズの増加」に便宜的に区分している。ただし、「制度の改訂」と「ニーズの増加」は互いに関係し、同じ記事の中で扱われることも少なくない。そのため、それぞれを独立したカテゴリにすることは困難であった。以下では、便宜的に区分した「制度の改訂」と「ニーズの増加」の内容をみていく。

1）制度の改訂

「制度の改訂」では、放デイの量的拡大を統制するために、事業所への各種報酬の減算など制度の仕組みの変更を報じる記事をカテゴライズしている。

> 「障害者が福祉サービスを利用した時の負担を、現行の原則1割から支払い能力に応じた割合に変えることを柱とする障害者自立支援法改正案が、今国会で成立する見通しになった。民主、自民、公明の3党が、17日の衆院厚生労働委員会で委員長提案として会期内に処理することで合意。民主党政権は2013年8月までに同法に代わる新制度への移行を目指しており、それまでのつなぎとする。…改正案では、発達障害者も自立支援サービスを受けられることを明確に位置づけることや、グループホームやケアホームを利用する個人に対する助成も設けることも盛り込まれる。『放課後デイサービス』を創設することなどの障害児支援策も強化される。」（朝日新聞2010年11月16日）

> 「厚生労働省は障害のある子どもを放課後や休日に預かる「放課後等デイサービス」について、職員に障害児の支援経験を求めるなど、事業運営の条件を4月から厳格化する方針を固めた。利益優先の事業者による報酬の不正受給や、テレビを見せるだけでほとんどケアをしないといった事例があるため、不正防止や質確保を図る。」（毎日新聞2017年1月6日）

> 「『生活能力の向上のための訓練を行わず、単なる預かりに近い状況の事業所がある』（島根県）、「地域のネットワークに参加せず、事業所同士のつながりがないため、客観的な自己評価ができない」（福島県）など、大半の自治体は、放課後デイの意義や目的に対する事業者の意識の低さを危惧する。地域や学校との連携不足を指摘する声も多い。背景には急激な事業者の参入がある。…事業所の増加が続く一方、保育分野の拡大などで福祉業界は慢性的な人手不足に陥っている。厚労省は、来年度から放課後デイの管理責任者について厳格な資格要件を既存施設にも適用する予定だったが、『地域によって確保が難しいところがある』として昨年12月に急きょ、1年間延長した。」（毎日新聞2018年2月7日）

> 「障害児を放課後や休日に預かる『放課後等デイサービス』の事業者団体『障害のある子どもの放課後保障全国連絡会』（東京）は12日、今年度の報酬改定による影響について210事業所を調査した結果、約2割が減収によって廃止の危機にあると発表した。放課後等デイサービスは今年1月現在、約1万1600事業所ある。営利目的の事業者が乱立し、サービスの質が低下したことを受け、4月の報酬改定で、市町村が重い障害があると判定した子供を受け入れている割合に応じ、報酬額を二つに区分した。同団体が4～5月に210事業所を対象に実施した調査では、約8割の158事業所が低い報酬区分となってい

> た。また、約２割の41事業所が減収で『事業所廃止の危機』と回答した。…厚生労働省は今月中にも、全国の自治体を対象にした報酬改定の影響についての調査結果を取りまとめ、必要に応じて、自治体に障害の再判定を促す方針。」(読売新聞2018年６月13日)

> 「障害のある子どもが通う『放課後等デイサービス』を巡り、今年度の報酬改定で減収になる事業所が続出したため、厚生労働省は26日、市区町村に対し、子どもの障害の重さを再判定するよう促す連絡をした。…事業者側から『子どもの状態を見ず軽度と判定された』などと批判が続出。厚労省が判定状況を調べたところ『障害が重い子が半数未満』とされ、減収になる事業所が85％に上ることが分かった。」(朝日新聞2018年７月27日)

> 「福岡市は15日、総額１兆498億円の2023年度一般会計当初予算案を発表した。障害のある子どもが利用する福祉サービスの利用負担を大幅に軽減し、未就学児は無償、６歳以上は月3000円で受けられるようにする。自宅での介護や放課後デイサービスといった障害児向けのサービスの利用については、３～５歳のみ無償化され、０～２歳児と学齢期（６～17歳）は収入に応じて保護者が毎月4600～３万7200円を上限に負担している。」(読売新聞2023年２月16日)

以上のように、「制度の改訂」では、具体的な数字を踏まえながら、制度がどのように改訂されているのかといった改訂内容が報道されている。特に、減算や統制を厳格化するあまり、運営に支障をきたす事例を報道している点が印象的である。たとえば、「放デイの管理責任者について厳格な資格要件を既存施設にも適用する予定だったが…１年間延長した」、報酬額を２つに区分したが「事業所廃止の危機」で「再判定を促す」など、「制度の改訂」に伴う急な厳格化に対応できない事例が確認される。

2）ニーズの増加

一方で、「ニーズの増加」では、放デイの利用者や事業者の増加を取り上げる記事をカテゴライズしている。

> 「障害のある子どもが放課後や長期休暇中に利用する「放課後等デイサービス」（放課後デイ）が急速に広がっている。制度が始まった４年前から事業所は激増し、サービスも多様化。発達障害児向けプログラムなどに取り組むところも多い。しかし、その一方で、質にばらつきが大きいとの指摘もある。」(読売新聞2016年４月８日)

「障害のある子どもが、放課後や休日に利用する『放課後等デイサービス』(放課後デイ)の事業所は、全国に8352ヶ所(2016年4月)あります。放課後デイは、児童福祉法に基づいて各市区町村が実施している事業で、障害のある子どもが、放課後や夏休みなど休みの時、ビルの一室などで、おやつ作りや工作を楽しんだり、近くの公園に出かけたりしています。…障害のある子どもの居場所のニーズは増えています。ただ、十分なノウハウを持たない事業者の参入なども増えており、放課後デイのサービスの質について、『格差が出ている』という指摘も出ています。すべての利用者に対する質の良い支援が求められています。」(読売新聞2017年12月15日)

「開設の条件が緩いこともあって新規参入が相次ぎ、5年間で4倍以上になった。その半面、質の低下への懸念が強まっており、厚生労働省が対策に乗り出した。」(朝日新聞2017年12月24日)

「『放課後デイサービス』という、障害のある子どもが学校外で通う場所が急増してるって聞いたけど。…記者 2012年に始まった公的な障害福祉サービスで、主に特別支援学校や小中高校に通う障害児が放課後や休日、夏休みに利用しています。事業所は5年で4倍の約1万ヶ所、1カ月間の利用者も延べ約16万人と3倍以上。…良いことばかりではありません。本来は、日常生活の訓練や集団活動、地域社会との交流などを通じて子どもの成長や発達を促すことが期待されています。しかし、テレビを見せたり、ゲームをさせるだけだったり支援とはほど遠い内容の事業所もあるようです。現行の制度では、障害児を一人でも多く通わせた方が収入が増えるため、1人の利用時間や回数を制限する事業所もあります…早く普及させるため、開設・運営基準を緩めたことが背景にあります。子どもや障害者に福祉サービスをした経験がない職員が大半でも開設できました。…今年度から、職員は児童指導員や保育士などが半数以上としたほか、事業者は運営内容を自己評価し、公表することに。運営姿勢が読み取れるので事業者を選ぶ材料にしてほしいですね。」(毎日新聞2018年2月17日)

「Q.障害ある子ども 放課後の居場所は？…A.地域に専用デイサービス…障害のある子どもが放課後や休日に利用できるのが、放課後等デイサービス(放課後デイ)です。生活能力を向上させたり、社会との交流の機会を提供したりするのが目的です。児童福祉法に基づく市区町村の事業で、NPO法人や社会福祉法人、企業などが運営しています。…事業所数は、制度が始まった2012年度の2887施設から、16年度には3倍超の9306施設に急増しました。当初、子どもに対する職員の配置基準が緩かったこともあって、民間の事業者が積極的に参入したことが背景にあります。ただ、十分なノウハウもなく、テレビを見せるだけの施設もあり、質を疑問視される事例もあります。」(読売新聞2018年12月3日)

以上のように、「ニーズの増加」では、実際の数値も踏まえながら、利用者数や事業所数が増加した経緯を報道していることがわかる。特に、障害児の放課後や休日の居場所が増えたことを肯定する一方、営利を過度に意識する事業者の存在や、早く普及させるために開設・運営の基準を緩めたことを問題視する記事が確認される。

　また、こうした増加を背景にして、各事業者による発達支援の質や内容にはばらつきがあることが指摘されている。さらには、「テレビを見せたり、ゲームをさせるだけだったり支援とはほど遠い内容の事業所もある」という指摘もある。

　さらに、毎日新聞の「質問なるほドリ」（2018年2月17日）、読売新聞の「数字で語る」（2017年12月15日）、「あんしんQ」（2018年12月3日）などの各コラム・特集でも、放デイの「ニーズの増加」が取り上げられている。放デイの「ニーズの増加」に大きな社会的関心が向くことをうかがい知ることができる。

（5）発達支援について（発達支援の質／実践報告）

　「発達支援について」では、放デイにおける発達支援の内容を中心に扱った記事をカテゴライズしている。「発達支援の質」と「実践報告」は、両者ともに発達支援を念頭に置いた報道であるため、1つのカテゴリとした。

　他方で、報道する内容の特性を踏まえれば、2つのカテゴリに細分化することができる。1つ目は、上記で取り上げた記事と関連するが、量的拡大に伴う多様な事業者の存在や基準の緩さなどを背景に問題視する記事を「発達支援の質」と分類した。2つ目は、放デイにおいて、どういった支援や活動をしているのか、事業所の活動内容を紹介する記事を「実践報告」と分類した。

1）発達支援の質

　上述の（1）から（4）のカテゴリに分類した記事にも、「発達支援の質」に言及する部分が散見される。放デイの新聞記事を、過不足なく明確に分類することはむずかしく、上述した記事の中にも「発達支援の質」を扱うものが確認される。たとえば、「ニーズの増加」に分類した記事においても「サービスの質」に言及している。

　「障害のある子どもの居場所のニーズは増えています。ただ、十分なノウハウを持たない

事業者の参入なども増えており、放課後デイのサービスの質について、『格差が出ている』という指摘も出ています。すべての利用者に対する質の良い支援が求められています。」（読売新聞2017年12月15日）

　このようにして、「発達支援の質」は、多くの分類カテゴリにおいて取り上げられる。放デイに対する社会的関心となっていることが垣間見える。以下では、上述したカテゴリを踏まえつつ、「発達支援の質」に分類した記事をみていく。

「障害児らの生活能力の向上のため、国などが利用料を負担する『放課後等デイサービス』（放デイ）に参入する事業者が各地で急増し、2012年の制度開始以来、昨年、初めて１万ヶ所を超えた。発達障害児を中心に利用者も17万人に達したが、ずさんな運営や暴力で事業停止などの行政処分を受ける例が相次いでいる。…一方、多くの保護者は『放デイはなくてはならない居場所』と口をそろえる。発達障害児の場合、放課後は学童保育や習い事なども、他の児童とのトラブルの可能性を理由に暗に断られることがあり、制度開始前は受け入れてくれる場所がほとんどなかった。大阪府内の女性（45）は３年前から、長男（９）が放デイを利用。しかし、職員が子どもをどなりつけたり、ゲームをさせたりするだけの事業所もあり、預け先を転々とせざるを得ないという。多くは優良な事業所だとみられるが、事業所が職員の資格の有無などを保護者に開示する義務はない。女性は『親が良い施設を見極めるのは難しい』と話す。」（読売新聞2018年３月26日）

「文部科学省と厚生労働省は、発達障害児への支援を強化する。2019年度に学校や保護者、福祉機関が連携を深めるためのマニュアルを作成する。教育と福祉、家庭間の情報共有などを通じ、発達障害児への効果的な指導やトレーニングの実現を目指す。…多くは週１回程度、学校や、放課後に障害支援を行う福祉機関（放課後デイサービス）で、感情のコントロール方法を学んだり、読み書きなどの能力を補うトレーニングを受けたりしている。しかし、学校と放課後デイサービス間での情報共有がなく、学びやトレーニング内容が一貫しないことで児童生徒が困惑するケースもある。…文科省では19年度、４自治体に学校と保護者、放課後デイサービスの３者の連携について研究を委託する。各自治体は有識者を招くなどして学校・福祉機関間の連携策を探る。」（読売新聞2019年３月20日）

　以上のように、「発達支援の質」に関わる記事では、2012年の制度開始以来、事業者が増加し続けるが、その内実は必ずしも適切な発達支援とはいえない事態の広がりが報道されている。ただし「『放デイはなくてはならない居場所』と口をそろえる」とあるように、放デイを利用するニーズが大きいこともうかがい知ることができる。

また、発達障害児の事例も取り上げられており、「学童保育や習い事なども、他の児童とのトラブルの可能性を理由に暗に断られることがあり、制度開始前は受け入れてくれる場所がほとんどなかった」という言及もある。発達障害児の放課後や休日に活動する居場所、その保護者の就労支援など、生活を支える制度の1つとなっていることが確認される。
　さらに、発達支援の質が安定しないことを批判的に報じるだけではなく、支援を強化するために、学校や保護者、福祉機関が連携を深めるための方策が講じられることにも触れられている。

2) 実践報告
　一方で、「実践報告」に関わる記事では、放デイでの支援や活動の内容を紹介し、実践者の声を報道している。

> 「発達障害児放課後デイサービス施設『○○○（法人名のため匿名化）』には、夕方になると子供たちが集まり出す。遊ぶ姿は普通の子と変わらないが、指導員の○○○（個人名のため匿名化）さん（26）は『人とうまく付き合えず殻にこもったり、衝突したりする子が多いんです』。対人関係や意思の疎通に障害を持つ4歳～高1の12人が通う。一緒に遊び、宿題をさせて帰すが、小さないさかいは絶えない。『一人一人の障害を把握し、的確に対応するのが難しい』と○○○さん。対応を誤ると突然引きこもるなど、普通の子の何倍ものダメージが出る。…寄り添いながら叱る根気強さが問われる仕事。障害のため素直に『ごめん』や『ありがとう』が言えなかった子が、ある時から口にしてくれるようになる。そんな小さな成長が支えだ。」（毎日新聞2016年9月23日）

> 「障害のある子は周囲に『無理、危険』と言われ、どうしても選択肢が狭くなる。社会福祉法人で働く中で『世間の子どもと同じような経験をさせてあげたい』と感じていた。2011年、千葉市若葉区の小さな町に障害児の放課後デイサービスの運営会社『○○○（法人名のため匿名化）』を設立し、本人や家族を多角的に支える。」（毎日新聞2017年5月10日）

> 「私は放課後デイで先生をしている。発達に軽度の遅れがある子どもたちが通っており、私はいつも『人を信じる（自分を信じる）』ことの大切さを伝えている。先日うれしいことがあった。相談室登校することでいっぱいで、自分の気持ちを表現するのが苦手な生徒が、みごと高校に合格したのだ。…私たち大人がやるべきことは、子どもたちの背中を押してあげることだ。これからも、人を信じることを伝えていきたいと思う。」（朝日新聞2019年1月10日）

> 「私には、重度聴覚障がいのある息子がおり、高等ろう学校に通っています。また、私は聴覚障がい児を支援する<u>放課後デイサービス</u>の運営の仕事をしています。…私は、町内会活動やスポーツクラブへの参加などを通じて、子どもを地域に出していくことが大切だと考えました。小学生の時には海外でのホームステイも経験させました。難しいケースももちろんあると思いますが、親が思うより子どもは『優秀』です。それを信じて家庭、学校、地域の三つの居場所を提供することが大事だと思います。」（朝日新聞2019年4月8日）

　以上のように「実践報告」では、実践者の取り組みが紹介されている。上述の「虐待／事件・事故」「不正請求」「制度の改訂／ニーズの増加」に分類される記事では、放デイに関わる具体的な数値や実態を示して、ネガティブな印象を残す記事も散見されていた。

　その一方で、ここで確認した「実践報告」に関わる記事は、放デイの活動や支援の中身を紹介することに力点が置かれている。当然のことであるが、19,000か所を超える放デイ事業所のすべてに、「虐待／事件・事故」「不正請求」が該当するのではない。「実践報告」の新聞記事は、記事がもつ求心力という側面から捉えれば、社会問題を報じる記事に比べて弱いのかもしれない。しかし、ここでみたように、障害児やその保護者の生活を支援する実践者の思いを、社会に伝えられる場があることは重要な点であると考えられる。

（6）コロナ禍（COVID-19）

　ここでは、学校の臨時休校中の実態、子どもを受け入れる居場所でのワクチンの接種状況、クラスター感染をはじめとする感染拡大の実態などに関する記事を、「コロナ禍（COVID-19）」としてカテゴライズした。

> 「萩生田光一文部科学相は28日午前の記者会見で…予算委で、塾などには経済産業省を通じて休業を要請するとし、学校のクラブ活動も『中止してもらうのが望ましい』と述べた。…加藤勝信厚生労働相は…保育所や放課後児童クラブ（学童保育）が引き続き開所することについて『感染の予防には十分留意する』とした。…福岡市教委の担当者は28日午前9時過ぎ、『幹部が打ち合わせ中。バタバタの状況だ。検討中としか言えない』と言葉少なだった。その後午前11時前に、高島宗一郎市長はブログで『3月2日から春休みまで福岡市立の小中高校と特別支援学校を臨時休校にします』と表明した。市によると、学童保育は平日午前8時〜午後7時に受け入れ、<u>放課後デイサービス</u>も朝からの開所を事業所に要請するという。」（毎日新聞2020年2月28日）

「新型コロナウイルスの感染拡大防止のため、小中学校や高校と共に、特別支援学校も休校が続いている。障害のある子供は見守りが欠かせず、保護者の負担は大きい。受け皿となる放課後等デイサービスも人手の確保や感染防止に苦慮している。…同養護学校は２日から春休みまで休校になった。○○○（個人名のため匿名化）さんは普段から利用している放課後等デイなどに朝から夕方まで預けられたが、医療的ケアが必要な○○○さんは利用していた施設が休止し、行き場を失った。…特別支援学校の休校に伴い、厚生労働省は、放課後等デイで預かる時間を拡大するよう要請した。…職員の人手も足らず、他の施設からの応援を受けている。○○○（個人名のため匿名化）社長は『業務量は倍に増えた感じ。職員は日々の仕事で疲れ切っている』とため息をつく。…今月４日時点では、埼玉、島根両県を除く都道府県で臨時休校の措置が取られ、９割以上が休校していた。…放課後等デイサービスの事業者でつくる『全国放課後連』の田中祐子事務局長は『学校に代わって子供を受け入れている各施設はどこも限界。一人ひとりに寄り添った対応を心がけているが、休校が長引けば、子供にもストレスがたまる。学校の再開を急いでほしい』と指摘する。」（読売新聞2020年３月17日）

「２月27日夜、安倍晋三首相は新型コロナウイルスの感染拡大を防ぐ目的で、全国の学校に翌週から一斉に休校するよう要請しました。ちょうど進学・進級の節目を迎える時期でした。それから３週間。生活の変更を迫られた子どもたちはどう過ごしているのでしょう。親と子、それを支える人たちの声を聞きました。…自閉症の小５の息子が通う専門学級も休み。見通しを持つのが苦手なので、学校の決まったリズムがなくなると、睡眠障害やパニックを起こしてしまい苦しそう。一緒に家で過ごす妹のストレスもたまっています。放課後デイサービスが開き続けてくれているのが救いで、なんとか頑張れています。（東京都・40代女性）」（朝日新聞2020年３月22日）

「大阪府は２日、新型コロナウイルスの『第５波』以降に府内の児童施設で発生したクラスター（感染集団）33件を分析したところ、３分の１で子どもから家庭内に感染拡大する『逆流現象』が確認されたと発表した。府内では６月21日～８月31日、保育所で11件、認定こども園で10件、学童保育と放課後デイでそれぞれ６件のクラスターが発生し、計316人の感染が確認された。このうち10施設で、子どもから保護者らに感染が広がっていたという。」（読売新聞2021年９月３日）

「60歳未満の医療・介護従事者らを対象とした新型コロナウイルスワクチンの４回目接種が23日、全国各地で本格化し、仙台市宮城野区のJR仙台駅東口に設けられた特設会場『東北大学ワクチン接種センター』でも、多くの対象者が接種に臨んだ。障害児らを預かる放課後デイサービス職員、○○○（個人名のため匿名化）さん（43）（仙台市青葉区）

は『夏休みに入り利用者が増えるのに合わせて急いで接種した。万全の準備をして子どもたちを迎えたい』と話した。」(読売新聞2022年7月24日)

　以上のように、一斉休校中の障害児の居場所では、放デイが障害児の生活支援や保護者の就労支援として大きく機能したことが確認される。特に、医療的ケアが必要な子どもは「利用していた施設が休止し、行き場を失った」、自閉症のある子どもは「決まったリズム」がなくなるとパニックを起こして苦しそうであり放デイが「開き続けているのが救い」という報道がされている。なお、コロナ禍における放デイの対応は、後述する第6章で触れている。

1-3　新聞記事の整理を通じ見出される論点

　以上のように、本節では放デイを取り上げる新聞記事の整理を通じ、放デイに向けられる社会的関心の内実を確認してきた。新聞記事の整理から、次のような傾向を見出すことができる。
　まず、「居場所の必要性」「コロナ禍」に分類された記事からは、障害児とその保護者にとって、学校や家庭ではない「居場所」が必要であることが確認された。放デイを必要とする個々の理由は多岐にわたるが、全体に共通して放デイを活用しながら安定した生活を創出していくことが期待されているといえよう。
　他方で、量的拡大を背景として生起する諸問題が、放デイに対する大きな関心として向けられる。ここでいう諸問題とは、「虐待/事件・事故」「不正請求」「量的拡大（制度の改訂/ニーズの増加）」に分類される記事である。こうした諸問題では、量的拡大を発生の原因として指摘する記事が散見された。特に、開設の条件の緩さや参入障壁の低さなどを背景にしながら多様な事業者により運営されること、これが量的拡大につながると報じられていた。
　さらに、量的拡大に伴う諸問題として、「発達支援の質」が懸念されていた。「発達支援の質」の問題では、「十分なノウハウを持たない事業者」「テレビを見せたり、ゲームをさせるだけだったり支援とはほど遠い内容の事業所もある」といった記事が確認された。このように、それぞれの事業所で提供するサービスの質に格差が出ていること、公的な費用を財源とする社会福祉制度として発達支援の提供のあり方が問われていることが確認される。

以上を踏まえれば、前章および本章の冒頭で言及した「放デイの創設が万全で有用な給付・援助・支援を必ずしも提供しているとはいえない」とは、「発達支援の質」に対する懸念であり、さらには、「虐待/事件・事故」に発展することへの危惧である。あるいは、「不正請求」などが多発することを踏まえ、放デイが社会福祉制度として存立する上での根本的な問い直しを迫るものと考えられる。そして、こうした諸問題は、量的拡大と関係することが、通底した問題関心となっている。

　ただしこうした報道には、留意も必要である。「居場所の必要性」に分類された記事から確認できるように、放デイが創設されたことは障害児やその保護者・家族の生活を大きく前進させた。そして「コロナ禍」に分類された記事からは、日常生活を営む上でも、予期せぬ事態が生活に振りかかった時にも、放デイがあることで生活を営むことができたことが確認される。

　つまり、放デイが障害児やその保護者・家族にとって不可欠であるという認識を欠いたうえで、「虐待/事件・事故」「不正請求」「発達支援の質」などの報道に触れれば、放デイ業界全体への不信感やネガティブな印象に繋がりかねない。したがって、これら諸問題の是正を図っていく必要がある一方で、当然のことであるが、19,000か所を超える放デイ事業所のすべてに「発達支援の質」の問題が該当するのではないということである。

　むしろ前章でみたように、1960年代以降に「子育てニーズの拡大」「子どもの発達環境の変化」を背景として、放課後・休日対策の必要性は高まっている。ここに、「障害児が活動できる居場所」「障害児を育てる」というファクタが加わることに対し、放デイに期待される役割は大きいといえる。

　それでは、社会的な期待が明らかにある一方で、解決すべき諸問題が山積している放デイに対し、いかなる検討とそれに基づく示唆が必要とされているのであろうか。

　端的に言えば、「虐待/事件・事故」「不正請求」「制度の改訂/ニーズの増加」などの背景にあるとされる量的拡大について、くわしく検討していくことが必須となる。量的拡大は、毎日新聞の「質問なるほドリ」（2018年2月17日）、読売新聞の「数字で語る」（2017年12月15日）、読売新聞の「あんしんQ」（2018年12月3日）などのコラム・特集でも取り上げるように、社会的な関心が向く論点である。

　ただし、量的拡大の要因は、開設の条件の緩さや参入障壁の低さ、営利を過度に意識する事業者の存在、放デイを早く普及させるため開設・運営の基準を緩めたこと、など部分的・単発的な記述に留まっていた。

したがって、新聞記事による社会的な関心を踏まえた上で、本書が明確にしていきたいのは、放デイの量的拡大を規定する要因や構造を分析的・体系的に読み解くことにある。言い換えれば、放デイの量的拡大は、そもそもどのような構造に規定され、生み出された社会的事象であるのかという論点である。本書の後半部分（第Ⅲ部）において、この論点を検討していく。

2節　放課後等デイサービスの研究動向

2-1　放課後等デイサービス研究の分類

　上記の第1節では、新聞記事による社会的な関心を確認して、本書の論点を明瞭にする作業を行ってきた。本節では、先行研究の整理を通じて、本書の位置づけを明確にしていきたい。
　特に、本書の問題関心と近接する研究領域を振り返り、先行研究で明らかにされてきた点、あるいは、まだ明らかにされていない点を捉えることを試みたい。また、本書は社会調査に基づく検討を行っているため、先行研究ではどのような方法が採用されてきたのか、この点にも着目して先行研究の整理を進めていく。
　放デイの研究動向を網羅的に整理した研究として、鈴木（2021）をあげることができる。鈴木（2021）は、2012年から2020年までに発刊された文献170本のうち、放デイに直接関連のないものと重複データを除くと152本であったとする。そのうち学術誌・学会誌、紀要、学会発表のいずれかに該当する文献は90本であったとする。その90本について、主な研究テーマの動向をKJ法により分類している。
　鈴木（2021）によれば、各カテゴリとその論文件数は、「障害・ニーズ別の支援」17本、「支援プログラム・支援方法」14本、「学校・地域・家庭の連携」13本、「専門家との連携・専門性を活かした支援」12本、「家庭・保護者およびその支援」10本、「実態調査」7本、「物理的環境整備」6本、「その他（放デイの制度の動向、放デイスタッフ、自然災害対策に関する研究など）」11本、である。以上の8つのカテゴリに大別されている。
　本節では、放デイの研究動向を網羅的に整理した鈴木（2021）を踏襲しつつ、次の3点に力点を置き研究動向の整理を深めていく。第一に、鈴木（2021）では、文献整理の期間が2012年から2020年であったため、本節では文献整理の期間を2023

年5月までに延長する。第二に、本節では、放デイの研究動向を網羅的に整理した8つのカテゴリの中で、発達障害児を主題にした研究に焦点を絞り、その研究概要を明記する。第三に、先の8つのカテゴリのうち、本書の関心に近似する「実態調査」「その他（放デイの制度の動向）」（以下、制度の動向）をくわしく整理する。

なお、国立情報学研究所学術情報ナビゲータ（CiNii）に「放課後デイ」の語を検索すると、337件がヒットした（2023年5月28日時点）。そのうち、2021年から2023年5月の期間に学術雑誌論文と紀要論文として掲載されたものは、重複する論文を省けば、22本であった。さらに、本研究の関心と近似する「発達障害を主題にした研究」「実態調査」「制度の動向」に類別される論文は、7本であった。

2-2 放課後等デイサービスにおける発達障害児の研究動向

本項では、上述・第二の「放デイの研究動向を網羅的に整理した8つのカテゴリの中で、発達障害児を主題にした研究に焦点を絞り、その研究概要を明記する」という点を扱っていく。なお、「実態調査」「制度の動向」は、次項で整理している。

鈴木（2021）が分類したカテゴリのうち、発達障害児を主題にした研究は、「障害・ニーズ別の支援」「支援プログラム・支援方法」「学校・地域・家庭の連携」「家庭・保護者およびその支援」にあった。発達障害児を主題にした研究を整理すれば、表2-5のようになる。以下には、各カテゴリの概略を明記する。なお、各研究の概要は、表2-5を参照されたい。

第一に、「障害・ニーズ別の支援」についてである。上述した通り、「障害・ニーズ別の支援」は17本であり、分類したカテゴリの中で論文件数が最も多い。また、カテゴリを細分化すると、「重症心身障害児への支援」「肢体不自由児への支援」「聴覚障害児への支援」「その他の特別なニーズのある子どもへの支援」に分類されている。発達障害児に関する研究は「その他」に分類され、小山・前田（2018）と萩原・高橋（2021）の2本の論文がある。

第二に、「支援プログラム・支援方法」についてである。このカテゴリには14本の論文があり、2番目に多い論文件数となっている。また、カテゴリを細分化すると、「心理・社会的支援プログラム」「音楽・美術の観点からプログラム」「その他のプログラム」に分類されている。発達障害児を主題とした、石本ら（2018）、花岡・武内（2018）、小関ら（2021）の論文は、「心理・社会的支援プログラム／支援方法」

に分類されている。

　ここで整理した「障害・ニーズ別の支援」および「支援プログラム・支援方法」に関わる研究は、分類カテゴリの8つのうち、1番、2番に論文件数が多い。その一方で、発達障害児に関する研究に絞ると、その数は相対的に少ないことが確認される。また、カテゴリの名称からもわかるように、支援方法やプログラムの開発などが主眼に置かれている。教育学や心理学などの領域で、これらの研究が展開されている。

　第三に、「学校・地域・家庭の連携」についてである。このカテゴリでは、上記のカテゴリと比べて発達障害児を主題にした研究が5本あり、若干多いことが確認される。また、カテゴリを細分化すると、「学校との連携」「地域との連携」「学校・地域・家庭の連携」に分類されている。なお細分化の基軸として、「学校との連携」では放デイと学校の二者間での連携を主題とし、「地域との連携」では放デイの地域社会での取り組みが主題になっている。また「学校・地域・家庭の連携」では、放デイを含む障害児通所施設などを「地域」として、学校と家庭を含む多者連携に主題を置いている。田中ら（2018）、髙橋ら（2018）、細田・汐田（2020）、佐藤ら（2021）、松﨑（2021）の論文は、「地域との連携」と「学校・地域・家庭の連携」に該当している。

　「学校・地域・家庭の連携」に分類される論文は全体で13本あり、そのうちの5本が発達障害児に関するものであった。放デイでは、地域社会におけるインクルージョンの推進が制度全体の課題となることと関わり、このカテゴリにおける発達障害児を主題にした研究が多いことが確認される。特に、この5本の論文では、多職種連携や他機関との情報共有などを推奨する行政文書を参照点としつつ、事例調査に基づく検討が基本となっている。

　他方で、連携という点は共通していても、「専門家との連携・専門性を活かした支援」に分類される研究では、発達障害児を対象にした研究はなかった。なお、このカテゴリでいう専門家とは、「OT・PTとの連携」「医療・看護との連携」「その他の連携」に細分化されるように、有資格者を想定していることが推察される。

　第四に、「家庭・保護者およびその支援」についてである。このカテゴリには全体で10本の論文があげられ、そのうち発達障害児に関する論文は4本であった。また、カテゴリを細分化すると、「保護者視点によるニーズや放デイの役割・課題」「放デイ利用による保護者の心理的変容」「その他」に分類されている。このカテゴリに該当する、燒山ら（2015）、糟谷ら（2018）、西村（2018）、長岡（2019）の論文は、

表2-5 放課後等デイサービスにおける発達障害児を主題にした先行研究（一覧）

分類カテゴリ	研究題目	研究者（論文発行年）	出所	研究概要および調査方法
障害・ニーズ別の支援	不登校経験を有する発達障害がある児童への福祉心理学的支援	小山秀之 前田泰宏 (2018)	『奈良大学紀要』 46、169-182	DSM-Ⅳで使用されていた社会的職業的機能評定尺度SOFAS（Social and Occupational Functioning Assessment Scale）の評価をWeb上で算出できるsSOFASのVer.1.10を使用し、社会的機能の変化とその内容について検討している。
	放課後等デイサービスにおける自閉スペクトラム症児の機能的アセスメントに基づく支援の在り方	萩原 緑 高橋甲介 (2021)	『長崎大学教育学部教育実践研究紀要』 20、189-198	放デイの学習時間の課題に従事する場面において、知的な遅れを伴う自閉症スペクトラム児（知的障害特別支援学級に在籍する中学3年生）1名を対象に、機能的アセスメントに基づいた学習支援への介入案を作成・実施し、その効果を検討している。
支援プログラム・支援方法	心理教育プログラム実施者の実施前後での心理的適応および効力感の変化	石本雄真 山根隆宏 松本有貴 (2018)	『教育研究論集』 8、15-22	80名を対象に調査として、発達障害児を対象とするCBTプログラムに基づくPEACEを放デイで実践する場合に、プログラムの継続などに影響すると考えられる効力感と心理的適応について明示している。
	放課後等デイサービスを利用する発達障害児の変化と必要な支援	花岡祐奈 武内珠美 (2018)	『大分大学教育実践総合センター紀要』 36、1-10	放デイにおいて実施されている対応・支援とそれにより生じる発達障害児の変化を具体的に明らかにすることを目的に、放デイスタッフ4名を対象にインタビュー調査を行い、「支援内容とそれにより生じる子どもの変化」「支援におけるスタッフの困り」「これから必要な支援、心理職が果たす役割可能性」を考察している。
	児童発達支援事業と放課後等デイサービスにおける発達障害児に対する支援効果	小関俊祐 杉山智風 伊奈優花 岸野莉奈 松崎文香 池田美樹 久保義郎 (2021)	『桜美林大学研究紀要』 2、66-75	放デイと児童発達支援における2つの事例を通して、アセスメントや支援の観点を紹介している。子どもの状態によっては、支援が永続的に求められる場合があるため、一貫した積み上げ式の支援を展開していく必要性が明示されている。
学校・地域・家庭の連携	発達障がいのある子どもたちの自立活動上の課題	田中淳一 横山由紀 高橋眞琴 (2018)	『鳴門教育大学学校教育研究紀要』 32、45-50	学校、児童発達支援や放デイ、家庭の相互で使用できる発達障害児向けの自立活動課題を食事、排泄、着替え、入浴の観点から、チェックリストの作成をしている。
	地域連携を基盤とした発達上課題のある児童への支援	高橋眞琴 横山由紀 田中淳一 (2018)	『鳴門教育大学学校教育研究紀要』 32、51-59	地域連携を基盤とした発達障害児への支援について、地域、学校、家庭が連携する取り組みの事例検討を通じ、今後の連携上の課題を検討している。特に、「学校・家庭・放デイ・児童発達支援との連携に向けた学校教育におけるアプローチ法構築の必要性」などの観点から地域連携を基盤とした発達障害児への支援の方策を明示している。
	発達障害療育における地域機能シェアリング	細田千佳 汐田まどか (2020)	『小児の精神と神経』 60(3)、247-253	発達障害児にとって、放デイが学校や家庭に続く「第3の居場所」となりつつあると指摘し、一方で、療育センターと放デイの連携はそれに比べ進んでいない現状を鑑み、鳥取県立総合療育センターにおいて放デイとの情報共有から支援が展開した2事例をもとに、小規模地域における医療・療育機関と放デイの連携が検討されている。
	発達障害児の支援システムにおける情報共有の現状と課題（第1報）	佐藤匡仁 鈴木和子 斎藤昭彦 (2021)	『岩手県立大学社会福祉学紀要』 23、63-71	岩手県一関市内すべての小学校（33校）と中学校（18校）を対象に、発達障害児に対する機関間が連携した支援システムのあり方に関する質問紙調査を実施している。小学校31校（回収率93.9%）、中学校14校（回収率77.8%）から回答を得た結果では、小学校の54.8%、中学校の14.3%で、放デイ事業所を利用していた児童生徒がいた。学校と事業所との間で情報交換の取り組みを行っている小学校は35.5%、中学校は28.6%である。一方、連携の課題として「時間の確保」「学習の仕方の違いから保護者を悩ませる場合への対応」「下校時刻の連絡の行き違い」などがあげられている。
	学齢期軽度発達障害児の共生に向けた発達支援	松﨑美保子 (2021)	『淑徳大学社会福祉研究所総合福祉研究』 25、103-109	行政資料を主な素材として、軽度発達障害児（保護者が子どもの発達が少し遅れていると気づいているが家庭では困らず認識していない、または知能が正常～境界域で認知と行動が困難な女子と定義している）が、通常学期に就学後に合理的配慮を受けて通常学級に在籍し続けて学習できるよう、学校、放デイ、発達障害児の専門医療機関における多職種間の情報共有と他機関連携支援について検討している。

分類 カテゴリ	研究題目	研究者 (論文発行年)	出所	研究概要および調査方法
家庭・保護者およびその支援	放課後等デイサービスを利用する母親の子どもに対する発達障害理解の変容過程	焼山正嗣 岡本祐子 森田修平 (2015)	『広島大学心理学研究』 15、93-108	放デイを利用する母親9名を対象に、発達障害理解の変容過程について半構造化面接を行い、「母親の子どもに対する障害理解」「放デイ利用に伴う体験過程」「障害理解と分岐点」「肯定的循環と負の感情による施設利用の中断の危機」の観点から検討している。また、放デイの前身である児童デイサービスでは、制度の意義が療育と位置づけられていたが、児童福祉法の改正に伴う放デイの制度化は、療育だけでなく預かりを主とした事業者の出現など役割が多岐にわたったことを指摘している。
	発達障害児を持つ母親の時間的展望の変化	糟谷知香江 村田ひろみ 河瀬未来世 河津　巌 (2018)	『心理・教育・福祉研究』 17、11-19	放デイを利用する発達障害児の母親1名を対象に、人々の経験を過去から現在・未来へとつながるストーリーとして視覚的に振り返る人生紙芝居という方法によって、障害児の成長への気づき、家族との関係への気づき、自分自身への展望について検討している。
	放課後活動利用にみる発達障害児と家族の社会状況	西村いづみ (2018)	『子ども家庭福祉学』 18、25-41	小学校の通常学級に在籍する発達障害児をもつ母親6名を対象に、2013年の第一調査から約1年の間隔を空けて2016年の第四調査まで半構造化面接を縦断的に行っている。特に、①放デイなど障害児や発達障害児を対象にする活動から、塾・習い事まで多様な放課後活動を利用していること、②放デイを利用する母親は、放デイに対し社会的居場所という認識をもつこと、③放デイ利用継続を通して、母親は子どもからの意見表明により子どもの意見と母親の意向とのギャップを意識するようになって放課後の過ごし方を見直すこと、④放デイを含む放課後活動の選択には、学齢期以降の障害児支援体制が機能していないことに起因する母親の子どもの将来に対する不安が反映されていること、などが明示されている。
	発達に特性のある子どもを持つ親の認知の変化	長岡清美 (2019)	『創価大学大学院紀要』 40、215-240	放デイでのカウンセリングとコンサルテーションを通じた「発達に特性のある子ども」をもつ親の認知の変化を質的に検討するために、放デイを利用する親12名を対象に半構造化面接が行われた。また、追加調査として、同一の対象のうち、子どもへの関わり方または親としての自身に対する見方が変化していないと回答した対象者5名に半構造化面接が行われた。これらを通じ、カウンセリングやコンサルテーションの寄与について、子どもへの関わりや認知の変化、親としての自身に対する見方の変化などから考察されている。

いずれも「放デイ利用による保護者の心理的変容」に該当する。

「家庭・保護者およびその支援」に分類される論文の特徴として、半構造化面接に基づく検討が基本となっていた。特に、母親が主な対象となっていることから、調査設計の段階から母親を育児の中心に据えていることが理解される。また、このカテゴリにおける調査の特徴は、追加調査によって複数回の調査を実施する研究が多いことである。子どもの成長・発達とともに、保護者が子どもに向けるまなざしが変化することを調査の枠組みに組み込んでいる。さらに保護者支援の内容は、子育て相談、ペアレント・トレーニング、就労支援、レスパイトケア、障害受容など複合的な要素から構成されることが、こうした整理を通じ改めて示される。

他方で、「専門家との連携・専門性を活かした支援」「物理的環境整備」「その他（放デイスタッフ、自然災害対策に関する研究など）」のカテゴリには、発達障害児に主眼を置いた研究は展開されていなかった。

以上を踏まえると、発達障害児を主眼に置いた研究が行われていた４つのカテゴリのうち、支援をテーマとするカテゴリが３つ、連携とするカテゴリが１つとなっている（そのカテゴリを改めて示せば、「障害・ニーズ別の支援」「支援プログラム・支援方法」「学校・地域・家庭の連携」「家庭・保護者およびその支援」である［下線、著者加筆］）。

　言うまでもなく、その４つのカテゴリでは、放デイにおける有用な給付・支援の提供が目指されているといえよう。放デイのガイドラインでは、放デイにおける給付・支援の基本となる役割を３点示している。前章に既述しているが、放デイのガイドラインに明記される基本的役割とは、子どもの最善の利益の保障、共生社会の実現に向けた後方支援、保護者支援である。

　この４つのカテゴリは、放デイのガイドラインに該当した検討内容といえるだろう。つまり、「障害・ニーズ別の支援」「支援プログラム・支援方法」は子どもの最善の利益の保障に該当し、「学校・地域・家庭の連携」は共生社会の実現に向けた後方支援に該当し、「家庭・保護者およびその支援」は保護者支援に該当すると考えられる。

　こうした先行研究群の視座を本書の検討課題に引きつけて言えば、本書においても、国際的な条約やガイドラインを踏まえ、発達支援を具体的に捉える枠組みを設定し、発達支援の内実を検討していくことが肝要と考えられる。本書では、第９章において法制度やガイドラインが規定する発達支援の位置づけを踏まえた上で、発達支援の事例検討を展開する。

2-3　放課後等デイサービスの「実態調査」と「制度の動向」に関する研究動向

　前項では、鈴木（2021）が分類する先行研究のうち、発達障害児を主題にした研究に絞り研究動向の整理をしてきた。以下では、本節の冒頭に記した「先の８つのカテゴリのうち、本研究の関心に近似する『実態調査』『制度の動向』をくわしく整理する」という点を扱っていく。なお、この２つのカテゴリは、本書の検討と深く関連するため、ここに分類される論文をすべて把握していきたい。

（1）実態調査

　まず、「実態調査」に分類される先行研究の整理を行う。「実態調査」に分類される研究は、鈴木（2021）がレビューした当時は７本であったが、2023年５月までの

期間に延長すると11本になった。「実態調査」に分類される研究を整理すれば、表2-6のようになる。

　あらかじめこのカテゴリに分類される研究の傾向を示しておくと、「実態調査」の多くが、アンケート調査を用いて実態の把握を試みていることがわかる。特に、先述した新聞記事の整理からも明らかなように、放デイは量的拡大を背景として、その実態が錯綜することが課題となっている。こうした課題に対し、放デイの全容を把握しようとする問題意識が、アンケート調査の実施を後押ししてきたことが推察される。以下では、11本の論文を概観していきたい。

　まず、丸山（2014）では、3,797か所の放デイ事業所にアンケートを配布し、回答の得られた1,916か所（回収率50.5%）を対象に、障害のある子どもの放課後保障全国連絡会が2009年に実施した調査と本調査の比較検討を行っている。

表2-6　放課後等デイサービスにおける「実態調査」に関する先行研究（一覧）

研究題目	研究者（論文発行年）	出所	調査方法
障害児の放課後活動の現況と変容	丸山啓史（2014）	『SNEジャーナル』20（1）、165-177	アンケート調査
北九州市における放課後等デイサービスに関するアンケート調査	山本佳代子（2016）	『西南女学院大学紀要』20、43-51	アンケート調査
K市における放課後等デイサービス事業所の現状と課題	山本佳代子（2017）	『西南女学院大学紀要』21、107-114	アンケート調査
熊谷市における放課後等デイサービス	篠崎美佐子（2019）	『立正社会福祉研究』21、57-64	訪問調査（放デイ、障害福祉課、学校教育課）
放課後等デイサービスにおける支援の現状に関する研究	森地徹・大村美保・小澤温（2019）	『障害科学研究』43、117-124	アンケート調査
障がい児の放課後等の居場所づくり施策の現状と課題	宮地由紀子・中山徹（2020）	『日本家政学会誌』71（4）、28-36	アンケート調査
放課後等デイサービスガイドラインを用いたサービス提供の実態把握のための調査	山根希代子・前岡幸憲・北山真次・内山勉・金沢京子・米山明・光真坊浩史（2020）	『脳と発達』52、311-317	アンケート調査
インクルーシブな放課後等デイサービスの在り方に関する研究	中西郁・大井靖・日高浩一・岩井雄一・丹羽登・濱田豊彦・半澤嘉博・渡邉流理也・渡邉健治（2020）	『Bulletin of Jumonji University』51、13-28	アンケート調査
島根県内放課後等デイサービスにおける医療的ケアの課題と展望	前林英貴・藤原映久（2021）	『島根県立大学松江キャンパス研究紀要』60、21-29	アンケート調査
豊島区内事業所を対象とした放課後等デイサービスの設立経緯と役割について	牛木彩子・定行まり子（2021）	『日本女子大学大学院紀要』27、41-49	インタビュー調査
富山県内の放課後等デイサービスの現状と課題	明柴聰史（2021）	『富山短期大学紀要』57、11-23	アンケート調査

この丸山（2014）の調査結果は、放デイが制度化した2012年を境として、制度化前と後の実態を明らかにしている。特に、放課後活動に参加する子どもの特徴に変化はないものの、事業所の発足した年のちがいにより活動内容が異なることを見出した点は、注目すべきところである。

　また、山本（2016）では、北九州市における55か所の放デイ事業所にアンケート調査を実施し、回答の得られた21事業所（回収率38.1％）から、事業所の概要（運営主体、定員、指導員数、指導員の資格、開所日開所時間、送迎、事業所設備）、登録児の概要、活動の実態、事業所の抱える課題について検討している。その一方で、山本（2017）は、21事業所を対象にして（回収率38.1％）、各事業所が実施する職員研修、家族支援、連携内容（保護者、学校、関係機関）、地域との交流について検討している。

　この山本（2016,2017）では、特に「支援の質」についてくわしく考察されている。特に、山本（2017）は、事業所により「発達支援や療育」を重視している事業所と、子どもの「預かり」を主に行っている事業所があることを指摘している。そして、放デイの「支援の質」について考えるとき、子どもにとっての放課後を、子ども本人、保護者、放デイ事業所の三者がどのように考えるのかが重要となるという指摘は示唆的である。また、放デイでの活動を、保護者や事業所が「余暇」と捉えるのか、「療育や発達支援の場」と捉えるのか、また、放デイで子どもにどのような力をつけさせたいと考えているか、そのために事業所は子どもにどのような支援を提供できるのかなどを明確にしたうえで子どもが過ごす場の選択ができる環境が良いと指摘している。

　また、篠崎（2019）では、熊谷市における11の放デイ事業所に対し、訪問調査を実施し、支援内容・障害の程度・支援上の課題から、①介護型、②見守り型、③トレーニング型の3類型を見出している。放デイの各事業所が多様な場として成立する様相を鑑み、篠崎（2019）では、支援内容・障害の程度・支援上の課題から類型化を試みたものと推察される。なお、「実態調査」に分類される多くの研究がアンケート調査に基づく知見である一方で、訪問調査を基軸にする点がこのカテゴリの中において特徴的である。

　一方で、森地ら（2019）では、全国1,000か所の放デイ事業所にアンケート調査を実施し、回答のあった480事業所を対象に（回収率48％）、障害種別ごとに提供されるサービスの現状、学年別に提供されるサービスの現状、所属学校形態のちがいにより提供されるサービスの現状、障害種別と学年や所属学校形態との関係につい

て検討している。

　特に、森山ら（2019）では、放デイを利用する子どもが有する障害、所属する学年、学校形態により、提供されるサービスの内容にちがいがあることを明らかにしている点が示唆的である。本書との関連で言えば、生活スキルの向上・人間関係の構築・教育的配慮に関するサービスは、「発達障害児が多い事業所」「小学生が多い事業所」「通常の学校在籍児が多い事業所」で実施されることが明らかにされている。なお、本書の第9章などでは、こうした先行研究の知見を踏まえ、障害種別、学年、所属学校形態との関係などを念頭に置いて、提供される発達支援の検討を進めている。

　さらに、宮地・中山（2020）では、全国の人口50,000人以上の自治体を対象に、障害児の居場所（放課後児童クラブ、放課後子供教室、放デイ、日中一時支援、児童館、その他居場所）に関するアンケート調査を実施している（自治体数529件、回収数212件、回収率40.1％）。「居場所の設置状況」「居場所の実施運営方法」「居場所事業における地域交流」「居場所事業の課題」の観点から調査の結果が明記され、特に、「居場所の実施運営方法」として、実施主体・運営方法を見出している。放デイは、公設公営が1.0％、公設民営（非営利）が0.6％、公設民営（企業）が0.3％、民設民営（非営利）が35.0％、民設民営（企業）60.3％という結果を導出している（実施か所数4,438件）。この宮地・中山（2020）が導出した結果は、多様な事業者による福祉供給として「民設民営」が加速する放デイの特徴を如実に捉えた重要なデータとなる。そのため、第5章や第8章などで適宜データを引用している。

　山根ら（2020）では、全国12,480か所の放デイ事業所を対象にアンケート調査を実施し、回答のあった4,184件（回収率30.8％）について、事業種別、児童の状況、基本活動（アセスメント、活動の具体的内容、個別支援計画に記載する子どもへの支援の内容）、関係機関との連携、放デイガイドラインに関するデータを明記している。この調査からわかる放デイを利用する子どもの傾向は、発達障害が最も多く、年齢別では小学1〜3年生の契約児童が多いことである。第1章では、本書が通常の小学校に在籍する発達障害児に着目する理由の1つとして、発達障害児の放デイ利用が課題となっていることを述べているが、こうした調査結果からも対象選定の理由が補完される。

　一方で、中西ら（2020）では、放デイガイドラインが示す共生社会の実現に向けた後方支援の取り組みに関する実態把握として、東京都内の放デイ523か所に対しアンケートを実施し、回答のあった65か所（回収率12.4％）の結果から、障害児の地

域社会への参加・包摂をすすめるための事業所の取り組みや課題を明示している。また、放デイが、障害児の放課後を過ごす場の提供とともに、保護者支援に大きな役割を果たしていることを改めて明らかにしている。さらに、障害児の地域社会への参加・包摂に消極的な事業所がある背景として、報酬改定により厳しい経営となり、インクルーシブな取り組みを実施する余裕がないことを懸念している。

さらに、前林・藤原（2021）では、島根県の放デイ72か所に対しアンケートを配布し、回答のあった25事業所（回収率34.7％）から、医療的ケアに対する意識や課題や現状と、島根県内の放デイにおける障害児の受け入れ状況と実態を明らかにしている。特に、先の森地ら（2019）では「知的障害」の利用が最も多く次いで「発達障害」の順であったが（調査は2015年に実施）、みずほ情報総研（2020）では「発達障害→知的障害」の順になったと（調査は2019年に実施）、近年の放デイの動向を明示している。そして、こうした全体的傾向と対峙して、医療的ケアの実態を提示している。その結果は、医療的ケア児を受け入れている事業所は全体の２割弱であり、看護師等が常勤で在籍するのは５事業所、非常勤で在籍するのは３事業所であった。医療的ケアの内容は、「経管栄養（胃ろう）」が最も多く、次いで「高鼻腔吸引」「気管内吸引」との回答がある。

他方で、牛木・定行（2021）は、東京都豊島区の放デイ４事業所において、インタビュー調査を実施し、設立経緯や役割について検討を行っている。特に、利用待機児童がいること、家族の就労支援と学童児童クラブと同じ役割が求められていることを明らかにしている。また、析出した結果を受け、学童児童クラブと同じ役割を求める一方で、放デイを選択する子どもがいることが示されている。こうした選択をする理由については、今後明らかにすべき研究課題としている。ここで析出された学童保育と同じ役割を求める一方で、学童保育より放デイを選択するという利用ニーズは、放デイが量的拡大した要因を考察するにあたり有益な指摘である。なお、「実態調査」に分類される多くの研究がアンケート調査に基づく知見である一方で、インタビュー調査を基軸にする点がこのカテゴリの中において特徴的である。

最後に、明柴（2021）では、富山県内の放デイを対象にアンケート調査が行われ、支援の質の向上に向けた課題の整理が行われている。調査は２期にわたり行われ、2019年調査は、富山県内（富山市、射水市、高岡市を除く）12市町における23か所の放デイ事業所でアンケート調査と一部フィールド調査を実施している。2020年調査は、富山市内の放デイ55か所にアンケート調査を実施し、回答のあった46か所（回収率83.6％）の結果を通じて、事業所の所在地（設置場所）は、富山県内の地域によりかな

りのばらつきがあり、放デイが小学校区に1つもない地域も存在し、移動・送迎に伴う負担などが指摘されている。また、複数事業所の利用についても検討されている。

以上のように、11本の「実態調査」の研究のうち、9本がアンケート調査を主な手法としていることがわかる。特定の自治体を対象にした調査から全国規模のアンケート調査まであり、対象とする地域の規模には差異がある。その一方で、定量的に実態把握することが、このカテゴリに共通する問題意識にあることがうかがえる。量的拡大が著しい放デイの実態に対し、それぞれの研究の視点から定量的に把握することを主眼（第一義的な観点）に置いたものが多いことが確認される。

（2）放課後等デイサービスの制度の動向

次に、「制度の動向」に分類される先行研究の整理を行う。「制度の動向」に分類される研究は、鈴木（2021）がレビューした当時は3本であったが、2023年5月までの期間に延長すると5本になった。「制度の動向」に分類される研究を整理すれば、表2-7のようになる。あらかじめこのカテゴリに分類される研究の傾向を示しておくと、「制度の動向」の多くが、資料調査に基づき、放デイの動向を整理していることがわかる。以下では、5本の論文を概観していきたい。

まず、山本（2015）では、障害児の放課後・休日の支援制度の展開やその課題について、先行研究のレビューを通じ、障害児の放課後支援の展開を明示している。特に、①放課後支援が社会運動により形成されてきたことに触れている点、②障害児の放課後の過ごし方として、「第三の世界」「家庭でもない、学校でもない場で、仲間といきいきと活動できる時間と場所」が重視されてきたことをあげている。この2点は、本書の第Ⅱ部で展開する「第三の居場所」が社会運動を通じ醸成されてきたことを理解する手がかりとなる知見である。

また、泉（2019）では、放デイが成立する前後の動向を整理し、障害児の放課後対策を年代ごとに区分して明示した。特に、①第一期：草創期（障害のある子どもを対象とした放課後対策の制度化まで）、第二期：発展期（障害のある子どもを対象とした放課後対策の発展）、第三期：創設期（放デイの創設）、第四期：再編期（放デイなどの見直し）、の4つに区分している点、②放デイとその前身にあたる児童デイサービスの整理のみならず、学童保育における障害児の受け入れなどをくわしく整理している点に優れている。本書の第4章では、泉（2019）が学童保育における障害児の受け入れなどをくわしく整理しているため、適宜参照している。

表2-7　放課後等デイサービスにおける「制度の動向」に関する先行研究（一覧）

研究題目	研究者（論文発行年）	出所	調査方法（調査の主な対象）
障害のある子どもの放課後活動における制度化の展開	山本佳代子（2015）	『西南女学院大学紀要』19、79-88	資料調査（先行研究）
放課後等デイサービスを中心とした障害のある子どもの放課後生活保障の動向	泉宗孝（2019）	『新見公立大学紀要』40、51-57	資料調査（行政資料、運動団体資料、先行研究）
障害児の放課後支援の変遷	牛木彩子・定行まり子（2020）	『日本女子大学大学院紀要』26、29-36	資料調査（障害児の放課後支援についての調査報告、放デイのホームページからの設立経緯など）
障害のある子どもを対象にした放課後等デイサービスに関する調査研究の文献検討	泉宗孝（2021）	『川崎医療福祉学会誌』31（1）、1-16	資料調査（障害児の放課後生活に関する調査研究）
障害のある子どもを対象とする放課後等デイサービスの役割・機能の整理	泉宗孝（2023）	『川崎医療福祉学会誌』32(2)、355-366	資料調査（放デイの役割・機能に関する行政資料〔法令・通知・報告書等〕、放デイガイドラインの基本的役割に触れている先行研究）

　さらに、牛木・定行（2020）では、障害児の放課後支援についての調査報告、放デイのホームページを用いて設立経緯などを明示し、障害児の放課後支援の変遷を整理している。特に、①放デイが制度化される以前から放課後活動を実施してきた東京都の放デイ26施設の活動開始年や設立経緯を整理している。②放課後支援に関する調査報告に着目し、発表年や調査地、タイトルを整理しており、支援の争点を把握することができる。なお、上記①の東京都の放デイ26施設の整理は、放課後・休日の対策が先進的であった東京都の実践を知る有益な手がかりとなるため、本書の第4章で改めて表を作成し、牛木・定行（2020）の知見を紹介している。

　泉（2021）では、障害児の放課後生活に関する調査研究について、調査研究論文36件を対象にして、調査研究の目的、対象、方法、成果、課題に着目した整理をしている。文献整理は、①放デイ制度化の前後、②調査対象（利用者か支援者）の観点から行われた。その結果として、①放デイの制度化前は「障害のある子どもを対象にした放課後対策」「保護者のレスパイト及び就労支援」の必要について検討された。制度化された後は、「提供される支援の質」「子どもの生活の質の向上」の検討へと変化すること、一方で、「放課後デイの保護者支援における保護者ニーズ」の検討は少ないことを指摘している。②利用者を対象にした調査研究では、障害児の放課後生活の実態やニーズ、放デイの利用効果が明らかにされた。利用者は障害児の放課後対策として、「レスパイト及び就労支援などの保護者支援」「高い専門性」を求めており、発達支援に関しては、子どもの障害特性などに応じた発達支援や、家庭・学校との連携を進め

ていくことが求められているとする。他方で、支援者を対象にする調査研究は、放デイ制度化後に集中し、放課後対策の実施体制、支援内容、職員の専門性や連携などが明らかにされている。

　泉（2023）では、放デイおよび放課後児童クラブの障害児受け入れや日中一時支援に関する法的定義や現状について整理した上で、放デイガイドラインに明記される基本的役割に触れている8件の先行研究を参照し、放デイの役割・機能の検討を行っている。特に、①上記の3つの制度が障害児の放課後・休日対策として機能しているが、現実的には、放デイが担う役割が大きいと指摘する。今日の障害児の放課後・休日対策として、放デイ、放課後児童クラブ、日中一時支援が機能していることをくわしく整理しており、その知見は本書の第5章で参照している。②また、放デイの基本的役割について言及のある先行研究を整理し、「子どもの最善の利益の保障」に関して記述のある先行研究を4点あげる。発達支援のあり方について各論者の争点を比較している点は、本研究においても示唆的である。

　以上のように、「制度の動向」に分類される5本の論文は、それぞれの分析的観点に基づいた資料調査が実施されている。制度の展開を通時的に検討し、制度の役割を多角的に整理している点に、このカテゴリに分類される研究の一致点を見出すことができる。特に、本書の第Ⅱ部は、障害児の放課後・休日対策の展開を通時的／時系列的に検討するものであり、「制度の動向」にみられる視点を引き継ぐものとなる。

（3）研究動向のまとめ

　以上のように、本節では、放デイに関する先行研究の動向を整理してきた。以下では、本書に近似する2つの先行研究群から見出される課題や研究動向を踏まえ、本書に引き継がれる論点を明記していく。

　第一に、「実態調査」についてである。「実態調査」に該当する論文は11本あった。そのうち、9本がアンケート調査に基づき、放デイの実態を検討するものであった。調査の対象は、特定の行政区を選定したものから全国規模で実施されたものまでさまざまであった。他方で、量的拡大に伴って錯綜する放デイの様相を把握することに、共通した問題意識を垣間見ることができた。

　こうした定量的な調査研究は錯綜する実態を把握するために、今後も必須であると考えられる。その一方で、定量的なデータの蓄積が一定程度認められるようになってきた。特に、上記の先行研究に加えて、第6章に示しているように官庁統計

や外郭団体の調査から定量的な把握が進んでいることが確認できる。

　本書に引き継がれる論点として、量的拡大に伴う錯綜した放デイの様相を、分析的に把握することがあげられる。特に本書では、放デイの実態を規定する背景や要因に目を向けていきたい。端的には、著しい広がりをみせる放デイの構造、それに伴って問題視される社会福祉制度のあり方などを含んだ考察を進めていく。こうした定量的な統計データの蓄積を踏まえて、質的調査を実施することで厚みのある知見の導出を目指す。

　第二に、「制度の動向」についてである。「制度の動向」に該当する論文は5本あった。いずれも、資料調査に基づく研究が展開されていた。このカテゴリの研究に共通するのは、制度を通時的に検討する点、制度の役割を多角的に整理する点にある。

　本書に引き継がれる論点として、現代社会で起きている事象と一定の距離を取ること、過去からの時間軸で対象とする課題を理解することにある。とりわけ、放デイを取り巻く実態は錯綜しているだけに、現実社会で生起する事象からいったん距離を置き、俯瞰的に把握するという方略が有効なアプローチになると考えられる。

　他方で、本書では、1979年の養護学校教育義務制実施から放デイが創設されるまでの歩み、2012年の放デイ創設以降の展開を、「社会問題―社会運動―制度・政策」の三項関係を軸にして検討していく。特に、先行研究では、放デイの政策化のプロセスと社会運動を関連づけて検討する点が部分的であった。そのため、社会運動に着眼した知見を導出することは、「制度の動向」に該当する研究群に新たな貢献を果たす。

　以上のように本章では、当該領域を俯瞰的・網羅的に把握する作業を行ってきた。第1節では、新聞記事の分析を通じて放デイに向く社会的な関心を整理して、研究課題の論点を導出した。

　第2節では、研究動向の整理を通じて、本書が主に採用する研究方法と本書に貫かれる論点を明らかにした。本書の第Ⅱ部は、「制度の動向」に該当する先行研究を踏まえた検討を行っていく。また、第Ⅲ部では、主に「実態調査」に該当する先行研究の知見を踏まえながら、質的調査の結果に基づく考察を明示していく。

[注]

※1　大泉（1981;2023）は、1970年代の10年間における朝日新聞、毎日新聞、読売新聞に掲載さ

れた「障害児とその家族の悲劇的事件」について、新聞記事を通じた整理を行っている。そして、問題事実の拡がりとその性格を踏まえるために、「事件の類型と年次的傾向」「事件多発地域と事件首謀者の年齢」「子どもの障害種別」「障害児の年齢と事件発生の関係」の枠組みに基づき、新聞記事の整理をしている。

※2 御旅屋（2012,2015）では、教育行政や若者論などで用いられ、意味の拡散化が進行する「居場所」概念の変遷を、朝日新聞、毎日新聞、読売新聞を対象に通時的な整理をしている。とりわけ、御旅屋（2012:22）は、居場所という語が「マジックワード化」としていることは確かであるが、さまざまな社会問題への対策としてその語が使用されていることも事実であるとする。その上で、居場所という語がもつ影響力に自覚的である必要を指摘する。

第3章 本書の分析視角と研究課題

　本章では、本書の分析視角を提示するとともに、地域福祉論の要点や社会福祉基礎構造改革に関する一連の動向を振り返る。

　第1節では、本書の分析視角を提示しながら、その視角を提起する背景を論述していく。それに続く第2節では、第1節で提示した分析視角が依拠する地域福祉論の学問潮流を整理していく。そこでは、主に、真田是から石倉康次に続く地域福祉の理論を中心にして、その要点を振り返る。また第3節では、地域福祉の政策動向を踏まえるために、社会福祉基礎構造改革を中心にした論点整理を行う。第4節では、第Ⅰ部のまとめとして、本書の研究課題を示し、第Ⅱ・Ⅲ部で展開する検討内容と研究方法の提示を行う。

1節　本書の分析視角

1-1　放課後・休日対策の発展過程に対する地域福祉的考察

　本節では、本書の分析視角について論述していきたい。分析視角を平易な言葉に置き換えれば、本書を論じるにあたり採用する見方、対象の問題群に対する目のつけどころ、全体を貫徹する視点、ということになるといえよう。本書では、以下の2点を分析視角としている。

　分析視角の1点目は、「放課後・休日対策の発展過程に対する地域福祉的考察」である。この1点目の分析視角でキーワードとなる「発展過程」「地域福祉的考察」は、以下のような論点をもっている。

まず、放課後・休日対策の「発展過程」とは、放課後・休日対策を通時的／時系列的な視点から捉えていくことを指している。これは、発展や過程という言葉がすでに「時間の経過」「時間的な奥行き」の意味を内在していることからも明らかである。特にここでいう通時的／時系列的とは、放デイが制度化以降のことだけでなく、障害児の放課後・休日対策が社会福祉の政策体系として対象化される前の状況を捉えることを指している。

　端的に言えば、1979年の養護学校教育義務制実施を背景に、多くの障害児に「放課後・休日」が発生して以降の展開を、本書の主な分析対象としている。そして、それぞれの時期・段階での放課後・休日対策の形成やその質的転換の把握を試みている。また、通時的／時系列的な視点に基づいて放デイを捉えることで、障害児の放課後・休日対策を量的・質的に転換させた意味を明瞭にすることを目指している。

　他方で、もう1つのキーワードとなる「地域福祉的考察」とは、放課後・休日対策の発展過程を「社会問題―社会運動―政策主体」の三項関係から検討することを指している。この三項関係から捉える理論は「三元構造論」と呼ばれてきた。三元構造論は、真田是が提起した理論であり、地域福祉論の展開にとっても重要な枠組みの1つとなる。

　後述の第2節でくわしく検討しているが、さしあたり真田が提起した地域福祉が重点を置く特徴を概観すれば、以下のようになる。地域福祉の起点には、制度的な対応の外側に置かれている生活問題、あるいは社会福祉制度から除外されてしまうニーズへの着目がある。そうした生活問題やニーズは、当事者の生活状態を悪化させるため、放置しておくことができない。そのため、生活問題やニーズに着目して、地域社会の取り組みとして活動やサービスを創出・開発すること、その外側に置かれてしまうニーズを公的責任での対応に結びつけることが課題となる。したがって、当事者による共同事業やボランティアによる援助、社会福祉協議会による開拓的事業などによって、当面の間は対応がはかられる。しかし、それは永久的なものではないため、公的責任に基づく施策・サービスや制度の改善を求めていく社会運動が展開される（岡崎2006:175-176）。

　このように政策化を目指す背景には、地域福祉の対象は、政策化されなければ、対象者に対して有効な給付・援助・支援など専門的な実践を安定的に提供することがむずかしいことがある。そのため、公的責任に基づく活動やサービスの実施を必要とする。したがって、その地域福祉論の特徴の1つとして、政策化されていない

対象・領域あるいは新たに生起する福祉課題を、地域住民による自発的で共同的な諸活動を基本にして政策化を図る（黒田2025）という視点をあげることができる。

　これを踏まえれば、三元構造論は、「社会問題―社会運動―政策主体」の三項関係を手がかりにして政策化に向けた発展過程を解き明かす視座といえる。より抽象的な表現で正確に言及すれば、三元構造論とは、現実の社会福祉の特徴を把握するために、社会福祉の成立の論理的な要因を最低限に抑え、それぞれの要因の特異性と要因間の関連から特徴づけを行う枠組みである（真田2012:129-164）。

　なお、こうした政策化のプロセスを把握する視点は、障害児の放課後・休日対策に限らず、児童福祉法を根拠法にする社会福祉制度において特に重要な論点となる。なぜなら、第二次世界大戦後の高度経済成長期に、女性就労の拡大と共働きの家庭が増大する中で、子どもの居場所を確保するとともに、保護者・家族の就労を保障する制度が希求されたためである。はじめは都市部を中心にした自治体レベルでの制度化であり、長年の粘り強い社会運動を経て、児童福祉法を根拠にする国レベルでの制度化を達成した経緯をみることができる。放デイのほかに、保育所や学童保育などの制度がこれに該当する。

　さらに、広義の視点から政策化のプロセスを捉えれば、次のような文脈がある。日本における家族等の世帯単位での「自助」の先行は、父系の直系制家族が戦後の家制度改革や高度経済成長を経て、急激に核家族化したことに起因する。それまで家族や世帯の内部で私的に対応していたケアに、社会化を突きつけることになった。この社会化に対して、①保育所などの「公助」を限定的に整備すること、②小家族内でケアの担い手を確保するための家族賃金や家族手当などを強化すること、この2つの方向からの対応が基本になったことが指摘されている（浜岡2023:12-13）。

　浜岡（2023）の整理を踏まえると、本書の検討は、上記①の「『公助』を限定的に整備すること」に親和性があるといえる。また、「限定的に整備」という表現には、その時々の時代的制約や制度・政策上の限界をもちながら、制度が対象にする範囲や内容が決定されるため、そこには政策的矛盾や社会運動による要求とのギャップを内包する、という意味が含まれている。

　ここからもわかるように、政策化は常に一方向に進展していくとは限らない。つまり、「行きつ戻りつ」を繰り返しながら、制度・政策の水準が決定される。特に、財政的な制約、費用対効果、政治的帰結などに左右されて制度の内容が規定される。こうした動的な様相を理解する場合に、三元構造論は有効な枠組みである。

すなわち、障害児の放課後・休日対策の発展過程を、「社会問題：障害児の放課後・休日問題」「社会運動：放課後保障を求める運動」「制度・政策：放デイの創設と展開」として、三元構造論の枠組みに落とし込むことで、これまで明らかにすることができなかった論点や知見を導出することにつながる。

　以上のように、本書の分析視角の1つ目である「放課後・休日対策の発展過程に対する地域福祉的考察」では、放課後・休日対策に関する政策化のプロセスに着眼している。こうした本書の検討は、制度が成立した背景や社会課題に応答する政策の必要性を再確認する手がかりとなる。

1-2　放課後・休日対策の新展開に対する批判的検討

　分析視角の2点目は、「放課後・休日対策の新展開に対する批判的検討」である。2点目の分析視角でキーワードとなる「新展開」「批判的検討」は、以下のような論点をもつ。

　まず、放課後・休日対策の「新展開」とは、障害児の放課後・休日対策の新たな局面となる、放デイの創設とそれ以降の展開を指している。第1章にも先述しているように、放デイの制度化を一面的に理解することはできない。端的には、①放デイの創設は、従来の障害児の放課後・休日対策を量的にも質的にも転換させた新しい潮流であること、②その一方で、制度化しても万全で有用な専門的実践を提供しているとは言いがたい状況を内包していること、この二面性を合わせもっている。これを第1章では、コインの両面と表現した。

　コインの表面にあたる「①放デイの創設は、従来の障害児の放課後・休日対策を量的にも質的にも転換させた新しい潮流であること」は、上述した1点目の分析視角において、放課後・休日対策の政策化に向かうプロセスを検討する中で、明らかにされる論点といえよう。

　他方で、コインの裏面にあたる「②制度化しても万全で有用な専門的実践を提供しているとは言いがたい状況を内包していること」は、2点目の分析視角として検討される論点である。

　この裏面に着目するにあたり、もう1つのキーワードとなる「批判的検討」が必須となる。なお、誤解を避けるために「批判的」という語を補足しておく。「批判的検討」とは、クリティカル・シンキング（critical thinking）に対応する言葉である。

すなわち、物事を単に否定することではなく、多面的に吟味し物事の本質を捉え、よりよい解決や結論を見出すことを指している。この認識に即して言えば、本書における「批判的検討」とは、放デイを単に否定することではなく、放デイを多面的な視点で吟味し、制度の本質を捉え、内在する課題の解決策や方策を見出す一助になることである。

本書では、その新展開に対する批判的検討として、次の論点を見出している。

本書の第2章では、新聞記事の整理を通じて社会的関心を捉えた。放デイにおける諸問題には「虐待」「事件・事故」「不正請求」「発達支援の質」などがあり、その背景には量的拡大があることが新聞記事の整理によって明示された。しかし、同じく第2章で検討した先行研究の動向から明らかなように、放デイに関わる先行研究では、量的拡大する放デイを主題にするものの、量的拡大を可能にした構造や要因にまで降り立った議論にさらなる展開の余地を残していた。

したがって、第2章の検討からは、放デイの量的拡大を規定する要因や構造を分析的に読み解く必要性を見出した。さらに言えば、放デイの量的拡大を可能にしてきた根本的な要因が明らかにされないまま、制度が創設して以降の数量的増加を問題視してきたのであれば、これまでの判断の根拠をいま一度見つめ直す作業が求められるともいえよう。

すなわち、第1章でみたように、二面性を合わせもつ複雑な放デイの実情を根本から理解しようとすれば、さまざまな次元や多様な観点から検討する必要がある。ただし、その検討に優先順位をつけるとするならば、第2章でみたように、諸問題の根源とされる量的拡大がどのような構造に規定され生み出された社会的事象であるのかを検討していくことが必須の課題となる。

なお、この課題に対峙するために、地域福祉の政策展開と社会福祉基礎構造改革を背景として変容する、社会福祉サービス・支援の供給方法を踏まえて、議論を展開する必要がある。端的に言えば、政策主体が実施する制度は公的責任の度合いにちがいがあり、それを前提にして放デイが直面している課題を検討することである。

本書では、公的責任の度合いを「濃淡のスペクトラム構造」で捉えるという視点に着目したい。これは、一連の改革を背景に転換する社会福祉制度を分析する視座である。社会福祉の今日的様相を捉えるために、石倉（2021）は三元構造論を基礎にして、政策主体の公的責任の度合いが「濃淡のスペクトラム構造」であることを、次のように示している。

まず、政策化された制度を対象（利用者）に届けるために、その媒介項が必要となり、個々の社会福祉事業とそこで働く社会福祉労働者が登場することを指摘する。そしてこの社会福祉事業に、公的責任の度合いに明瞭なちがいが出ていることを指摘している。その責任の度合いが強い方から順に、「第一種社会福祉事業」→「第一種社会福祉事業のうち介護保険施設となっている特別養護老人ホーム」→「第二種社会福祉事業のうち利用契約制度化されていない事業」→「第二種社会福祉事業のうち利用契約制度化された事業」→「有料老人ホームやサービス付き高齢者向け住宅のような届出施設」というようになっている。このように、ひと口に社会福祉制度といっても、実際には公的機関の関与や責任の度合いに「濃淡」が存在している。そしてそこで働く運営主体の顔ぶれも、自治体の直営施設、社会福祉法人、社会福祉協議会、医療法人、協同組合、営利法人、NPO法人、社団法人など多種多様である。また、それら多様な性格をもつ主体は、すみ分けをしながら、時には競争をしながら併存している（石倉2021:212-214）。

　なお、放デイは、「第二種社会福祉事業のうち、利用契約制度化された事業」に該当する。また、放デイの場合には、10名程度の小規模な運営、設置場所、職員の資格要件などの設置条件が緩いこともあり、事業所の設立が比較的容易な面があった。くわしくは第6章で検討しているが、その度合いが弱いことによって、放デイでは次のような様相を呈している。

　①営利法人の参入という文脈を2019年時点の放デイでみると、営利法人：57％、NPO法人：17％、社会福祉法人：14％、その他の法人：12％となっている（財務省2020:27）。サービス供給主体の約半数が営利法人となる実態が確認される。放デイにおける量的拡大は、第1・2章で再三指摘してきたが、特に、社会福祉制度に多様な運営主体を誘導した結果として、営利法人の増加が如実に現れているといえよう。

　②また、施設の整備基準の緩和については、放デイ事業所の設置場所は、民家や民間ビル：56.9％、社会福祉施設：33.5％、学校施設：0.4％、社会教育施設や児童館：0.2％となる（宮地・中山2020:31）。「民家や民間ビル」が半数を占めることがわかる。特に、「民家」には、一戸建てやアパートの一室などが該当すると推察される。また、「民間ビル」の内実には、コンビニエンスストアの空き店舗、雑居ビルのワンフロア、複合施設の一角などでの運営が想定される。このように、設置場所の条件が比較的緩いことがわかる。

こうした①②のような条件の中で制度が運営されてきたこと、その上で専門的実践が必ずしも実践されているとは言いがたい状況を検討していくことが肝要となる。

　すなわち、社会福祉基礎構造改革を背景にして、政策主体の公的責任は後景化したため、三元構造論の「社会問題―社会運動―政策主体」というフレームを基本としながらも、運動主体と政策主体の応答関係／緊張関係だけでは説明できない問題が浮上した。特に、政策主体のパートの変化が顕著であり、「濃淡のスペクトラム構造」のうちの「淡」に該当する領域が大幅に拡大している。

　石倉（2021:215-216）は、今日の社会福祉制度が「濃淡のスペクトラム構造」にあるからこそ、社会福祉利用者の権利保障をないがしろにしない運営が重要と指摘している。そのために、「民主的規制の構築」が必要であることに言及している。特に、「民主的規制の構築」の課題の1点目として、「社会福祉の対象となる課題」に対して「社会問題の実態から科学的に把握する研究活動」が必須であるとしている。

　以上のように、分析視角の2点目「放課後・休日対策の新展開に対する批判的検討」は、こうした地域福祉の政策展開を踏まえ立脚するものである。特に、ここでの検討は、石倉（2021）のいう「民主的規制の構築」として、「社会問題の実態から科学的に把握する研究活動」の1つとして位置づくものといえる。

　他方で、石倉（2021）は、「民主的規制の構築」の言及を著書の最後の部分で示している。このことからも明らかなように、分析枠組みの更新を行った一方で、特定の制度を詳細に検討していく点にさらなる研究課題がある。その意味において、本書が着目する放デイは、公的責任の度合いが5つのレベルに分かれるうち、公的責任の度合いが2番目に弱い「第二種社会福祉事業のうち利用契約制度化された事業」に分類されており、「淡」の拡大を如実に示す制度ということができるだろう。このことは、社会福祉基礎構造改革の影響を検討する素材として、放デイを対象とする意義を見出すことができる。

2節　本書が依拠する視点

　本書は、数ある地域福祉の理論潮流の中でも、主に、真田是から石倉康次に続く

地域福祉論に基づいている。それは、すでに上述しているように、三元構造論とそれに付随する諸概念が、障害児の放課後・休日対策を捉えるために有益な視座になるためである。第2節では、本書の分析視角が依拠している「真田是の地域福祉論」と真田のそれを継承している「石倉康次の域福祉論」の要点を整理するとともに、そこで登場する鍵概念について検討していく。

本節は、やや説明的な記述が多くなるが、本書の分析視角を構成している地域福祉論の要点を論述していきたい。

2-1　三元構造論の時代的背景と地域福祉の諸概念

ここでは、まず真田の地域福祉論について整理し、その理論の位置づけを明確にする。真田の研究業績は、全5巻からなる『真田是著作集』(2012)に所収されている。本書において真田の研究を参照する際には、この著作集から引用するものとする。

真田の遺した理論は、社会福祉士国家資格問題に登場し、または、その論考が戦後社会福祉関係の教科書や復刻版の論文集に収録されている。これは、真田の理論研究が1つの古典的な性格をもつようになってきていることを意味している（石倉2012: ⅱ）。

真田の経歴をごく簡単に概観すれば、次のようになる。真田は1928年に生まれ、1954年に東京大学文学部社会学科を卒業した。その後、大阪府立社会事業短期大学、愛知県立女子大学で教鞭をとった。1964年10月に立命館大学産業社会学部の創設時に着任し、1994年に立命館大学を退官した。その後は、日本福祉大学、山口県立大学大学院で教鞭をとった。また、1988年に民間の力によって設立された総合社会福祉研究所の初代理事長に就任し、社会福祉の実践と社会運動と研究が連帯する基盤の形成およびその組織化に力を入れてきた（石倉2012: ⅰ-ⅱ）。

また、真田が活躍した時代背景を振り返れば1960年代および1970年代の日本における革新自治体運動の高揚があり、真田の理論形成が進められた。そして、1970年代後半からの「福祉見直し」、1980年代の臨調行革から始まった戦後社会福祉制度の解体・変質の動向を見据え、それに抗して民主主義運動を結びつけ、社会福祉および地域福祉の理論研究を発展させてきた歩みをみることができる（石倉2012: ⅱ）。くわしい政策動向は、後述の第3節で検討している。

次に地域福祉の研究潮流における真田研究の位置づけをみておきたい。地域福祉

論の分類を示せば、図3-1のようになる。

　牧里（1984:60-68）は、地域福祉の概念をあえて分類整理するとすれば、地域福祉を機能的に捉えようとするアプローチ、地域福祉を構造的に捉えようとするアプローチに分かれるとしている。そして、前者を機能的概念、後者を構造的概念として、2つの流れを把握している。

　まず、機能的概念の概括的な特徴とは、社会的ニードを充足する社会サービスおよび社会資源の供給システムと捉えることにあるとしている。そして、さらに2つに下位分類している。1つは、主体論的アプローチであり、福祉サービスを受ける住民サイドから地域福祉の体系を機能的に展開しようとするものとしている。代表的な論者に、岡村重夫をあげている。もう1つは、資源論的アプローチであり、福祉サービスを提供するサイドから、サービスや資源の供給システムを構想するものとしている。代表的な論者に、永田幹夫や三浦文夫があげられている（牧里1984:64-68）。

　他方で、構造的概念の特徴をあえてひとことで言えば、地域福祉を政策として捉えるところにあるとしている。そして、政策として捉えると言っても、2つの立論があるとして下位分類している。1つは、制度・政策論的アプローチであり、国家独占資本主義段階の政府が、資本蓄積に伴う貧困化として現れた生活問題に対する対策として地域福祉政策を規定するとしている。代表的な論者に、右田紀久恵や井岡勉をあげている。もう1つは、運動論的アプローチであり、地域福祉政策を捉える場合には政策と運動との拮抗関係を含めて、いわゆる三元構造から把握するとしている。代表的な論者に、真田是をあげている（牧里1984:60-63）。

　また、地域福祉の概念を改めて検証する先行研究として、武川（2006:29-43）や全国社会福祉協議会（2019:26-32）がある。とりわけ、武川（2006:29-43）は、先の

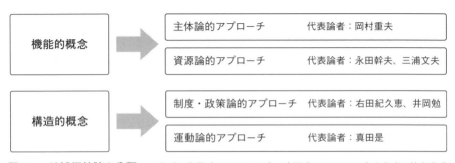

図 3-1　地域福祉論の分類　　出所：牧里（1984:60-68）、武川（2006:29-43）を参考に筆者作成

牧里（1984）が地域福祉の概念を分類整理したことを踏まえ、地域福祉の概念形成およびその概念の拡張について以下のように整理している。

　まず、機能的概念について、岡村の理論を住民の共同性や地域の主体性を強調していることから主体論的アプローチ、永田の理論を地域の中の福祉課題への資源の供給を主眼としていることから資源論的アプローチと呼び、両者の差別化を図っていることに言及している。他方で、両者は主体論的ないし資源論的というちがいがあるにしても、「地域組織化」「在宅福祉」という2つの契機を含んでいた点が共通すると指摘している。

　次に、構造的概念についてである。構造的概念を開拓した右田が、自らの立論を「自治型地域福祉」と呼んでおり、地域福祉の概念の中に、自治や運動の契機も含めるべきとの立場を打ち出した点に特徴があったと言及している。岡村や永田と同様に「地域組織化」「在宅福祉」という契機を保持しつつ、「住民原則」や「住民運動」あるいは「内発性」を地域福祉の不可欠な要素として強調したところに、右田の独自性があったと指摘している。

　特に、武川（2006）の指摘で注目しておきたいのは、1970年代のような形での住民運動は今日においてあまり見られなくなったが、地域住民の主体性や自発性が消失したのではなく、別の形で存在しているという点である。日本は高度経済成長が終焉して低成長時代に入った頃に、住民運動や革新自治体という直接の言及対象を失ったと指摘している。しかし、もう少し広い文脈から捉えれば、上記した地域福祉概念の拡張は、日本における市民社会の生成とも呼べるような社会変動の一環であり、阪神・淡路大震災直後の「ボランティア元年」やNPO法への結実など、主体性や自発性のうねりの一環であったという。あるいは、ワーカーズ・コレクティブや協同組合などの存在が目立つようになってきたと指摘している（武川2006:15-16）。

　以上のように、機能的概念と構造的概念のちがいが、地域福祉概念におけるそれぞれの強調点のちがいを生んだことは否定しないが、それ以上に重要なこととして「自治型地域福祉」が主体性や自発性という点において、地域福祉概念を拡張した事実を強調している。また、構造的概念の中でも真田研究は、運動論的アプローチとされており、地域福祉の概念拡張において重要な役割を果たしたと考えられる。

　本書が対象にしている放課後・休日対策の醸成は、武川（2006）が言及する1980年代後半以降のボランティア活動、NPO活動、ワーカーズ・コレクティブなどの

一環として、その主体性や自発性が発露する準拠集団の活動によるものと考えられる。より具体的にいえば、障害児の放課後・休日問題という固有の社会問題に対する放課後保障という動きである。

2-2　三元構造論の展開

　ここからは、真田の地域福祉論のくわしい検討に入っていきたい。真田研究の全体像を把握するために、次の論考に着目して本項の議論を進めていく。『真田是著作集』の第3巻・巻頭には、「社会福祉論 解題」として、「真田社会福祉理論の現代的意義」と題する論考がある。この論考は、永岡正己によって記されたものであり、真田が展開した理論研究の軌跡や三元構造論が生まれた背景が簡潔に取り上げられている。以下では、この永岡（2012）の論考に沿って、真田の地域福祉論を概観する。

　まず、三元構造論が生成される歴史的背景から把握する。永岡（2012）は、次の真田の回顧を引いて、三元構造の背景を紹介している。

　真田は、1950年代の戦後社会福祉本質論争について、「これで私は随分理論的に訓練され、同時にこの本質論議の歪みを感じるようになった。この歪みはどうも本質論議が社会福祉の現実からだんだん離れていく。この社会福祉の現実と離れた本質論議というのは意味があるのか」と指摘している。そして、「社会福祉の本質論と共に社会福祉の現実を解明する中間的な、媒介的な概念とでも言いましょうか、こういうものとして私の勝手な命名で三元構造を言いだすようになりました」と言及する（最終講義「社会学・社会問題・社会福祉―どう学ぶか―」『立命館産業社会論集』30巻1号、1994年、11頁）。

　永岡（2012）は、こうして「社会福祉の現実」から明らかにする真田理論の生成とそのダイナミズムの追求が図られたとする。他方で、この過程には、一番ケ瀬康子、高島進、真田是などの研究者を中心にする新たな理論潮流がみられた。この新たな潮流は、後に「新政策論」[※1]と呼称されることになったと指摘している。

　また、永岡（2012）によれば、真田の理論研究とそのダイナミズムの追求を支えたのは、時代による要請が強く関わっており、そうした時代の要請に対する理論形成が、一番ケ瀬康子との共編著にみられるとする。それは、『社会福祉論』（有斐閣、1968年）から『新版・社会福祉論』（有斐閣、1975年）への変化に、新たな理論潮流が顕著にみられると指摘している。

端的には、旧版と新版の間には、①高度経済成長の終焉から福祉の見直し、やがて1981年の第二次臨時行政調査会が設置されて臨調「行革」路線へと進む動き、②1970年代には革新自治体の発展、社会運動の変化、社会福祉の専門職制度や福祉労働をめぐる動きなど、社会福祉の現実と動向を据えて、社会福祉の本質と役割を明らかにすることが喫緊の理論的課題になったことに起因しているという。

　旧版と新版を比べると、12章構成から16章構成に増加した。新版において真田は、「社会福祉の対象」「社会福祉と社会運動」「日本社会福祉の現代的対象」を大幅に改稿した。加えて、新たに「社会福祉と社会体制」を執筆した。これらの作業によって、三元構造論の理論的枠組みの全体が明確に提示されたとする。

　また、「社会福祉の対象」の改稿にあたって、第2節を大幅に修正・加筆した。旧版の第2節は「社会福祉と社会問題」というタイトルで、「階級社会の生存阻害、社会問題とは何か、社会福祉の対象」から構成されていた。他方で、新版の第2節は「社会問題と社会福祉の対象」とタイトルが改められ、「社会福祉政策と社会福祉の対象、社会福祉の実践活動と社会福祉の対象、社会福祉の対象と二つの対応」により構成されている。これらの作業によって、「対象の対象化」という概念、実践活動と対象の関係などが明確にされたとする。

　このように真田の研究は、時代の要請に伴って社会福祉の本質と役割を明らかにするために、理論的課題の深化を図ったことを読み取ることができる。ここで改め

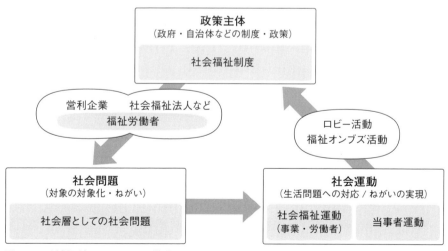

図3-2　地域福祉における三元構造
出所：真田（2012:72-85）、石倉（2021:51,213）を参考に筆者作成

2節　本書が依拠する視点　　81

て真田理論の代名詞ともいえる三元構造論について言及しておくと、図3-2のように整理することができる。

　三元構造論とは、現実の社会福祉の特徴を把握するために、社会福祉の成立の論理的な要因を最低限に抑え、それぞれの要因の特異性と要因間の関連から特徴づけを行う枠組みである。「社会福祉の戦後過程をどう読むか」に記される内容を踏まえ具体的に言えば、「社会問題」「社会運動」「政策主体」の３つの要素からの把握であり、①社会福祉の対象としての社会問題、②社会問題をもとにして起こる社会運動、③これらに対応する政策主体が策定する制度・政策という三項関係を軸にしている（真田2012:129-164）。あるいは、「社会福祉における『政策論』」の論考の中で三元構造について展開する論点から言えば、資本主義社会のもとでの社会福祉の存立構造の基本骨格は、「社会問題」「社会運動」「政策主体」の三元構造により成立するとみる（真田2012:227-258）。なお、三元構造論を構成する３つの要素に込められた意味は後段でくわしく検討している。

　以上のように本項では、永岡（2012）の整理を補助線にして真田の研究軌跡を追いつつ、真田理論の中核である三元構造論の概要をみてきた。永岡（2012）は、この論考の最後に、真田が提起した課題の「継承・発展していく論点」という節を設けている。そこで言及する内容を以下に示しておきたい。

　永岡（2012）は、真田理論の研究課題は各時代状況を踏まえて整理されているが、それらは今日の段階において読み直されるべきものである、として指摘している。そして、現実を総体として把握するためには、真田の示す枠組みを今日的に再定位し、社会福祉の原理をさらに解明しなくてはならないと指摘している。その上で、次の３点に言及している。

　第一に、三元構造論は、それぞれの要素と対抗関係を検証し、共有することに重要性があると指摘している。特に、社会福祉の対象である社会問題としての生活問題と、そこから生み出される要求・運動と、政策主体の社会的・政治的性格の三つの相互関連のフレームによって、展開過程と今日の段階の内容分析をさらに具体的に行い、福祉労働の形態と本質の細部の検討、社会福祉における主体形成の過程・モメント（契機）を明確にすることと言及している。

　第二は、社会福祉の全体像を今日の状況から把握することである。特に、公的責任の解体と規制緩和が進行する中で、事業の経営、組織、技術の問題を全体構造の中に適切に位置づけ、人権と民主主義に基づく社会福祉確立の作業を、総力を

挙げて進めなければならないと指摘している。また、批判的検討を踏まえて、社会と福祉を発展させる視点から政策・サービス評価や計画策定を正しく位置づけること、民間社会福祉の本来の使命の確認や実践的検討が必要であるとしている。

　第三は、「人権・生存権保障」の原理からどのように社会福祉を「定式化」するかという点をあげている。とりわけ、社会福祉の原理・思想を把持し、人間の尊厳と生きる権利に基づく発展を推し進める道標をもつことであり、そのために、諸局面の分析と発展のための組織論をさらに精緻に具体化することの重要性を指摘している。

　上記の永岡（2012）が言及した内容は、本書の分析視角にも呼応している。特に、「永岡が指摘する第一の論点」は本書の１点目の分析視角に、「永岡が指摘する第二の論点」は本書の２点目の分析視角に対応しているといえよう。

2-3　三元構造論に依拠した地域福祉論の特徴

（１）社会問題の捉え方

　前述では、永岡正己の整理を補助線にしながら、真田研究の軌跡を概観してきた。以下では、三元構造論の各要素に込められた意味を確認していきたい。

　まずここでは、三元構造論の起点になる社会問題を検討する。この議論は、真田（2012:71-85）の「社会問題・生活問題・社会福祉」に沿って展開している。差し当たり、そもそも社会問題とは何かという論点から明確にしておきたい。

　真田は、社会問題という用語を説明するにあたり、その用語が曖昧で多義的であることを議論の出発点にしている。社会問題という用語はルーズに使われることがあり、社会問題自体が政治・経済・教育・文化の問題と相対的に区別されるときもあれば、政治・経済・教育・文化の問題が広く人々の関心を集めたものを社会問題と呼ぶときもあると指摘する。

　しかし、これらと区別して社会問題と言う場合もある。それは、人間の生活・生存と発達をおびやかし妨げるという点、共同生活のルールを侵害するという点が、具体的な現象となった場合を指すことである。この場合には、社会問題への対策がとられ、救貧制度、社会政策、社会福祉、社会保障、労働者福祉、矯正教育、更生保護などの方策が講じられてきた。

　このような後者（区別して捉える場合）の社会問題を、極めて一般的かつ形式的に

定義すれば、社会の維持・再生産を妨げたり危うくしたりする諸現象・諸事態ということになるのかもしれないとする。しかし、この定義で包含できていないのが、「社会の維持・再生産が行われているその仕方が、社会を維持・再生産しているとはいえ、多くの人々の生活を破壊し権利を侵すものであること」(真田2012:79-80) である。このように形式的な定義では潜在化する課題を包含することがむずかしいため、社会問題の定義は内容的に理解していかなくてはならないと指摘している。

そうした社会問題を内容的に理解する手がかりとして、3つのカテゴリに大別して捉えると有益であるとしている。

第一は、階級・階層別の社会問題である。資本主義社会の維持・再生産の仕方から必然的にもたらされる勤労者の労働・生活・権利に関わる諸問題を指している。

第二は、問題別の社会問題あるいは社会層としての社会問題である。このカテゴリは、階級・階層にまたがり問題別に成立する住宅問題や貧困問題、ハンディキャップを共有する人々を社会層としてくくった高齢者問題や障害者問題といったものを含んで構成されている。

第三は、生活の共同的再生産に生じている諸問題で、共同消費手段の不足やコミュニティの崩壊・解体など、いわゆる地域問題を指している。

以上のように、ひと口に社会問題と言っても、その用語が指す意味は多義的である。社会福祉の領域では、社会問題の定義を形式的にではなく、諸問題や諸事態から内容的に理解する必要が指摘されていた。そして、その手がかりとして、3つにカテゴリを大別することを提示していた。

特に、第一の階級・階層別の社会問題に対しては、大河内の理論が学術的貢献を果たしたものと考えられる。また、第二のカテゴリのうち、問題別の社会問題は孝橋による理論研究が学術的な成果をおさめたと考えられる[※2]。他方で、社会層としての社会問題は、真田の研究が重要な成果を導出した。この社会層としての社会問題から出発する社会福祉の特質については、項を改めて以下に示していく。

(2) 社会福祉の特質

ここでは、「社会層としての社会問題」を起点とする社会福祉の特質について理解を深めていく。なお、上記と同じく、ここでの議論は、真田 (2012:71-85) の「社会問題・生活問題・社会福祉」に沿って展開している。真田が指摘する社会福祉の特質には大きく2点のポイントある。

1点目は、対象に関わる特質である。上述したように、社会福祉は生活問題・発達権問題を対象とする（共同生活のルール侵害は社会福祉の対象から除かれる）。これを階級・階層別に分けて対応するのではなく、社会層に分けて対応するところに特質がある。具体的に言えば、対象を、労働者階級や農民といった具合に整理するのではなく、一定の所得水準を基準とした低所得層、自然的な属性を指標にしてグルーピングした高齢者、心身または社会的性格での特徴を指標とした障害者や母子家庭、といった形で設定する。社会層とは、社会構造に関わる客観的な集合ではなく、生活問題・発達権問題の生じやすい諸特徴によって人為的・操作的に分類されたグループを指す。

2点目は、設定された社会層に対して、所得保障と必要なサービスを結合して対策することである。ここでポイントになる「結合」には若干の補足が必要であり、社会政策や社会保障との性質のちがいから捉える必要がある。たとえば、社会政策は、対象を階級別に設定した上で、生活や労働の場の問題に対応しようとするが、一方でそれは、パーソナルなサービスではないとされる。あるいは、社会保障では、対象を働く国民全体に置くが、所得保障が対策の中心になっている。

以上を要約すれば、次元の異なる2種の方策（所得保障と必要なサービス）を合わせて講じることに重要点がある。第一に、大きな方向性として、社会福祉は発生してきた社会問題を社会問題ではない状態にすることを目指すという点である。たとえば、低消費水準については、所得の補足、所得源・収入源の転化および追加によって解消を目指している。これを代表する制度に、生活保護などが該当すると言及する。第二に、社会問題を緩和しようとする方向のもので、少なくとも社会問題の悪循環を断ち切ろうとするサービス活動がある。たとえば貧困と疾病の悪循環などを予防・抑止するような活動を指すと指摘する。

このように、社会福祉は、社会問題の具体的な局面、個別的な原因やメカニズムに直接的に関わる。また、社会福祉が直接に関わる社会問題のレベルは、具体的・個別的なレベルとなる。そのため、社会福祉は所得保障とサービス活動を結合させるという特質をもつとともに、生活のレベルで具体的に発現している問題に対して、直接的に関わる対策・施策という特質がある。

以上の真田が提示した社会福祉の特徴を踏まえて、先行する理論研究との布置関係をみていきたい。前項で確認したように、大河内や孝橋の理論では、資本主義社会では不十分なものにならざるを得ないため、この不十分さの産物を社会福祉の対象としてきたことに言及していた。そして、その不十分さを肩代わりする、いわゆ

る社会福祉の補充性や代替性にその特性があったと指摘していた。

　他方で真田は、大河内や孝橋の理論に2つの論点を付加した。1点目は、社会問題の認識を深化させた点にある。社会層の社会問題として、生活問題・発達権問題の生じやすい諸特徴によって人為的・操作的に行われたグループを対象に設定した。2点目は、社会福祉の特質を析出した点にある。社会福祉は社会問題が生活のレベルで具体的に発現している局面や様相、あるいは個別的な原因に直接的に関わるために、所得保障とサービス活動という両端を結合させることに言及した。

（3）社会福祉の「対象の対象化」

　本項では、上述した議論の続きとして、社会福祉の対象はどのように設定されるのか、を理解していきたい。ここでの議論は、真田（2012:55-69）の「社会福祉の対象」に沿って展開する。

　まず抑えていきたいのは、社会福祉の対象は、社会問題ということである。しかし、上述のように、すべての社会問題が社会福祉の対象になるとは限らない。「社会層としての社会問題」が、社会福祉の特質・固有性と関係することを真田は指摘していた。社会福祉の対象は、いわば社会問題の中から拾い上げてつくられる。そして、この拾い上げは、決して偶然的・恣意的・アトランダムなものではなく、一定の規則をもって行われる。この一定の規則をもって行われる拾い上げは「対象の対象化」と呼ばれ、真田研究の重要な概念の1つとなってきた。

　以下では、社会福祉の対象はどのように設定されるのかという点を深めていきたい。この拾い上げの規則は、「対象の対象化」として2つの意味が込められていると指摘する。

　第一の意味は、社会福祉は社会問題対策の1つという点である。つまり、社会福祉が唯一の社会問題対策なのではなく、数ある社会問題対策の中の1つであることを指す。たとえば、社会問題の中に労働問題があるが、これは社会政策が対応している。あるいは、都市問題、農村問題などの社会問題は、社会福祉が全面的に対応するのではなく、その問題の一部・一側面に対応するものである。したがって、社会福祉の政策体系としての固有性が社会問題を選別し、この固有性に合致する社会問題だけを拾い上げて、社会福祉の対象とする。

　第二の意味は、政策主体による拾い上げという点である。社会福祉政策は、政策主体である政府や地方自治体によって打ち出され執行される。政策主体は、社会問

題の受難者と一定の距離がある主体である。政策主体は、社会福祉を必要最低限度に留めて提供しようとする力学をもつ。すなわち、現実の社会問題よりも少ないものに、社会福祉の対象が限定される。言い換えれば、社会問題の中の一部を拾い上げ、放置される社会問題も存在する。ただし、この拾い上げは、政策主体の利害と一存で、一方的に決定するものではない。社会問題に対する要求や社会運動が、社会福祉の対象を設定するイニシアチブを握るには至らないにしても、できるだけ多くの対象を拾い上げる力として働く。したがって、社会福祉の対象は、政策主体と社会問題の受難者・運動主体の力関係、その動態によって決定される。

　他方で、社会福祉の対象は、財政的な制約、費用対効果、政治的帰結（しばしば政権支持層との関係等）などを計算した上で、対象のすべての中から制度が切り取る対象を限定する。このように制度によって切り取られたものは、当初の社会運動が要求した対象とは区別して、「対象化された対象」と呼ばれている。この時、制度の対象とはならず、「制度の谷間」に放置される社会問題やねがいが生ずることになる。こうして「対象化された対象」には、政策主体による政治的判断が濃厚に現れるポイントになる（石倉2021:52-53）。

　この「制度の谷間」に置かれた諸問題に対し、対象の拡大を目指して社会運動が再び駆動していく。あるいは、制度が成立したからといって、同じ枠組みによる制度的保障が継続するとは限らない。財政的な制約、費用対効果、政治的帰結などの関連の中で絶えず精査され、当初の対象よりも狭くなることもある。そのため、「対象化された対象」を維持するために展開される社会運動もある。

　こうした点を踏まえると三元構造論は、制度の醸成や制度の創設後の展開など、絶えず変化を繰り返す社会福祉の様相に対し、三項関係から実態を捉える動的なモデルとして位置づくことに特徴があるといえる。

　以上のように、社会福祉の対象は、社会問題を素材としながらつくりだされる。その社会福祉の対象は、決して偶然的・恣意的・アトランダムなものではなく、一定の規則により拾い上げられるものであり、これを「対象の対象化」と呼称してきた。また、「対象の対象化」には、2つの意味が内在していることが示される。特に、社会福祉の対象は、現実の社会問題よりも少ない限定されたものになるという点に特徴がある。

（4）社会福祉運動の特徴

　前項では、社会福祉の「対象の対象化」について論述した。また、その対象の設

定と三元構造論の1つの構成要素となる社会運動が密接に関わることを確認した。本項では、社会運動の中でも、社会福祉における社会運動の特徴について理解を深めていきたい。ここでの議論は、真田（2012:223-243）の「社会福祉運動とはなにか」に沿って展開する。

　まず抑えておきたいのは、社会運動の必然性についてである。真田は、社会福祉運動に限らず社会運動は、歴史的な事実からも裏付けが可能であるように、生存や人権を侵害する社会問題を基盤として生起すると指摘する。したがって、社会問題が存在する社会には、社会運動も必然的に生起するということになる。しかし、社会福祉運動を含む社会運動は人間の意識活動を介した行為・行動であるため、社会問題の実態・状況からみても当然のように生起するはずの場合にも社会運動が起きないことがしばしばある。つまり、社会運動の必然性とは、機械的あるいは自然的な意味での必然性とはちがい、客観的な条件と主体的な条件から規定されるという特徴がある。

　このような社会運動の特徴を踏まえた上で、真田は、社会福祉運動にはさらに若干の特徴があるとして、3点を示している。それは、「社会運動の発展段階からみた特徴」「社会問題の種類からみた特徴」「運動主体からみた特徴」の3点である。

　1点目に、社会運動の発展段階からみた特徴についてである。真田は、社会運動の発展段階を大別すると、3つの段階になると指摘している。初期段階は、一揆や暴動の類いであり、社会問題の酷い実相からの強烈な反応や反発として生起する。これは、犠牲が大きい割に社会問題の改善にはあまり成果をあげることができない。第2段階は、組織による社会運動である。この段階では、社会に訴えて協力を引き出すなどして社会問題の改善につなげるようになるとともに、運動組織内での助け合いによって社会問題の改善をする動きなどもみられる。第3段階では、国家や自治体に向けて責任を果たすことを求める運動が新たに登場する。つまり、社会問題を改善する責任主体を見分けるようになる。この段階では、要求をするだけでなく、社会問題の対策を政策提言するような新しい運動もつくられるようになる。

　こうした発展段階を踏まえると、社会福祉運動は初期段階（一揆や暴動の類い）に該当するものはない。特に、社会福祉運動のスタートは、社会運動というより、社会活動・市民活動の側面から出立する。つまり、社会問題の受難者が社会運動を起こすというより、社会問題の受難者を助けるための活動が先行する。そのため、社会福祉運動のスタートは、第2段階の運動組織内の助け合いに準ずるものになる。

さらに、以下の2点目・3点目で示すように、社会福祉運動では第2段階が長く、第3段階への到達は他の社会運動に比して遅いことに特徴がある。

　2点目に、社会問題の種類からみた特徴についてである。社会福祉運動が基盤にする社会問題は、生活問題である。この生活問題は、就業や所得や労働条件などの結果によって生起するものである。そのため、就業や所得や労働条件などの改善といった直接的な運動に比して、生活問題は社会問題の中で副次的なものとして受けとられる。また、こうした条件の改善が得られない間のさまざまな生活問題を、放置しておくわけにはいかない。さらに、生活を不安定化させる原因は複合的でつかみにくく、どうしようもない運命や宿命のように考えられやすい。そのため、生活問題についての責任を負う主体を見分けるのが遅れることになる。このように、副次的、複合的な要素をもつ点に特徴がある。上記したように、社会福祉運動では第三段階に突入するのが他の社会運動より遅れるのもこうした理由によるものである。

　3点目に、運動主体からみた特徴についてである。初期の社会福祉運動（社会運動の発展段階でいえば、第2段階）は、運動主体が社会問題の受難者ではないという特徴がある。すなわち、市民活動・社会活動を展開する主体がその運動を担うため、当事者と運動主体が別々になる点に特徴がある。なお、社会福祉運動が、第3段階に進むのが遅れる原因には、上記の生活問題の責任を見分けることの遅れの他に、社会問題の受難者と運動主体が別になるということがある。

　その一方で、発展するスピードが遅いという特徴をもった社会福祉運動が、それでも第3段階に移行するのは、社会福祉が1つの社会領域として定着することに由来する。すなわち、社会問題の中の生活問題が、相対的に独自なものとなり、客観的に事態が把握されることによって、その段階は進行する。換言すれば、生活問題が社会運動によってクローズアップされる時に、政策主体が政策領域としての社会福祉を構築する必要を認識する。これによって生活問題を改善する責任主体が同時に見えるようになり、第3段階に進むことになると指摘されている。

　これに加えて真田は、もう1つの論点として、社会福祉運動の型が多様化することを指摘している。公的責任の認識が生まれていなければ、公的責任を追及する社会福祉運動も登場しないため、自助・互助型の単一の型に納まるという。これは自足的であるため、何かに向けて要求するものではない。この型が大きくなることはあるが、助け合いの力あるいは自己充足の力が大きくなるのであって、社会に及ぼ

す影響力や社会を規定する力量が大きくなるわけではないとする。

　他方で、公的責任を追及する社会福祉運動の登場は、自己充足の範囲に留まらず、公的機関という社会に及ぼす影響力や社会を規定する力量を備えたものに対して、生活問題の対策を求めることを意味する。したがって、社会福祉運動の成果があがれば、自助・互助型の効果をはるかに超え、まだ公的責任について認識していない人々にもその成果を及ぼすことが可能となる。また、公的機関に働きかける運動であるため、自足的な運動に比して運動主体の規模が大きくなることに特徴がある。すなわち、公的機関を動かすだけの影響力をつくりだす必要があり、この運動が大きくなることは充足力を大きくするだけではなく、社会全体への多面的な影響力を大きくしていることを意味する。

　ただし、公的責任を追及する社会福祉運動の登場が、ただちに公的責任による施策を生み出すことを意味しないと指摘する。公的責任による生活問題への対策が講じられない間は、生活問題に苦しめられている人々を放置することはできないため、自助・互助の型をとりながら市民活動を展開することになる。そのため、社会福祉運動を担う主体は、公的責任を追及する主体であると同時に、自助・互助型の市民活動をする主体であり、その２つの役割を合わせもつことになる。

　真田は、公的責任の追及と自助・互助を工面しながら進行する社会福祉運動の特徴を、「公的責任か自助・互助か」ではなく、公的責任を追及しながらの自助・互助であると強調した上で、これを「二頭立て」の運動と表現している。特に「二頭立て」の運動は、やがて自助・互助の面を事業化していく画期であることを指摘している。

（5）社会福祉の対象の二重性

　ここまで展開してきた議論（社会福祉における社会問題の捉え方、社会福祉の特質、対象の対象化、社会福祉運動）を踏まえ、以下では、社会福祉の対象がもつ意味について理解を深めていきたい。ここでの議論は、真田（2012:55-69）の「社会福祉の対象」に沿って展開する。

　社会福祉の対象がもつ意味について、真田は、「政策的な対象」と「実践的な対象」という２つの側面があると指摘している。以下では、この２つの意味について、検討していきたい。

　社会福祉の対象は、客観的な社会問題に基づいて制度をつくるという意味で、何よりも政策的な対象である。しかし、政策的に限定された対象は政策的な対応が行

われるだけではなく、福祉労働者が働きかける対象でもある。つまり、政策的につくられた社会福祉の対象は、同時に社会福祉実践の対象となることを指摘している。こうした政策的な対象と実践的な対象になることを、真田は社会福祉の二重性と呼称している。
　ここで強調される点は、社会福祉の対象は政策的対象・実践的対象の合作によって、二重の対象化が行われて成立するということにある。また、真田がこの二重性に言及する背景には、二重性のどちらの対象として立ち現れるかによって、対象化の焦点が変わってくることにある。
　第一に、政策的な対象についてである。政策的な対応が行われる時には、拾い上げられた社会問題の客観的・社会的な性格が前面に出される。また、同種の社会問題のすべてのケースに共通するような一般的な性格に焦点を合わせる。そのため、対象としての社会問題は、その受難者に現れる実相よりも、物的性格に焦点づけられる。
　たとえば、貧困の社会問題が政策的な対象になっている場合には、具体的で個別的な貧困者や貧困家庭がトータルの対象とされるよりも、貧困者や貧困家庭に共通するか大量的に現れる諸特徴に焦点が当てられる。すなわち、一定水準以下の低い所得という点に焦点が当てられるのであって、低い所得になった事情および貧困が与える家庭・個人への影響といった個別性は捨象されることになる。これが政策的な対象の意味である。
　第二に、実践的な対象についてである。前項までに、所得保障と必要なサービスの提供が結合するというポイントをみたように、社会福祉は直接的な実践による方策を講じる。福祉実践の対象として立ち現れる時には、社会問題の受難者に焦点が当てられる。これが実践的な対象の意味である。
　実践の対象ということは、具体的な人間が肉体的・精神的な諸機能を発揮して受難者に働きかけ、問題を解決する。したがって、福祉実践の対象は、共通的・一般的な側面を対象とするよりも、そのケースが浮上する個別性や固有性も包み込んだ総体的な対象化が行われる。また、社会問題の具体的・個別的なケースの中に、さまざまな社会問題が相互に入り組む諸関係をミクロな視点で捉え、そのケースに健全で積極的な解決策を析出しなければならない。
　貧困の社会問題を例にして言えば、貧困が人間的な諸能力を破壊していく事態、あるいは貧困と疾病の深い相互作用の関係などは、個別のケースで注目され、これらの悪循環や悪しき相互作用を断ち切る手立てが探られ実行に移されなくてはなら

ない。社会福祉の実践活動では、このような内容と目標を重要なものとして含んでいる。すなわち、実践的な対象は、社会問題の一般的・共通的な構造を基礎に据えながらも、社会問題を具体的な存在として把握して、個別性＝ケースを捉えるという対象化の仕方が行われる。

以上のように、社会福祉の対象は「二重性＝政策的な対象と実践的な対象の合作」として存立している。ただし、この２つの対象は、まったく同じ範囲の社会問題を対象化しているとは限らない点に留意が必要となる。

この論点を表に示せば、表3-1のようになる。「政策的な対象」「実践的な対象」の二重性を、４象限にして捉えると理解が進むと思われる。それぞれのセルが示す状態は、次のようになる。

〔Ⅰ〕政策的な対象であり、実践的な対象となり、二重の対象化が存立している状態。
〔Ⅱ〕実践的な対象ではないが、政策的な対象となる状態。
〔Ⅲ〕政策的な対象ではないが、実践的な対象となる状態。
〔Ⅳ〕社会福祉の対象とみなされない状態。

言うまでもなく、〔Ⅰ〕の状態である時は、社会福祉の対象の二重性（政策的な対象と実践的な対象）の条件を満たして、社会福祉の対象として存立している。他方で、〔Ⅳ〕の状態である時は、社会問題ではないか、ニーズがこぼれ落ちているときとなる。

上記した「２つの対象は、まったく同じ範囲の社会問題を対象化しているとは限らない」という状況は、〔Ⅱ〕と〔Ⅲ〕の状態を示している。なお真田は、〔Ⅱ〕実践的な対象ではないが、政策的な対象となる状態の時は、必ず福祉的な実践の対象にも転化すると指摘する。すなわち、制度が先駆的に創設されれば福祉的な実践が

表3-1 社会福祉の対象の二重性

		政策的な対象	
		なる	ならない
実践的な対象	なる	〔Ⅰ〕 二重の対象化	〔Ⅲ〕 政策的な対象ではないが、 実践的な対象
	ならない	〔Ⅱ〕 実践的な対象ではないが、 政策的な対象	〔Ⅳ〕 社会福祉の対象とみなされない状態

出所：真田（2012：56-69）を参考に筆者作成

追随して、二重の対象化が成立することを指している。

他方で、〔Ⅲ〕政策的な対象ではないが、実践的な対象となる状態は、必ず政策的な対象に転化するとはいえず、またこの状態に留まるともいえないと指摘する。一般的には、政策的な対象の範囲よりも、福祉における実践的な対象は広くなる。なぜなら、福祉実践は政策主体の意図や制度の枠に留まらないこと、政策主体は社会福祉を必要最低限度に留めて提供しようと現実の社会問題よりも少ないものに対象を限定すること、福祉における実践的な対象は政策的な対象の範囲を絶えず拡大すること、などがあるためである。したがって、〔Ⅲ〕の状態は、やがて社会福祉の対象をさらに広げていく予示として重要ではあるが、この段階で社会福祉の対象とは呼べないと指摘する。

以上を踏まえれば、ある意味で「真田の地域福祉論」の拡大解釈になるかもしれないが、この二重性を政策化のプロセスとして捉えることで、その現代的意義につながるものと考える。つまり、政策化のプロセスとして、〔Ⅳ〕→〔Ⅲ〕→〔Ⅰ〕あるいは〔Ⅳ〕→〔Ⅱ〕→〔Ⅰ〕の経路をたどって、社会福祉の二重性という条件を満たすと考えられる。そして、どちらの経路を進むかによって、社会福祉の制度としての性格にちがいが生まれるのかもしれない。

なお、本書で着目する障害児の放課後・休日対策に関する政策化のプロセスは、〔Ⅳ〕→〔Ⅲ〕→〔Ⅰ〕の経路をたどったと考えられる。そして、本書の第Ⅱ部では、障害児の放課後・休日対策に関する〔Ⅲ〕の状態の内実について迫り、〔Ⅲ〕が〔Ⅰ〕に転化した力学に焦点化した検討をすすめるものと位置づけることができる。

また、放デイの制度化によって、障害児の放課後・休日対策は〔Ⅰ〕の状態に入ったものの、必ずしも有益とは言えない状況を露呈している。本書の第Ⅲ部では、社会福祉の新たな潮流として政策主体が提供する制度・政策の内部に「濃淡のスペクトラム構造」があることを踏まえて、放デイを検討している。

2-4 社会実態の変容に伴い修正される地域福祉の理論

上述では、真田の地域福祉論を検討してきた。その一方で、今日の様相を捉えるには、真田が想定した時代と今日のちがいを把握することが不可欠である。すなわち、時代的な相違を捉える作業が必須となる。その意味において、本書の分析視角は、真田の地域福祉論を軸にして構成しているが、それを無批判に援用するものではない。

端的に言えば、真田は2005年に没したことからもわかるように、社会福祉基礎構造改革の影響が研究に反映されるのは、研究活動の最晩年になってからである。くわしくは次節で検討するが、この一連の改革は、2000年の社会福祉事業法の改称と合わせて制定された社会福祉法を契機に、利用契約制度に基づく社会福祉の基盤を完成させた転換点であった。

　その一方で、真田による一連の改革への指摘や批判は、存在しないわけではない。たとえば、「いま『社会福祉労働』を問う意味」の論考には、「社会福祉研究のいろいろなテーマは現実との照合とともに進められなければならない」と言及し、課題を次のように指摘する。

　社会福祉「改革論」や基礎構造改革により、社会福祉の公的責任を後退または解除して市場関係に依存したサービス供給を目指すあり方に対し、セーフティネットとしての社会福祉に背理すると指摘している。そこでは、一連の改革により営利事業体などの参入を認めたことによって、営利事業体の下で行われる労働を社会福祉労働と規定できるのか否かという問いを生み出していると指摘する。すなわち、一方では、営利の事業でも社会福祉に参入すれば社会福祉事業だと規定すればこの問いは生まれず、営利事業体などが行うサービスも労働過程としては、同じとみることができる。しかし、他方では、利潤のための事業活動は社会福祉の理念・目的を究極のものとしてではなく利潤に従属するもので、社会福祉とみることはできないということであれば、社会福祉労働とはいえないとする（真田2012:113-116）。

　上記のように、真田は、一連の改革への指摘を残す。その一方で、この論考の最後にはこうしたテーマは「今日的なものだが、そう簡単に結論が出せるとも思わない」とし、「今後の息の長い課題であろう」と明記する。また、「これら論点をどう論理的整合性と現実的妥当性をもって追求するかである」「今後の研究が期待されている」（真田2012:113-116）と締めくくっている。このように、新たなパラダイムを包含した理論検討は、今後の研究課題として引き継がれるものであった。

　そこで着目するのが、真田の研究を今日的な枠組みに組み替えて継承している「石倉康次の域福祉論」である。とりわけ石倉の問題意識には、真田が想定した時代よりも、社会福祉の公的責任の後退や市場関係に依存したサービス供給の進展などが、強固になっているという点にあるといえよう。そして、この様相を分析するための視座を提示している。

　石倉（2021:212-214）は今日における社会福祉の公的責任の度合いを「濃淡」と

して捉え、これを「スペクトラム構造」と指摘している。社会福祉制度には、公的責任が明白な第一種社会福祉事業と、それ以外の第二種社会福祉事業の分野に分かれる。

第一種社会福祉事業は、その運営主体が国・地方自治体の直営や事業団、もしくは社会福祉法人による経営が原則となっている。すなわち、第一種社会福祉事業とは、社会福祉事業のうち特に公共性の高い事業であり、主として入所施設サービスが該当する。利用者への影響が大きいことから、経営安定を通じた利用者保護の必要性が高い事業とされる。

他方で、第二種社会福祉事業は、２つのタイプに分かれる。１つ目は、生活困窮者支援など社会福祉協議会に委ねられた事業である。２つ目は、介護保険サービス事業、障害福祉サービス事業、子ども子育て支援法による事業など、利用契約に基づく事業が多数含まれる。これら事業は、営利法人を含め経営主体に制限がなく、施設設備や人員配置の基準などによって規定される。運営に問題があれば、指定の取り消しが行われることになる。

すなわち、第二種社会福祉事業とは、第一種に比べて利用者への影響が小さいため、公的規制の必要性が低いとされる事業である。事業主体の制限は特になく、届出をすることにより事業経営が可能となる。ただし、老人福祉法、障害者総合支援法、児童福祉法などの各領域における個別法により規定された認定が必要であり、公的な規制から全面的に免れるわけではない（畑本2012:57）。

さらに、有料老人ホームやサービス付き高齢者向け住宅など、設置主体に制限がなく都道府県知事への届け出により設置できる届出施設がある。

このように第一種/第二種社会福祉事業に基づき分類される制度は、公的責任に基づく規制の水準が異なる。これが、「スペクトラム構造」と表現する由来である。前節にも明記したが改めて示しておくと、その責任の度合いが強いほうから順に、「第一種社会福祉事業」→「第一種社会福祉事業のうち介護保険施設となっている特別養護老人ホーム」→「第二種社会福祉事業のうち利用契約制度化されていない事業」→「第二種社会福祉事業のうち利用契約制度化された事業」→「有料老人ホームやサービス付き高齢者向け住宅のような届出施設」というようになっている。

本書で引き継ぎたいのは、公的責任の「濃淡」が制度・施策の内部に存在することを捉える視点である。すなわち、政策主体の責任は、スペクトラム状態にあるため、真田が提起した三元構造論を基礎にしつつも、純粋な運動主体と政策主体の応

答関係／拮抗関係のみでは説明できない。こうした社会実態の変化を踏まえて、対象とする制度を検討することが要請されている。

特に放デイは、公的責任の度合いが２番目に弱い「第二種社会福祉事業のうち利用契約制度化された事業」に分類される。先述の第１章や第２章でみたような放デイが専門的な実践を万全で有効に提供できていない実情を踏まえれば、実践者および事業所に対して質の高い支援を啓蒙しつつも、上記のような制度的な背景に注意を払うことが必須といえよう。

このように、第二種社会福祉事業のあり方に対して、公的責任原則を改めて確認する必要や社会福祉制度としての存立根拠が問い直されている。とりわけ、政策化された社会福祉制度が十分に機能しているのか、仮にその制度が不十分な場合にはどこに政策的矛盾があるのか検討が求められる。

以上のように本節では、本書の分析視角として提示した２点が依拠している地域福祉論の検討と、そこで登場する鍵概念についての整理をした。以下の節では、社会福祉の抜本的な改革であった社会福祉基礎構造改革など、地域福祉の政策展開について理解を深めていきたい。

地域福祉の政策展開

3-1 社会福祉基礎構造改革とは

本節では、地域福祉の政策展開について整理していく。まず、地域福祉の政策展開において１つのエポックとなる社会福祉基礎構造改革の整理を試みる。

この一連の改革は、社会福祉学および地域福祉論を研究する多くの論者によって指摘されている内容である。次に示すように、この改革は突如として出現した政策ではなく、一連の政策展開において偏在化してきたことが理解される。

たとえば、加藤（2002:17-18）は、日本の社会福祉は、国際的な新自由主義的改革の荒波のなかで、1970年代以降になって着実に変容し、その総仕上げが社会福祉基礎構造改革であったと指摘している。また、藤松（2006:110）は、社会福祉法の下に置かれる地域福祉を理解するには、社会福祉基礎構造改革が、突然に「措置から契約へ」を提案したのではなく、1975年以降の福祉「見直し」から始まる一

連の政策を経て具体化されたものであると指摘している。

　以下では、その社会福祉基礎構造改革における流れを概観していく。

　第二次世界大戦後の日本では、1946年に公布された日本国憲法の第25条生存権保障に基づき社会福祉政策が整備されてきた。1946年(旧)・1950年(新)生活保護法、1947年児童福祉法、1949年身体障害者福祉法により「福祉三法体制」が確立し、1951年には社会福祉事業法が制定された。1960年の精神薄弱者福祉法(知的障害者福祉法)、1963年の老人福祉法、1964年の母子福祉法(母子及び寡婦福祉法)の成立をみて「福祉六法体制」が確立された(藤松2006:101)。

　その一方で、1973年のオイルショックを端緒にして、従前の社会福祉制度・政策の「見直し」が行われ、その具体的方策として「日本型福祉社会」の構想が提起された。こうした社会的・経済的変動を背景にして、1976年に出された全国社会福祉協議会社会福祉懇談会「これからの社会福祉―低成長下におけるそのあり方」、1979年の「新経済社会7ヵ年計画」など、社会福祉制度の具体的施策を方向づけるパースペクティブ(展望・見取図)が打ち出されていく。また、1981年から1983年にかけて計5回の答申を行った第二次臨時行政調査会では、「改革」を推し進める宣言をしたことによって、いわゆる「臨調『行革』路線」の具体化が図られていく(藤松2006:103-104)。

　こうした潮流の中で社会保障制度審議会は、1995年に「社会保障将来像委員会」を設け、1995年に「社会保障体制の再構築(勧告)」を発表した。このいわゆる「95年勧告」と呼称される発表によって、1950年の勧告以来、維持されてきた社会保障の基本理念と制度の見直しが行われた。そして新たに「社会保障推進の原則」として、「普遍性」「公平性」「総合性」「権利性」「有効性」が提起された(石倉2021:32-33)。

　1994年には「新ゴールドプラン」「エンゼルプラン」が、1995年には「障害者プラン」が、1999年には「新エンゼルプラン」「ゴールドプラン21」が相次いで策定され、社会福祉の各領域において社会福祉計画の整備が進められた。これと並行して、社会福祉の「基礎構造改革」の推進が議論された(藤松2006:105)。

　こうした「基礎構造改革」の具体的な方策として、「措置から契約へ」というフレーズを代表にする利用契約制度が、各分野で次々に成立していく。たとえば、保育所は、1997年6月の児童福祉法改正により契約方式(保育所利用方式)へ移行した(1998年実施)。高齢福祉分野では、1997年10月に介護保険法成立に伴い介護保険制度を導入した(2000年実施)。障害福祉分野では、2003年には支援費制度が実施され、

その後2006年の障害者自立支援法に繋がっていった。そして、障害福祉サービスでは利用方式が導入された（平岡2004:296,309、畑本2012:18,43-45）。

このように1990年代からの社会福祉は、介護や保育を中心にサービス供給量の拡大、社会福祉計画（エンゼルプラン、障害者プラン、老人保健福祉計画、介護保険事業計画、地域福祉計画など）の拡大という時期を迎えた。しかし同時に、社会福祉サービスの市場化と国民負担の増大、自治体業務の民間委託化・外部化、自治体リストラ（福祉行政に競争主義・市場主義の導入を図ること）の推進といった新たな状況を迎えた（岡崎2006:190）。

さらに、2006年の障害者自立支援法によって、これまで障害種別ごとに異なっていたサービス体系の一元化、サービス量に応じた利用者負担の導入、障害の状態を全国共通の尺度で示す「障害程度区分」（現在は「障害支援区分」）の導入などが実施された。加えて、2012年6月には、地域社会における共生の実現に向けて新たな障害保健福祉施策を講ずるための関係法律の整備に関する法律が公布された。この法律により2013年4月に障害者自立支援法は、障害者総合支援法（障害者の日常生活及び社会生活を総合的に支援するための法律）となった（厚労省2012）。

以上のような、社会福祉関連各法のサービス供給方式の変更に伴い、その共通基盤を定める法律も変更されることになった。これが、社会福祉事業法の名称を改め、2000年5月に成立した社会福祉法（社会福祉の増進のための社会福祉事業法等の一部を改正する等の法律）である。この社会福祉法の制定によって、社会福祉サービスの供給方式の基本は、措置制度から利用契約制度へと移行した（畑本2012:44-45）。

また、社会福祉法の改正（2016年4月施行）において、社会福祉法人の公益性・非営利性を踏まえて法人の本旨から導かれる本来の役割を明確化するため、「地域における公益的な取組」の実施に関する責務規定が創設された。さらに、社会福祉法の改正（2021年4月施行）が行われ、包括的な支援体制の整備（第106条の3）、重層的支援体制整備事業（第106条の4）などが強化されていることも付記しておきたい。

以上のような社会福祉における一連の改革を、社会福祉基礎構造改革と呼称している。2000年の社会福祉事業法の改称と合わせて制定された社会福祉法は、1990年代における社会福祉に関する改革の集大成であるとともに、1つの転換点でもあった。

3-2 社会福祉法の特徴

　上述では、一連の改革と社会福祉法の成立を確認してきた。本項では、その社会福祉法の特徴について概観していく。なお、その特徴を概観するにあたり、次の論点に着目していきたい。

　たとえば、畑本（2012:55-61）は、社会福祉法の特徴を3点あげている。その1点目は、第一種社会福祉事業と第二種社会福祉事業の区分である。2点目は、社会福祉主事制度である。3点目は、社会福祉法の新しい条項として、社会福祉基礎構造改革に利用契約制度が取り入れられる傾向に対応したこと、地域福祉の推進が重視されたことである。

　また、藤松（2006:106）では、社会福祉法の特徴として「改正の要点」を4点あげている。その1点目は、利用者の立場にたった社会福祉制度の構築である。2点目はサービスの質の向上、3点目は社会福祉事業の充実・活性化である。4点目は、地域福祉の推進である。

　こうした先行研究の論点のうち、以下では本書の問題関心との関連を踏まえて、次の2点を検討していきたい。1点目は、第一種社会福祉事業と第二種社会福祉事業の区分についてである。2点目は、社会福祉法の新しい条項として、明記された地域福祉の推進についてである。

（1）第一種社会福祉事業と第二種社会福祉事業の区分

　社会福祉法・第1条では、「この法律は、社会福祉を目的とする事業の全分野における共通的基本事項を定め、社会福祉を目的とする他の法律と相まって、福祉サービスの利用者の利益の保護及び地域における社会福祉（以下『地域福祉』という）の推進を図るとともに、社会福祉事業の公明かつ適正な実施の確保及び社会福祉を目的とする事業の健全な発達を図り、もって社会福祉の増進に資することを目的とする」と定めている。

　そのもとで、第2条において「この法律において『社会福祉事業』とは、第一種社会福祉事業及び第二種社会福祉事業をいう。」と定められている。そして、第2条1では第一種社会福祉事業を列挙し、第2条2では第二種社会福祉事業を列挙している。なお、第二種社会福祉事業については、表3-2を参照されたい。

　この第2条のように、該当する事業を列挙する形式をとるのは、以下のような規

定に基づいているためである。

　社会福祉法は、社会福祉事業について規定する条文をもつが、社会福祉事業の言葉の意味に関する法的定義は示されていないと指摘される。より具体的に言えば、法的定義の代わりに、どのような事業が社会福祉事業に属するのかリストがあげら

表3-2　第二種社会福祉事業（一覧）

生活保護法	無料低額宿泊事業、宿所提供施設
生活困窮者自立支援法	認定生活困窮者就労訓練事業
児童福祉法	障害児通所支援事業（児童発達支援、医療型児童発達支援、放課後等デイサービス、居宅訪問型児童発達支援、保育所等訪問支援）、障害児相談支援事業、児童自立生活援助事業、放課後児童健全育成事業、子育て短期支援事業、乳児家庭全戸訪問事業、養育支援訪問事業、地域子育て支援拠点事業、一時預かり事業、小規模住居型児童養育事業、小規模保育事業、病児保育事業、子育て援助活動支援事業、親子再統合支援事業、社会的養護自立支援拠点事業、意見表明等支援事業、妊産婦等生活援助事業、子育て世帯訪問支援事業、児童育成支援拠点事業又は親子関係形成支援事業、同法に規定する助産施設、保育所、児童厚生施設、児童家庭支援センター、里親支援センターを経営する事業及び児童の福祉の増進について相談に応ずる事業
子ども・子育て支援法	幼保連携型認定こども園を経営する事業
母子・父子・寡婦福祉法	母子家庭日常生活支援事業、父子家庭日常生活支援事業、寡婦日常生活支援事業、母子・父子福祉施設を経営する事業
老人福祉法	老人居宅介護等事業、老人デイサービス事業、老人短期入所事業、小規模多機能型居宅介護事業、認知症対応型老人共同生活援助事業、複合型サービス福祉事業、老人デイサービスセンター、老人短期入所施設、老人福祉センター、老人介護支援センターを経営する事業
障害者総合支援法	障害福祉サービス事業、一般相談支援事業、特定相談支援事業、移動支援事業、地域活動支援センター、福祉ホームを経営する事業
知的障害者福祉法	身体障害者生活訓練等事業、手話通訳事業、介助犬訓練事業、聴導犬訓練事業、身体障害者福祉センター、補装具製作施設、盲導犬訓練施設、視聴覚障害者情報提供施設を経営する事業、身体障害者の更生相談に応ずる事業
社会福祉法	知的障害者の更生相談に応ずる事業
	生計困難者のために、無料又は低額な料金で、簡易住宅を貸し付け、又は宿泊所その他の施設を利用させる事業
	生計困難者のために、無料又は低額な料金で診療を行う事業
	生計困難者に対して、無料又は低額な費用で介護保険法に規定する介護老人保健施設又は介護医療院を利用させる事業
	隣保館等の施設を設け無料又は低額な料金でこれを利用させること、その近隣地域における住民の生活の改善及び向上を図るための各種の事業
	福祉サービス利用援助事業

出所：社会福祉法第2条の3を参照し、また石倉（2021:211）を参考にして、筆者作成
＊：児童福祉法に規定される障害児通所支援事業は、本書の主眼である放課後等デイサービスを含むため、その体系を詳述した。

れている。このリストにないものは、社会福祉事業ではないことを示す方式が取られている。こうした事業の定義方式は、「限定列挙方式」もしくは「制限列挙方式」と呼ばれる。そして、そのリストにおいて、第一種社会福祉事業と第二種社会福祉事業が分類されている。こうして、それぞれの社会福祉事業における事業の性質や経営にまつわる事項の取り決めなどをみれば、おおよそどのようなものを指すのかが推測できるようになっている（畑本2012:55）。

　第一種社会福祉事業とは、社会福祉事業のうち特に公共性の高い事業である。主として、入所施設サービスが該当する。利用者への影響が大きいため、経営安定を通じた利用者保護の必要性が高い事業とされている。そのため、原則として、国、地方自治体、社会福祉法人に限り事業経営が認められる（畑本2012:57）。

　他方で、第二種社会福祉事業とは、第一種に比べて利用者への影響が小さいため、公的規制の必要性が低いとされる事業である。事業主体の制限は特になく、届出をすることにより事業経営が可能となる。ただし、経営主体への制限はなくとも、事業の経営には、老人福祉法、障害者総合支援法、児童福祉法などの各領域における個別法により規定された認定が必要であるため、公的な規制から免れるわけではない（畑本2012:57）。

　なお、社会福祉事業が2種類に分かれているのは、措置制度形成時における経緯も関係すると指摘されている。社会福祉事業は、その公共性を明確にして公的責任を確立したいという趣旨から、旧社会福祉事業法第5条には事業経営の準則として公私分離原則が掲げられた。そのまま、社会福祉法においても第61条に引き継がれている。原則的には公共性の高い社会福祉事業は国が責任をもって運営するが、それでは従来の社会事業の伝統である民間事業者を活用できない。そこで、特に公共性の高い事業を第一種として分離し、さらに社会福祉法人をつくって公共性を担保した上で、この第一種を担わせた（畑本2012:57）。

　こうした経緯を踏まえれば、第一種社会福祉事業と第二種社会福祉事業の区分は相対的なものという考えにも妥当性が認められる。ただし、公的責任原則はいつの時代にも貫かれねばならないということは確認する必要がある、と指摘している（畑本2012:58）。

　このように、公的責任を明瞭にした第一種社会福祉事業と、それ以外の第二種社会福祉事業では、公的規制のあり方に明確なちがいをもっている。ここに公的責任の「濃淡」が反映されることになる。

(2) 社会福祉法の新たな条項としての地域福祉

ここでは、社会福祉法の新しい条項をみていきたい。この社会福祉法の成立と、そこに至る社会福祉基礎構造改革には、大きく2つの特徴があった。1つは、地域福祉という考え方が社会福祉法に導入され、「地域福祉の推進」が社会福祉法の重要な目的となったことである。もう1つは、しばしば「措置から契約へ」と示される改革であり、これにより社会福祉の対象になる人々は、従来の「行政処分の対象」ではなく、福祉サービスの利用者として扱われるようになった（武川2006:68-69）。

以下では、「地域福祉の推進」についてみていく。

2000年の社会福祉法の成立によって、地域福祉がはじめて明確に位置づけられた。社会福祉法の第1条では、先述のように、本法律の目的の1つとして「地域における社会福祉の推進」をあげている。また、社会福祉法は、第4条に「地域福祉の推進」をあげている。さらに、「第10章　地域福祉の推進」とする新たな章が設けられた。社会福祉法を支える理念の1つとして地域福祉が明確に位置づけられた。加えて、第107条から第112条までの条文には、地域福祉の具体化を図る団体や計画を明記した。

一方で、日本における地域福祉（あるいは地域社会）への着目は、21世紀に入り始まったものではない。上述のように、1960年代以降の高度経済成長期の経済成長優先の社会構造によって生活上の歪みが露呈する中で、コミュニティの形成が謳われ、コミュニティケアの必要性などが唱えられた。1962年には、社会福祉協議会基本事項が制定され、住民主体の原則が確認された。

すなわち、地域社会において決して特殊な存在とはいえなくなった社会福祉ニーズを抱えた人々へのサービスを充実させるために、2000年の社会福祉法制定においては、利用契約制度を定着させるための各種条文に加えて、地域福祉に重点を置く条文も盛り込まれたといえる（畑本2012:202）。

また、今日の地域福祉への着目とそれが社会福祉制度全体に大きな影響を与えるようになってきているのは、偶然のことではないという指摘もある。

たとえば、藤松（2006: ⅰ-ⅱ）は、地域福祉の理念・価値や必要性・可能性は普遍的な性格を維持しているが、地域福祉をめぐる制度・政策の位置づけは1960年代1970年代と今日で明確に変化していると指摘する。すなわち、地域社会において決して特殊な存在とはいえなくなった社会福祉ニーズへの応答として、地域福祉の推進に注目が集まる。その一方で、地域福祉の全容を包括的に理解することは、地域福祉を巡る制度・政策が常に変化し続けるということも影響して容易ではな

い。ただし、対象とする問題やそれに対する具体的な手立てについて、その問題の固有性などを踏まえて総合的に捉えていくことの重要性を指摘している。

　また、武川（2006:70-75）では、従来の社会福祉関係の法律には「地域福祉」という言葉が存在しなかったわけであり、一連の改正は日本の社会福祉に根本的な変化が起きたと想像するに十分であると言及する。そして、社会福祉法成立以後、日本の社会福祉は地域福祉を軸に展開することになると指摘している。すなわち、現在は人々が地域での生活を継続していくために、地域医療や地域福祉の存在が不可欠の存在になっている。これは、1960年代や70年代以前には考えられない事態であった。特に、地域福祉は、身体的な自立の問題だけではなく、地域の構成員として地域社会に参加するための条件ともなる。また、地域福祉を抜きにして、地域社会のあり方を考えることはできない地点に立っていると強調した上で、現在の地域福祉は、戦後日本の社会福祉が理念としてきた「累積的複合体」であると指摘している。

　以上のように、日本の社会福祉制度は、1951年に社会福祉事業法が制定されたことで大枠が定められ、この体制が約半世紀にわたり継続した。しかし、その半世紀の間に、日本社会は高度経済成長とそれ以降の経験によって、家族・企業・地域などの社会構造が大きく変化した。こうした社会変化を背景にして、1990年代に社会福祉基礎構造改革が進められた。その結果として、2000年に社会福祉事業法が改正され、その名称を社会福祉法に変更した。この社会福祉法は、大きく２つの特徴がある。１点目は、地域福祉という考え方が社会福祉法に導入され、「地域福祉の推進」が社会福祉法の重要な目的となったことである。２点目は、しばしば「措置から契約へ」と示される改革であり、これにより社会福祉の対象になる人々は、福祉サービスの利用者として扱われるようになった。

4節　本書の研究課題と調査の方法

　本書では、以上の分析視角に基づき検討を進めていく。この検討に際して、具体的な研究課題（検討する論点）を列挙すれば、次の３点になる。
　①障害児の放課後・休日対策は、どのような成立過程によって醸成されてきたのか。
　②放デイの量的拡大は、どのような構造に規定された社会的事象なのか。
　③放デイの発達支援は、発達障害児に対し、どのような役割を担うのか。

本書では、次の研究方法を採用して、上記の研究課題を明らかにしていく。それは、放デイ事業者を対象とした半構造化インタビュー調査、放課後・休日に関わる諸団体が発行する文書・バックナンバーの資料分析、官庁統計や外郭団体などが公表する数量データの分析、先行研究や新聞記事の分析である。第Ⅱ・Ⅲ部の各章で用いた調査方法と調査対象は、表3-3の通りである。なお、すでに検討を終えた第2章の内容も、表3-3に示している。

　第Ⅱ部では、分析枠組みの1点目となる「放課後・休日対策の発展過程に対する地域福祉的検討」を展開する。

　第4章では、子どもの放課後・休日に関わる諸団体である、全国障害者問題研究

表3-3　本書の研究方法（一覧）

部	章	タイトル	調査方法	調査対象	
第Ⅰ部	第2章	放課後等デイサービスに関する動向（1.放課後等デイサービスに対する社会的関心）	文献資料調査	朝日新聞「朝日クロスサーチ」、毎日新聞「毎索」、読売新聞「ヨミダス」において放デイを取り上げた新聞記事（全国版のみ〔69件〕）	
	第2章	放課後等デイサービスに関する動向（2.放課後等デイサービスの研究動向）	文献資料調査	国立情報学研究所学術情報ナビゲータ（CiNii）の検索から、放デイを研究主題にした先行研究（学術誌・学会誌、紀要、学会発表に該当する文献〔112件〕）	
第Ⅱ部	第4章	障害のある子どもの放課後・休日対策の政策展開	文献資料調査	全国障害者問題研究会（放課後部会）、全国放課後連、全国学童保育連絡協議会が発行する文書・資料	
	第5章	地域福祉としての放課後保障	文献資料調査	全国放課後連が毎年発行する「全国放課後連ニュース」のバックナンバー（2004年〔創刊号〕～2024年〔43号〕）	
	第6章	数量データからみる放課後等デイサービス	文献資料調査	官庁・地方自治体や外郭団体などが公表する統計・数量データ	
第Ⅲ部	第7章	発達障害のある子どもの利用からみる放課後等デイサービスの量的拡大の構造	半構造化インタビュー調査	放デイ制度化以前あるいは制度化直後から発達障害児の支援に携わってきた経験をもつ事業者（*各事業者の概要は表7-1に記載）	①放デイの制度化の前後での、発達障害児とその保護者に対する支援の実態や在り方の変化 ②放デイの制度化以降、発達障害児の利用が増加し続ける背景
	第8章	放課後等デイサービスにおける利用契約と擬似市場	半構造化インタビュー調査		③受給者証の発行に関する実態
			文献資料調査	擬似市場に関わる先行文献	
	第9章	放課後等デイサービスにおける発達支援に関する論点と課題	半構造化インタビュー調査	発達障害児の支援を先駆的に展開してきた事業者（*対象の詳細は第9章に記載）	

会（放課後部会）、全国放課後連、全国学童保育連絡協議会が発行する文書・資料を対象にして、1979年の養護学校教育義務制実施を契機にした障害児の放課後・休日対策の成立過程を明らかにしていく。

　第5章では、全国放課後連が2004年から毎年発行するニュースレターを分析の素材にして、障害児の放課後・休日対策の成立過程で、放課後保障が果たした役割について理解を深めていく。

　第6章では、官庁・地方自治体や外郭団体などが公表する統計・数量データを用いて、放デイの創設以降における障害児の放課後・休日対策の現況を明示する。

　第Ⅲ部では、分析枠組みの2点目となる「放課後・休日対策の新展開に対する批判的検討」を行う。第7章と第8章では、放デイの創設から約10年間の経過で問題視される量的拡大を主題とする。

　第7章では、放デイ事業者に対するインタビュー調査の結果から、「家庭、学校、学童保育、児童発達支援、幼保園」など多様な居場所からの要求に伴い、福祉的・教育的要請が放デイに集積する構造を明らかにする。

　第8章では、社会福祉基礎構造改革以降に導入された官製の部分的な市場システムである擬似市場と放デイの関係を明らかにするとともに、放デイ事業者に対するインタビュー調査の結果から、「障害福祉サービス受給者証の発行」に関する実態を明示する。

　なお、第7章と第8章におけるインタビュー調査の対象者は、放デイ制度化以前あるいは制度化直後から発達障害児の支援に携わってきた経験のある事業者を選定している。各対象者には、①放デイの制度化（2012年）の前後で、発達障害児とその保護者に対する支援の実態や在り方にどのような変化が生じたか、②放デイの制度化以降、発達障害児の利用が増加し続ける背景にはどのような実態が関わるのか、③受給者証の発行に関してどのような実態と課題があるのか、の3点に焦点化し聞き取りを行った。第7章と第8章の内容は、同一の調査対象から得た結果であるが、上記したインタビュー項目のうち、第7章は①②の内容、第8章は③の内容を明記している。

　第9章では、放デイ事業者に対するインタビュー調査の結果から、量的拡大の一方で問題視される発達支援の質について、発達障害児に対する放デイの発達支援に着目した検討を行う。

　なお、本研究のインタビュー調査は、「立命館大学における人を対象とする研究倫理審査委員会」の審査を受け、調査計画の妥当性等が承認され、研究倫理に基

づき個人情報の保護に留意して実施したものである（承認番号：【衣笠-人-2019-31】【衣笠-人-2021-40】）。

また、文献資料調査の倫理的配慮についても「立命館大学研究倫理指針」の内容に従っている。特に、各種文献資料調査の実施にあたり、「剽窃」「改ざん」「捏造」等の不正のないようデータや言説の取り扱い、執筆時の表記方法には、十分に配慮し研究を行った。

[注]

※1 真田（2012:321-353）は、「社会福祉理論研究の課題」の論考の中で「政策論」と「新政策論」の差異を次のように指摘している。なお、この論文の副題は「岡村氏・孝橋氏の理論を借りて」となっている。当論文では、資本主義のもとでの限界を確認した上で、この限界を繰り返し指摘するところに社会福祉研究の主要な課題があるのではない、と指摘する。その限界内での社会福祉の国民的発展を追求することの意味やそれを追求する手立てとなる理論的解明に主要な課題がある、と問題意識を示している。三元構造論はこのような問題意識から、資本主義のもとでの社会福祉の変化・発展のメカニズムを略式化して捉える図式であると言及する。そして、「ここで私なりに孝橋正一氏の理論活動と自分のものとを対比すれば、孝橋氏の社会福祉理論は、資本主義のもとでの社会福祉の不変性や不変の部分に力点を置き焦点を合わせてきたものであり、私はその上で社会福祉の限界内での変化・発展に研究の焦点をすえてきた」（真田2012:343-344）と指摘している。

※2 真田（2012:71-85）は、1950年代の半ばからの「政策論」について、社会福祉の本質や固有性を「社会福祉が対象とするもの」から把握して特徴づけをする理論であったと指摘する。ただし、社会福祉の固有の対象を何にするか、についてはいろいろなちがいがあったとして、大河内と孝橋の2つの理論を例示している。1つ目に大河内の立場として、社会政策と社会事業とのちがいを、現役労働者層とそこからの脱落層という対象のちがいに求めたとする。2つ目に孝橋の立場として、大河内理論に示唆を受けながら、対象のちがいを階層のちがいではなく、社会問題の種類に求めたとする。このように対象の捉え方で、大河内と孝橋の両者は異なっていた。その一方で、両者ともに社会問題への対策として社会政策を基軸に置くが、これが資本主義社会では不十分なものにならざるを得ないため、この不十分さの産物を社会福祉の対象としている。あるいは、その不十分さを肩代わりするのが社会福祉だと言及している。いわゆる、社会福祉の補充性や代替性と言われてきた内容に該当すると指摘している。

Ⅱ部

放課後・休日対策の重要な転換点としての放課後等デイサービス

第4章 障害のある子どもの放課後・休日対策の変遷と政策展開

1節 本章の研究目的と問題の所在

　本章の目的は、障害児の放課後・休日対策の変遷と政策展開を明示することにある。特に本章では、養護学校教育義務制（1979年）以降[※1]、障害児の放課後や休日における生活のあり方がいかにして問われてきたのかを考察するとともに、放課後保障という社会運動[※2]に対して政策主体はどのような応答を行ってきたのか通時的な検討を行う。

　放課後・休日対策について、二宮（2012:19-20）は「戦後の福祉国家には不可欠の社会制度として発展してきたし、将来についても、福祉国家の一翼を担って新たに展開されることが期待される」とし、「学童保育の必要性はもとより、その量的拡大の趨勢を否定する者はほとんどいなくなった」「学童保育が保育所とともにきわめて重要な社会的役割を担っており、それを利用する子どもたちの数も将来増え続けることを積極的に見通し、これを承認する」と指摘する[※3]。第6章で取り上げるコロナ禍における対応も含め、放課後・休日対策は、重要な社会的役割を担う。

　一方で、障害児の放課後・休日対策には、短くない成立過程がある。くわしい展開は後述するが、放課後・休日対策は、「預け先」などの認識以上に、障害児の豊かな活動の創出や障害児をもつ保護者の支援などの役割を担い、独自の道のりを歩んできた。

　白石（2007:15-16）は、「どんな小さな要求も、たった一人の要求も大切にしあって、

要求によってつながりながら、不屈の運動を続けてきた」と言及し、「無から有を作り出すがごとく」障害児の保育や療育、学校教育等の制度が整備されてきたと指摘する。このように、障害児の放課後・休日対策は、障害児の保護者、実践者、研究者が協働し、政策主体に対して政策提言や協議などの社会運動が進めてきた側面がある。こうした障害児の放課後・休日対策の拡充に向けた取り組みは、「放課後保障」と呼ばれた。

特に、放課後保障は、実態調査に基づく著書や報告書の発行、全国障害者問題研究会[※4]、全国放課後連[※5]、全国学童保育連絡協議会などの研究会や連絡会での議論・報告および定期刊行物等の作成などを通じ確認することができる。

他方、近年の先行研究では、第2章の「放デイの制度の動向」で示したように、通時的な視点から捉える研究がみられる[※6]。しかしその先行研究では、上述のような障害児の放課後・休日問題がいかにして対象化され社会運動が展開したのか、という視点に立った整理や検討に更なる課題がある。換言すれば、放課後・休日対策の成立過程をみれば欠かすことのできない、運動主体と政策主体の応答関係に焦点を当てた検討、それに基づく通時的な検討に議論の余地を残している。

以上の研究目的と問題の所在から、本章では、障害児を中心とする子どもの放課後に関わる文献・資料に基づき、障害児の放課後・休日対策の変遷と政策展開に関する検討を行う。特に、本章で着目する文献は、①障害児の保護者、実践者、研究者などが協働し、政策主体に向けた政策提言や協議などによる社会運動の進展を踏まえ、それらの主体が協働し作成した著作や論文、②障害児の放課後・休日に関わる組織が「小さな要求や声」を集約し発信する場として機能していた資料である。特に、「全国障害者問題研究会」の全国大会報告集に所収される放課後・休日に関わる分科会の資料や、「全国放課後連」「全国学童保育連絡協議会」が発行する政策提言の文書および資料に着目する。合わせて、各行政省庁の政策文書に着目する。

2節　放課後・休日問題の対象化

2-1　子どもの放課後・休日問題

本節では、子どもの放課後・休日がいかにして問題化したのか検討を試みる。な

お、一般に「放課後」と言えば、学校のある日の授業終了後また下校時から夕食ごろまでを指すが、この問題を取り上げる際には、「平日の放課後」に加え、休日、長期休暇の生活問題を含めた広義の意味で用いられてきた（越野2002:139）。以下で引用・参照する文献においても、広義の意味で放課後が用いられている点に留意したい。

第1章でもみたように、子どもの放課後・休日を取り巻く社会問題は、大きく2つの課題との関連から捉えられてきた。

第一は、子どもの発達環境の変化である。子どもの放課後・休日問題が浮上したのは、1960年代のことであり、高度経済成長に伴う社会の変容、都市化、核家族化、共働き家庭の増加、学歴社会の進行により、「カギッ子対策」「遊び場問題」「健全育成問題」など放課後の教育・福祉・文化問題として顕在化した。1970年代以降、子どもの育ちと環境の変化は、「三間（空間・時間・仲間）の喪失」と指摘され、不登校、いじめ、自殺など子どもの深刻な問題が増加した。1990年代の塾通い、部活やスポーツ活動の過熱など子どもの多忙化・疲労化、2000年代以降、子どもの電子映像メディアとの接触の増加などに伴う遊びの質の変化、長時間のメディア接触、生活のバーチャル化が進行している（増山2015:77）。

このように、放課後・休日に行う活動の変化が、子どもの発達と関わること、これを放課後・休日問題として扱うようになってきた。

第二は、子育てニーズの拡大である。共働き世帯の増加（池本2009:16-18）、地域社会の紐帯機能の低下や子どもを巻き込む事件の増加（宮地2017:165）、性別役割分業観の転換（落合2013:22-30）に伴い、子どもの放課後・休日の居場所が必要となる。子どもが巻き込まれる事件や事故の発生も相まって[※7]、「安心できる放課後の居場所」への要望が高まっている（宮地2017:165）。

保護者の放課後・休日問題は、高度経済成長期以降、共働き家庭の増加に伴い次第に社会問題化し、保護者による共同学童保育が全国各地に生まれた（垣内2021:16）。また、共働き世帯の増加との関わりから言えば、近代産業社会では母親が子育ての第一義的に担っていた役割の転換、性別役割分業観や母性イデオロギーの思想転換、男女共同参画社会基本法の制定（1999年）や女性の社会進出が推進されたことで（矢澤2003:5-9、落合2013:22-30）、保護者の放課後・休日問題は社会的な関心となってきた。

しかし、政府による対応は、①学童保育のあり方について十分な議論に欠ける「新

待機児童ゼロ」という対症療法的な対策の問題、②初等教育時期の子どもをどのように育てようとするかという総合的な子育てビジョン・戦略が不十分である問題、が指摘されてきた（池本2009:1-3）。

さらに言えば、放課後・休日対策として代表的な学童保育の位置づけが、時代により異なることが指摘されている。1976年の留守家庭児童対策では「保護及び育成」、1991年の放課後児童対策事業では「遊びを主とする活動」、1998年の放課後児童対策事業の法制化では「適切な遊び及び生活の場」、2015年の設備運営基準及び運営指針の策定では「子どもが安心して過ごせる生活の場」、と政策目的の「揺れ」が確認される（垣内2021:16-26）。

このように、放課後・休日問題とそれへの対応は、曖昧な要素をもち展開してきた。二宮（2012:38）は、「放課後対策とは、子どもたちの生活時間にとって多様な意味合いを持つ放課後時間に対応する施策を、一括りにして呼んだものにほかならない」として、「5つの意味」を付与する。①「家族生活時間」として、学校から帰宅して家族とともに過ごす時間であり、子どもは家族の一員として、伝統的に家族とともに生活する時間である。②「地域コミュニティの生活時間」として、血縁・地縁に基づく共同体的諸関係が地域に存続していたころ、子どもの放課後がコミュニティの生活時間と同義であったことを指す。③「自由時間」としての放課後であり、学校教育からの自由な時間として、各自が「時間の主人公」として主体性を取り戻す時間である。④「保育に欠ける時間」であり、夫婦共働き家族の子どもの放課後の状態を放置しておくことによりその時間は発生し、資本主義の発展過程では「保育に欠ける時間」は自然成長的に増大する。⑤「市場社会の生活時間」であり、子どもにとって放課後の時間は、「空白時間」ではなく、市場材（おもちゃ、ゲーム機器・電子メディアなど）やサービス（塾、習い事、ゲームセンターなど）を消費・利用する時間となる。これらの5つの放課後時間のうち、どの時間的意味が強くなるかは当該地域の社会的条件などに左右されると指摘する。

以上のように、放課後・休日問題への対応として、放課後・休日対策が進行するが、「総合的なビジョンの欠如」「政策目的の揺れ」と指摘される。さらに、放課後の時間的意味は、多様な意味合いをもち、社会的条件に左右され、放課後・休日対策にちがいが現れると言及されている。

2-2　障害のある子どもの放課後・休日問題と放課後保障の起こり

　前項では、子どもの放課後・休日問題が浮上する社会的背景についてみてきた。本項では、障害児の放課後・休日問題とその問題に対する希求内容を検討する。

　まず、障害児教育の就学に関する歴史から振り返る。日本国憲法の公布（1946年）と、教育基本法の制定（1947年）の下で、国民の教育を受ける権利が保障された。教育基本法と同時に制定された学校教育法において、第6章「特殊教育」が規定され、盲・聾・養護学校が義務教育制度に位置づけられた。しかし、義務制の実施は、教員養成の困難や財政難を理由に延期された（学校教育法・付則93条）。このような事態に対し、盲聾関係団体や日本教職員組合などの運動により、盲学校、聾学校における義務制は1948年から学年進行で実施された。しかし、知的障害、肢体不自由、病弱の養護学校教育義務制は、先延ばしになった。1973年に東京都は国に先だって、障害児の希望者全員入学の方針を打ち出し、大阪市も就学猶予・就学免除の解消を示した。学校教育法施行から32年後の1979年に養護学校教育義務制が実施された（黒田2017:153-154）。

　障害児の放課後と休日は、こうした経緯の中で1979年の養護学校教育義務制実施を契機に社会問題となった。なお、藤本（1988:207）は「障害児の放課後の問題は、障害児の公教育の確立のなかで、新たな1ページとして生まれてきた」と指摘している。

　また、障害児の放課後・休日問題は、1992年の学校5日制の導入を発端にして、さらに注目が集った（三島1992:197-200）。森川（2011:160）は、「2002年の学校週5日制完全実施は、養護学校等の子どもたちの『放課後問題』を一気に顕在化させ」たと指摘する。加えて、1994年に日本政府は、国連・子どもの権利条約に批准し、障害児の遊びや余暇の保障が法的拘束力のもつ国際的公約となったことも、障害児の放課後・休日問題が対象化された遠因となった（黒田2017:155）。

　藤本（1988:190）は、障害児の社会教育が問題になる背景を2点明記する。第一に、高度経済成長期を経て顕在化した日本の子どもの学校外における発達環境の貧困化である。この発達環境の貧困化が、障害児と保護者・家族に直接的にふりかかると指摘する。これは、前段の「子どもの放課後・休日問題」でみた点と共通する。

　第二に、障害者の発達を保障するためには、学校だけでなく、生活全般さらに生涯にわたり、「何らかの教育的な働きかけ」が必要と指摘される。この指摘の背景

には、社会的施策がない中では、障害児の生活が、空間的にも人間関係の面でも、家庭・家族のなかに「閉塞した生活」のままになることへの問題意識がある（越野2002:139-140）。

「閉塞した生活」とは、次のような実態が想定される。藤本（1974）が1967年に実施した福井県鯖江市における障害児の学校外調査・不就学児実態調査では、「就学猶予・免除」の名のもと「家に放置される不就学児」の生活が明示された。また、黒田（2009）は2007年の滋賀県全域における実態調査を通じ、「放課後、休日、長期休日の過ごし方」として、「母親と家の中でテレビを見て過ごす人が8割に達する」といった実態を示している。障害児の生活は、家庭にいることがほとんどであり、そのケアを担う主体も限定的であったことがわかる。1974年と2009年では時代背景や社会環境に異なりがあるにもかかわらず、障害児とその保護者の生活の基盤は脆弱であったことがうかがえる。また、障害児の放課後の生活は、地域で過ごす時間が希薄で、仲間と過ごす地域での生活も限られており、障害児を日常的に介助する家族の健康問題、就労問題も深刻な状態であった（黒田2005:21）。

このような背景から「何らかの教育的な働きかけ」という用語によって、社会的支援の必要性が明示されてきた。そして1990年代に、「障害児にゆたかな放課後・長期休暇の生活を」（越野2002:138）といった社会運動が、日本の各地に暮らす障害児のいる保護者・家族や関係者などによって相次いで提起され、「障害児の教育権保障の第三のうねり」などと呼称され展開してきた※8。これが、放課後保障という社会運動の起こりであった。

3節 放課後保障の展開と放課後・休日対策の増幅

ここまで、子どもの放課後・休日問題が浮上する社会的背景、障害児の放課後・休日問題とそれに対する要求について検討してきた。本節では、政策主体に対する働きかけ、各時代における放課後・休日対策の水準の変化について検討を行う。なお、ここでの議論を先取りすれば、放課後・休日対策の特徴は、表4-1のようにまとめることができる。その区分は、第1期：「先進自治体による放課後・休日対策」（1979年から2000年前後）、第2期：「制度の拡大と組合せによる放課後・休日対策」（2000年前後から2011年）、③第3期：「単一制度に基づく放課後・休日対策」（2012年

表4-1　障害児の放課後・休日対策の展開

時期区分（年数）	タイトル	特徴	制度的保障の到達点
第1期 （1979年から2000年前後）	先進自治体による放課後・休日対策	1979年の養護学校教育義務制以降、障害児の放課後・休日対策は、有志の手によって支えられ、放課後実践を行う運営資金の補助は、大都市圏あるいは社会運動が盛んであった地域に限定されていた。	東京都や埼玉県、大阪府や京都府など大都市圏などの先進自治体における条例/助成金
第2期 （2000年前後から2011年）	制度の拡大と組合せによる放課後・休日対策	放課後・休日対策は、先進地域を後追いするように全国の自治体における単独事業の発展、さらに国の制度が追随する様相であった。特に、国の制度は、①放課後児童健全育成事業（学童保育）が「健常児＋障害児（指導員の加配・補助費の加算）」とする枠組みを基本に障害児の受入を行った。②また、児童福祉法に基づき、障害児の発達支援を目的とした児童デイサービスと、一時的な「預かり」を目的とした日中一時支援などを組み合わせることで障害児と保護者のニーズを支えていた。	放課後児童健全育成事業（学童保育）、日中一時支援、児童デイサービスなど
第3期 （2012年から現在）	単一制度に基づく放課後・休日対策	2012年に放課後等デイサービスが制度化し、児童福祉法に基づく国の放課後・休日対策が実施され、各地の放課後・休日対策の水準が平準化した。	放課後等デイサービス

出所：筆者作成

から現在）の3つの時期である。以下の検討は、この区分に沿って展開する。

3-1　先進自治体による放課後・休日対策（第1期）

（1）放課後保障の実践

　第1期と区分している「先進自治体による放課後・休日対策」は、養護学校教育義務制実施の1979年前後から2000年前後に展開された。以下では、文献・資料に基づき、当時の実態を明示していきたい。

　障害児の放課後保障の実践は、「障害児学童保育」「サマースクール」「日曜学級」「おもちゃライブラリー」などさまざまな名称と形態により各地で進められた。その実施形態は、開所日数が週1～2回、土曜日のみ、夏休みの1週間程度のものなどがあった。実施場所は、専用施設をもたず公共施設等を拠点に活動場所を変えながら実施しているものなどさまざまであった。実施主体は、圧倒的に当事者父母であった（森川2002:74-79）。

　当事者父母や関係者が中心となった保育所づくり運動[※9]や学童保育運動が盛んに行

われた大阪府吹田市の「障害児学童保育」では、1980年に「吹田市留守家庭児童育成室における障害児保育実施要綱」が施行し、82年に条例化された。1988年時点での「留守家庭児童育成室」は、障害児を含む市内37小学校区すべてで学童保育が開所し、40名を超える障害児の利用とその介助のため加配指導員が30名程度配置された。吹田市における障害児の学童保育は、入室時に介助の有無やその他保育条件を専門家の協議のもと決定し、また入室後の巡回を行うスーパーバイズ制度の実施、年間20回の行政研修の実施など全国的にみても進んだ制度を実現させた（江原1988:59-66）。

　また、障害児の就学保障が盛んであった京都府南部では、城陽の「サマースクール」が、障害児を抱えた母親たちの「子どもになんとか夏休みを生き生きと楽しくすごさせてやりたい」という切実な願いを原動力に、長期休みにおける障害児の遊び、学習の場、友だちづくりを行える活動場所が実現していった。城陽の「サマースクール」は、京都府南部における「サマースクール」の広がりの中心的役割を果たし、乙訓（1979年）、宇治（1981年）、八幡（1982年）、久御山（1986年）、田辺（1987年）などで「サマースクール」の拡大に影響を与えた（小宮山・山下1988:94-100）。

　こういった放課後保障の実践の進展について、津止（1992:149-150）は、「子どもたちのことを思えば、放りなげてしまうことはできない」といった「やむにやまれぬ気持ち」が、制度的保障の脆弱な状況に対する原動力となり、また「障害児の地域での生活」をかろうじて創出してきたと指摘する。さらに、放課後保障の実践は、①受け身的な活動ではなく障害児自身の発達要求に見合った主体的な生活や活動の創出、②仲間づくりや集団での活動の機会の提供、③生活リズムの確立と学校生活において体得した生活習慣の継続、④障害児をもつ保護者の就労などの社会参加などに寄与していたと指摘する。

　加えて、障害児の家庭の場合、保護者（当時は特に母親）は、働きたくても働けないこと、障害児の子育ては健常児と比較し養育・療育にかかる経費が少なくないこと、こうした保護者の社会参加の機会や多様な家庭の状況への対応策として、保護者の就労の有無を入所の条件としていなかった（森川2002:70,73-74）。通常の学童保育が、「保育が不足する家庭への対策」として保護者の就労等が入所条件であったことを鑑みれば、放課後保障の実践は、柔軟に対応した実例であった。

　以上のように、障害児の発達や生活と、その保護者が就労や社会参加を統一的に保障することを目指した取り組みが放課後保障の実践であり、「障害児学童保育」「サマースクール」「日曜学級」「おもちゃライブラリー」などさまざまな名称と形態で展開した。

（2）放課後保障の実践を支えた助成

　他方で、放課後保障の実践を支える運営資金は、各自治体の補助金に委ねられていた。自治体補助が先進的であった地域として、たとえば、東京都では1970年に「心身障害児（者）通所訓練事業」が発足し、埼玉県では1988年に「養護学校放課後児童対策事業」が発足した（中村・村岡2013:24-25）。また「障害児学童保育」の施設は、東京都では1991年の29施設から2002年の約70施設に、埼玉県では1980年代の3施設から1990年代の12施設そして2002年の19施設と増加している（森川2002:74-75）。補助内容に不十分さがありつつも、こうした補助金は放課後実践の広がりを後押しした。

　なお、第2章の先行研究レビューでも示したが、牛木・定行（2020）は「障害児の放課後支援の変遷」を検討しており、東京都における障害児対象を対象にした放課後・休日の居場所に関する設立年度と設立経緯を表にまとめている。これは、放デイが制度化する以前の放課後・休日対策の状況が把握できる有益な資料である。特に、自治体補助が先進的な東京都の状況を知ることができる点で有用である。また、どのような要求に応じて、施設が設立したのかを理解することができる。こうしたことを踏まえ、表4-2として引用する。

　表4-2を通じて、①東京都では1979年の養護学校義務制よりも前から放課後・休日対策が展開してきたことがわかる。②1980年代以降、放課後・休日対策を実施する施設が増加している。③放課後・休日対策を施設する経緯には、障害児の放課後や休日の生活を豊かなものにすること、保護者からの要求が大きく関係していたことがわかる。

　一方、近畿圏では、たとえば大阪府吹田市において、1982年に健常児の学童保育運動を契機に「留守家庭児童会事業」の条例化が行われ、全校区における長期休暇を含む放課後・休日対策として、複数学級での学童保育の実施を実現した。このような機運は、吹田市などの革新自治体における子育てネットワークの形成が関係する[※10]。「保育所づくり運動」「学童保育運動」などの展開は、障害児の保育所や学童保育に関する運動へ伝播し、1979年に障害児保育の制度化、1980年に「吹田市留守家庭児童育成教室における障害児保育実施要綱」を制度化し、障害児の入室が増加した（江原1988:59-66）。

　京都市では、1988年に、学童保育を希望した子どもが「障害をもっている」という理由により入所を断られたことを契機に、同年「障害児の学童保育入所を考える懇談会」を開催し、懇談会出席者を中心に、同年「京都市・障害児に学童保育を保障

表4-2 東京都内における障害児対象を対象にした放課後・休日の居場所に関する設立年度と設立経緯

設立または活動開始年	団体名・学童保育名	所在地	設立経緯・目的（ホームページから抜粋）
1970年	渋谷なかよしぐるーぷ	渋谷区	任意団体として障害のある子どもの放課後や休日の余暇支援をはじめました。障がいのある人と家族が地域でいきいきと暮らすために必要な活動を渋谷区で行っています。
1973年	障害児者グループつみき	北区	1973年、現・都立北医療センター外来に通う親と、養護学校教諭との話し合いのもと、「障がい児の我が子にも放課後の遊びと仲間が欲しい」という願いから機能訓練を含めた「保育グループつみき」が活動を開始する。
1978年	ほうずきの会学齢部門キッズ	台東区	障害児の母親たちの交流や勉強の場として「ほおずきの会」発足。ボランティアの協力により子ども会活動が始まった。
1978年	ゆうやけ子どもクラブ	小平市	放課後や夏休みに子どもの活動場所が欲しいという親の切実な願い。
1979年	さくらんぼ子ども教室	江東区	1979(昭和54)年、まつぼっくり子ども教室の前身である「日曜子ども教室」を発足させる。障害児の放課後や長期休業中の生活を保障し、豊かにすることを目的とする。
1979年	まつぼっくり子ども教室	江東区	「日曜子ども教室」を発足
1985年	なかよし教室	三鷹市	三鷹市心身障害者(児)親の会学童訓練部「なかよしグループ」発足。週2日6名在籍で放課後の活動に取り組む。
1986年	特定非営利活動法人わんぱくクラブ育成会	世田谷区	「障がい児の放課後を豊かに」を合言葉に学童クラブとして発足し、保護者と職員が力を合わせて運営してきました
1988年	東村山市あゆみの会放課後クラブスマイル	東村山市	自分の住んでいる地域での放課後活動の場をつくる目的で子ども達の保護者による自主活動により開始。
1989年	でんでん虫の家町田	町田市	発達になんらかの障がいを持つ子供たちの療育を目的として自主運営のグループ「親と子の寺子屋でんでん虫の家」が川崎市で1982年にスタートした。その活動に町田市から参加する児童が年々増加して行ったので、町田市内に活動の拠点を持ち、「でんでん虫の家町田」として学童の療育活動を始めた。住んでいる地域の保育園・幼稚園・小中高校で、しっかり根を張って生活できることを願い、子供に必要な援助を実施する。
1990年	ポコポコ・ホッピング	調布市	3組の母子で体操教室を開始。からだが不自由でもできない運動に挑戦し、できるように頑張る、放課後を有意義に過ごす、友達関係を育てる というのが発足当時の親たちの願い。発達にハンディのある 子どもたちの放課後をできるだけ豊かにすることをめざしています。
1991年	ゆめぽっと	狛江市	子どもたちのよりよい発達を願って、任意団体として発足。
1992年	ゆめクラブ	大田区	「発達の遅れを考える会」母体とする 学童保育「かたつむりクラブ」活動開始。
1995年	こぴあクラブ	江東区	1991年11月、障害を持つ子を抱えていても働き続けたい（ねばならない）と願う親たちが集い、「障害児の学童保育問題を考える会（ピア）」をつくった。
1995年	Happy Life Forever	狛江市	「はっぴぃハウス」は肢体不自由重複障がいのある子ども達の放課後、長期休業中の地域での活動の拠点として生まれました。
1996年	クレヨンキッズ	調布市	1996年、養護学校の母親たち3人が「障害児にも有意義な放課後活動をさせたい」との熱い思いでクレヨンキッズの保育活動はスタート。
1996年	フリースペースつくしんぼ	町田市	しょうがい児もけんじょう児も一緒に遊べる自由な空間。放課後に障害児が行ける場所なんかありません。通う場所がなければ、なければつくるしかない！放課後活動するものこの指とまれ！町田市の南地区の6人の親たちが集まって、農家の一軒家を借り、自主活動の場として出発したのが「フリースペースつくしんぼ」です。
1997年	ネコのトランク	杉並区	1997年4月から下井草1丁目の一戸建ての家で「ネコのトランク」として障がいを持つ子の放課後活動が始まり、2005年に特定非営利活動（NPO）法人になりました。現在は、放課後等デイサービス事業（ネコのトランク・トラのながぐつ・ヤギのサンダル）、2016年から賛助会員を対象に「いるかのぼうし」として、居場所づくりや保護者の家族支援を行っています。障がい児の放課後と学校休日 を豊かにすること、家庭支援、地域の人々に障がい児の理解を広げていくこと、を目的にしている。
1998年	みんなの家学童保育クラブ	大田区	学童保育クラブ・土曜活動わいわい活動開始
1998年	障害児のためのかつしか風の子クラブ	葛飾区	東京都立水元養護学校に通う子どもたちの保護者から、「夏休みをもっと楽しく充実したものにできないだろうか」という意見が出された。江東区には障がい児が集える場があると知り、葛飾区にもそんな場を作れないだろうかという話に発展した。

設立または活動開始年	団体名・学童保育名	所在地	設立経緯・目的（ホームページから抜粋）
2010年	国分寺ET教室	国分寺市	自閉症児をはじめとする障害児の学習および療育指導を行う療育指導教室」が前身。
—	このみひまわりグループ	東久留米市	障害の有無に関わらず、放課後や余暇を楽しく過ごしたいという願いはだれにとってもごく当たり前の願いです。この思いが当初から一貫した思い。
—	自主保育グループかるがも	東久留米市	通所施設に家庭のなかで両親が集まって作った自主サークル。両親の就労を保障する場をつくる。
—	障害児保育グループ ゆう	東大和市	グループゆうの基本的な活動は「自由活動」。子どもたち一人一人のまず「やりたいこと」を重視し、一緒に遊んで、楽しんで、共感することを基本にしている。そして、その共感から一歩進んで違う面からアプローチしたり、共感の枠から少しはみ出してみたりして子どもたちの興味や経験を広げている。
—	あすなろの家	小平市	障害を持つ子どもの家庭が、地域の中でいきいきと暮らし子どもの成長を家庭、学校と協力しながら支援する。特別支援学校に通学している児童の余暇および放課後活動の療育を中心とした支援、訓練を行う。特別支援学校に通学している児童
—	クラブ「かたつむり」	国分寺市	放課後や休日に主にろう学校や特別支援学校に通っているなかまが集まるための学童クラブ。

出所：牛木・定行（2020:32）「障害児の放課後支援の変遷」より引用

する連絡会」を発足させた。当連絡会は、行政への請願書、記者会見、新聞社への働きかけなどを行い、自治体補助の実現に努めた。その成果は、1990年に「学童保育事業における障害児の統合保育対策補助金」の制度化、また1992年に「障害児の統合保育対策補助金」「重度障害児加算制度」が追加された（市田・津止1992:91-98）。

なお、中西（2006:60-66）は、「地域教育運動の展開」から「新しい市民活動」への架橋を捉えるため、近畿圏域の革新自治体での子育てネットワークの形成を整理している。地域教育運動の成果は、その後各地での学童保育の取り組みなど多様な形で引き継がれ、各自治体での条例による制度化をはじめ1997年の児童福祉法改正による学童保育の法制化として、政策にも反映してきたと指摘する。特に、新しい市民活動の土台として、京都府における地域教育運動の展開を、3つのエリアの事例から検討する点は示唆的である。3つのエリアとは、京都市（都市部）、丹後地方（過疎農村）、乙訓地域（京都・大阪のベッドタウン・新興住宅地）である。都市部、農村部、ベッドタウンの3つの典型事例を通じて、各地域の特徴に基づく異なる要求内容がありつつも、地域に開かれた学校、保育所や学童保育の拡充などに共通した要求があったことを見出している。

なお、上記の東京都や埼玉県においても社会運動が関わるが、特に、近畿圏都市部での補助金を獲得した社会運動の役割は一層強調されている。障害児の放課後・休日問題の深刻さとその問題の解決のために、「障害をもつ子どもたちの豊かな放課後保障への確かな水路として、大いに研究と交流の必要な分野となっていることは間違いありません」（市田・津止1992:90）と社会運動が駆動した背景が強調されている。

以上のように、放課後保障における社会運動は、運営資金の補助を結実させるた

めの特徴的な事象であると同時に、放課後・休日対策の実施や水準の増進を図る1つの取り組みであった。

3-2 制度の拡張と組合せによる放課後・休日対策（第2期）

（1）各自治体における助成の増幅

　第2期と区分している「制度の拡張と組合せによる放課後・休日対策」は、2000年前後から2011年までに展開した。この時期の特徴は、国の放課後・休日対策が限定的であり、国と各都道府県独自の放課後・休日対策が並走した状態であった。特に、国が実施する障害児の放課後・休日対策は、2000年代初頭に成立し、その制度的保障の範囲を拡大する過程にあった。くわしくは後述するが、制度的保障を拡大する過程では、既存の制度を拡張していくプロセスと、異なる制度を組合せていくプロセスの2つがあった。

　各都道府県における独自の放課後・休日対策の状況は、全国学童保育連絡協議会が行った調査をもとに整理が行われており、1998年の時点で事業実施が12都道府県であったが、2002年の時点では約6割の都道府県にあたる29都道府県において障害児受け入れ事業が実施された（真田2002:63-66）。また、2004年時点では、障害児を対象にした放課後の実践は、全国で393団体、登録者4,300名を超え、障害児の放課後活動を支援する単独事業は18都道府県、一般の学童保育に障害児が入所した時の補助は31都道府県にあることが報告されている（全障研2004:108）。2000年代に入り、各都道府県における独自の放課後・休日対策は、徐々に拡大してきたことがうかがえる。

（2）国が実施した放課後・休日対策

　国が実施する障害児の放課後・休日対策は、次の2つの流れに沿って形づくられた。

　第一に、学童保育における「障害児受け入れ事業」としての展開である。1960年代から浮上した放課後・休日問題への対応として、健常児に対する放課後・休日対策が1998年の学童保育の制度化（児童福祉法に基づく放課後児童健全育成事業）を契機に講じられた。学童保育の「障害児受け入れ事業」は、2001年に「障害児受入促進試行事業」として実施された（全国学童保育連絡協議会2020:38-39）。

　それ以降は、2002年の「学校5日制」の実施を背景に、2003年に障害児の受け入れ条件が緩和した。さらに2005年の発達障害者支援法の施行を背景に、2006年

に受け入れ条件が緩和された。2008年には障害児の受け入れと専門的知識を有する指導員を配置する事業所に上乗せ補助を実施した（泉2019:53）。また、後述の第3期に区分される内容ではあるが、2015年には「障害児受入強化推進事業」が創設され、2017年には条件の緩和と専門的知識を有する指導員の複数配置などを行うとした（泉2019:55）。

このように、学童保育における「障害児受け入れ事業」は、「健常児＋障害児（指導員の加配・補助費の加算）」とする枠組みが基本とされている。健常児の放課後・休日対策に、障害児を受け入れるための基準とそれに応じた加配・加算が支給される形式である。既存の制度に障害児の対応策を付加することにより、障害児の放課後・休日対策が実施されてきた。

第二に、日中一時支援支援と児童デイサービスの展開である。日中一時支援は、障害者総合支援法に規定され、日中において監護する者がいないため、一時的に見守り等の支援が必要な障害児者の日中における活動の場を確保し、その家族の就労支援や障害児者を日常的に介護している家族の一時的な休息を図ることを目的としている（厚労省2008:16）[※11]。

一方で、児童デイサービスは、2003年に児童福祉法において規定された。障害児の療育・支援を基本とし、「預かり」を目的としていなかった（中村・村岡2013:20-22）。また、2006年の障害者自立支援法の実施により、児童デイサービスは、障害者自立支援法に基づく事業となり支援目的や対象児によって2類型に分けることとなった[※12]。児童デイサービスⅡ型は、自治体独自の事業や補助金がない地域では、障害児の放課後活動を支える実質的な役割を果たしてきた。また、障害者自立支援法（2006年）のもと、学齢児を中心とした児童デイサービスの単価の切り下げが行われるといった変更があった（全障研2007:98-99）。

このように事業が次々と転換される状況に対し、全国放課後連は、2006年5月から7月までに53,000筆の署名を集め厚労省へ「緊急要望書（署名）」を提出し、同年6月に「緊急学習会」の開催などの働きかけを行った。厚労省は、同年7月に障害者自立支援法による内容の「一部撤回」を発表した（全障研2007:98-99）。なお、全国放課後連の動態については、第5章でくわしくみる。

このように障害児を対象にした放課後・休日対策は、障害児の発達支援を目的とした児童デイサービス、一時的な「預かり」を目的とした日中一時支援により行われていた。また、それらの事業は、異なる根拠法に基づく事業であった。当時は、

異なる事業を組合せることで、実質的な放課後・休日対策の形をとった。

　以上のように、国が実施する障害児の放課後・休日対策は、2つの流れによって形成された。1つ目は「既存の事業の拡張」であり、2つ目は「異なる根拠法の組合せ」によるものである。第2期は、公的な保障が未整備であった第1期に比べれば好転したものの、障害児の放課後の活動と、その保護者の就労・レスパイトを支えるという意味においては、必ずしも十分とはいえない状況であった。

（3）放課後保障に関わる研究活動の広がりと
　　豊かな放課後を目指す機運の高まり

　他方で、1990年後半から2000年代にかけて、放課後保障に関連する研究が進んだ時期であった。障害児の放課後・休日に関する実態調査やその制度的保障が重要になることの明示が行われた。

　たとえば、越野（1997）の「学校外生活の現状と地域生活の保障」では、東京都での実態調査を通じ、地域生活の保障をめざす取り組みとして放課後ケアの三相（①障害児の放課後の活動、②家族の就労、③家族のレスパイト）の必要性を導出した。

　また、津止ら（2004、2005）の「障害児・家族の生活実態と地域生活支援」では、京都府での実態調査を通じ、2002年の学校5日制完全実施による放課後の生活への影響を導出し、放課後保障の提言として障害児と家族の支援施策が教育・福祉・介護・医療などの連携が十分でなく、さらに家族責任を基調とする傾向の是正を求めた。

　さらに、黒田（2005）の「学齢障害児の放課後生活支援と余暇保障」、黒田（2009）の「格差社会における障害児の子育てとコミュニティケア」は、滋賀県での実態調査を通じ、黒田（2005）では、放課後保障の必要性を3つの意味（①障害児の余暇の権利保障、②子育ての社会化、③発達保障）から検討した。黒田（2009）では、障害児の子育てについて一般的な子育ての困難さに加え、障害の受容、進路選択などの困難さ、子育ての不安や困難を軽減する制度の必要性、権利としての社会福祉（障害児福祉）が機能する必要性を指摘した。

　上述のように論者の用いる用語は、「放課後保障」「地域生活」「学校外での生活」「放課後ケア」「余暇保障」など異なりはあるものの、障害児の放課後・休日の活動と、その保護者の就労およびレスパイトを保障することが共通して指摘されていた。

　このような研究活動の広がりに加え、全障研や全国放課後連などの実践者や事業者が集う組織においても、障害児およびその保護者の生活を支えるための検討が進行した。

たとえば、「制度・サービスを創らねば」という要求が大半であったが、最近（2008年時点）では「子どもが利用することで育った。もっと充実してほしい」「サービス内容が子どもに合わない。あちこちに子どもを預けた結果、かえって子どもが落ちつかなくなった」といった報告が目立つと指摘されている（全障研2008b:65）。あるいは、各都道府県レベルではなく全国レベルでの放課後の施策を創っていくこと、指導員の身分保障や労働条件を良くしていくことで障害児の放課後を豊かにするうねりとすることが指摘されている（全障研2008a:101）。また、厚労省との懇談や各政党議員団との折衝の中で、障害児の放課後について「放課後型のデイサービス」という文言が入ったと報告されている（全障研2008b:62）。

障害児とその保護者の放課後・休日対策を単一の制度によって保障する機運は、放課後保障の議論や調査研究において高まっていった。こういった状況の中、2008年に全国放課後連は、全国から118,000筆の国会請願署名を集め、厚生省に提出した。この署名は、第170回国会において「障害のある子どもの放課後活動の制度化を求める国会請願」が衆議院・参議院で同時採択された[※13]。

以上のように、第2期の放課後・休日対策では、国の制度・事業が徐々に展開する一方、その水準は限定的な保障に留まっていた。2000年代を通じて、国の放課後・休日対策と各都道府県が独自の補助金による放課後・休日対策が並走した。また、研究活動の広がりなどからもわかるように、放課後・休日対策が脆弱であると、障害児およびその保護者の生活水準は好転しないため、障害児の豊かな生活と保護者の就労・レスパイトの統一的な整備が求められた。また、放課後保障は、障害児の保護者、実践者、研究者など属性の異なる主体が協働し、社会運動を展開したことがわかる。

3-3　単一制度による放課後・休日対策（第3期）[※14]

（1）放課後等デイサービス制度化の意味

放課後保障は、先述したように、障害児の生活と保護者の就労・レスパイトの整備を統一的に実施することを希求した。2012年には、児童福祉法に基づく事業として、児童発達支援および放デイが整備された。

放デイの制度化は、「障害のある子どもにとって、学校の放課後や休日、長期休暇の居場所づくりを制度化することは、障害のある子ども、親・家族にとって、長年の課題であり、制度化そのものは大いに歓迎すべきこと」（黒田2017:150）と指摘がある。

第1期から第3期の放課後・休日対策を比較すれば、次のようになる。第1期の放課後・休日対策では、有志の実践者や保護者が中心となり放課後実践が行われ、地域格差を内包しつつ展開した。第2期の放課後・休日対策では、各都道府県が独自の補助金による放課後・休日対策と国の制度・事業が並行して講じられる一方、その対策は「既存の事業の拡張」「異なる根拠法の組合せ」など限定的な水準に留まっていた。これに対し、第3期の放課後・休日対策では、2012年の放デイの制度化を契機として、①児童福祉法に基づく国の放課後・休日対策として実施され、各地の放課後・休日対策の水準は平準化されたこと、②障害児と保護者の支援を単一的に行う制度が成立したこと、の2点において放課後・休日対策の質的転換をもたらしたといえる。放デイの制度化は、放課後保障が展開した社会運動の1つの成果であると考えられる。

　加えて、先述の通り、障害児の学校外での生活は、1967年の実態調査によって明示された就学猶予・免除の名のもと家に放置される不就学児の生活（藤本1974）、2007年の実態調査での母親と家の中でテレビをみて過ごす人が8割に達する実態（黒田2009）から明示されるように、制度の拡充が徐々に進展したとはいえ、生活基盤が脆弱な状態は長期にわたるものであった。この点を踏まえれば、放デイの制度化は、障害児の放課後や休日の「居場所」を拡大することに寄与したといえる。

（2）放課後保障の議論の転換

　他方で、全障研や全国放課後連での議論をみると、次のような内容が確認される。たとえば、2012年には「『豊かな放課後』とは、決してゴージャスでセレブなものではなく、人が暮らす上で普通にあるイベントを設定することが大事」と指摘されている（全障研2012:67）。あるいは、（2013年よりも）以前の「放課後保障分科会」への参加者は、保護者や教員・ボランティアが多かったが、今はこの活動を「仕事」にしている方が大半を占めるようになり「制度には不十分さもあり、自分たちの運動でより良くしていく」必要があると指摘されている（全障研2013:68）。また、2014年には、「こんなに若い人が多数集まる分科会はまれです」（全障研2014:67）と特徴があげられ、学校でも家庭でもない「第三の世界」の実践はどういうものか、また医療的ケア児、共働き世帯の子の放課後、学校との連携など課題が山積みであることが述べられている。

　このように、放デイ制度化の初期には、各地域で展開してきた独自性のある実践を、いかにして国の制度として1つの構成単位（制度）に形成していくか検討が図られていた。
　他方でその後の議論として、2016年には、放デイは「願いと運動が切り開いた

成果」であるが、「福祉も商売」という「もうけ本位」の流れが起き、「活動の質」が問われた（全障研2016:64）。2017年には「サービスあって実践なし」ともいうべき状況や、「起業３年で年商３億円」という触れ込みで起業をあおるセミナーなど「もうけ本位」の深刻な状況があり、事業所の急増に留まらない激しい変化が問題視されている（全障研2017:68）。また、放課後活動にふさわしい実践を創造し社会に発信すること、制度を子どもの権利と発達の保障に向けた改善が非常に重要な課題があると指摘がある（全障研2017:68）。

　放デイ制度化から３年が過ぎる2015年以降、上記の「もうけ本位」の流れが顕在化し、放課後保障の議論は「放課後活動にふさわしい制度」の検討、「子どもの権利と発達を保障する制度」の要求に転換してきた。

　以上のように、2012年の放デイの制度化によって、単一制度に基づく障害児とその保護者の社会的支援を実現した。しかし、放デイの制度化以降、各地域で展開してきた独自の実践を１つの構成単位（制度）にしていく検討がはかられていた矢先、多様な運営主体の参入が加速した。社会福祉制度としての問い直しは、2015年以降の放デイ制度の大きな課題となっている。なお、厚労省は、2015年に放デイのガイドラインを策定している。

放課後保障と放課後・休日対策の変遷

4-1　放課後・休日対策の変容と到達点

　本章では、障害児の放課後・休日対策の変遷と政策展開を明示してきた。本章での検討を通じて、以下の３点が見出された。その論点を図示すれば、図4-1のようになる。

　第一は、放課後・休日問題が対象化された背景である。障害児の放課後と休日は、1979年の養護学校教育義務制実施を契機に社会問題となった。それ以降、1992年の学校５日制の導入を端緒としながら、障害児の放課後・休日問題に社会的関心が集まってきた。また、2002年の学校週５日制完全実施が、放課後・休日問題を一気に顕在化させた。加えて、1994年に日本政府は、国連・子どもの権利条約に批准し、障害児の遊びや余暇の保障が法的拘束力のもつ国際的な公約となったことも、障害児の放課後・休日問題が対象化された遠因となった。障害児の放課後・休日問

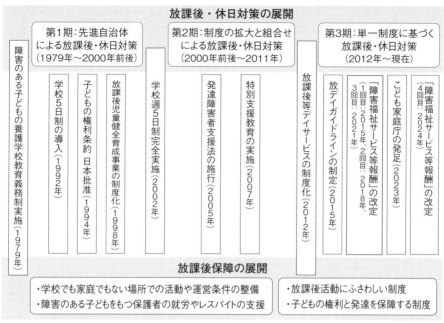

図4-1 放課後保障と放課後・休日対策の変遷過程　　　　　出所：筆者作成

題は、「子どもの発達環境が貧困化」「何らかの教育的な働きかけが必要」など、障害児とその保護者の生活上の諸課題の解消が求められた。

　第二は、放課後・休日問題への対応として発展した放課後保障についてである。1990年代に「障害児にゆたかな放課後・長期休暇の生活を」といった社会運動が、日本の各地に暮らす障害児の関係者によって相次いで提起された。これは、「障害児の教育権保障の第三のうねり」として位置づき、放課後保障という呼称で展開してきた。放課後保障の特徴は、障害児の保護者、実践者、研究者など多様な属性にある関係者の協働により、社会運動が展開したことにあった。放課後保障の論点として、放課後・休日対策の制度が脆弱であると、障害児とその保護者の生活水準は好転しないため、障害児の学校でも家庭でもない「第三の居場所」での活動やその活動を行う財源の確保、保護者の就労やレスパイトを統一的に保障することが求められた。2012年の放デイの制度化は、放課後・休日対策の大きな転換点であった。また、2015年以降の放課後保障の潮流は、「放課後活動にふさわしい制度」の検討、「子どもの権利と発達を保障する制度」の要求に転換している。

　第三は、放課後・休日対策の変遷についてである。①1979年の養護学校教育義

務制以降、障害児の放課後・休日対策は、有志の手によって支えられ、放課後実践を行う運営資金の補助は、大都市圏あるいは社会運動が盛んであった地域に限定されていた（第1期）。②障害児の放課後・休日問題の深刻さと要求の大きさに比べ、決定的に遅れていた放課後・休日対策は、1992年の学校5日制の導入や2002年の完全実施を背景に徐々にその内容を拡充した。特に、大都市部の自治体が先行し、その先進地域を後追いするように全国の自治体における単独事業の発展、さらに国の制度が追随する様相であった（第2期）。③2012年に放デイが制度化し、児童福祉法に基づく国の放課後・休日対策が実施され、各地の放課後・休日対策の水準が平準化したこと、障害児と保護者の対策を単一の制度により対応したことは、放課後・休日対策の質的転換をもたらした（第3期）。

4-2 放課後・休日対策と三元構造論

　以上のように、本章の検討から導出した論点を踏まえ、次の点を指摘することができる。

　まず、今日において存在する障害児の放課後・休日対策は、従来から備えられた所与の制度ではなかったことである。言い換えれば、放課後・休日問題という社会問題に対して、放課後保障という社会運動を展開させることで、制度が徐々に確立していった。さらに言えば、放課後保障は、障害児の保護者や放課後保障に携わった実践者、研究者など多様な属性をもつ関係者の協働によるものであった。

　次に、各時代の放課後・休日対策は、運動主体と政策主体の応答関係により政策化した（政策課題として認知され、その対応が図られた）ことである。特に、放課後・休日問題の実態に対応する運動（放課後保障）が登場し、その後、徐々にその問題への責任主体を見分け、自治体および国に対して放課後・休日対策の要求を行っていった。政策主体の応答は、不十分な対策に留まることがありつつも次第に放課後・休日対策の中身を拡充させてきたともいえる。このような放課後・休日対策が醸成した過程を踏まえれば、今後の議論においても、社会運動を通じ届けられた「声」や「希求」に対する政策主体の応答が不可欠なものと考えられる。

　最後に、第3章の理論検討との関係から、本章の内容をみておきたい。本章では、障害児の放課後・休日対策が政策化されるプロセスを、真田の三元構造を踏まえて検討してきた。特に、「社会福祉運動の戦後過程」の論考には、「運動のテンポ」や

「展開の様相」が異なるため、「社会福祉に限っても、戦後の運動をまとめることは容易ではない」と指摘されてきた（真田2012:245-265）。これ対し本章では、放課後・休日問題が社会問題として対象化された過程と、その問題に対する社会運動の展開や政策主体の応答を明示している。

また、社会福祉の対象やその水準は、社会運動との応答の中で、さまざまな政策的な対応・配慮を行うことを通して決めていくものであり、政策主体が全く恣意的・一方的に社会福祉を決定しうるものではなく、社会問題と社会運動の規定を受けながら行うものとある（真田2012:27-39）。障害児の放課後・休日対策をみると、放課後保障という社会運動に応答する形で、障害児の放課後や休日に対する制度・政策が進展していったことを把握できる。

次章の第5章では、放課後保障の果たした役割についてよりくわしく検討していきたい。

[注]

※1 日本国憲法で「すべての国民は、法律の定めるところにより、その能力に応じて、ひとしく教育を受ける権利を有する」（第26条）とされながら、障害児の教育権が実質的に保障されたのは、1979年の「養護学校の設置義務制」からであった。それまでは、障害が重いことを理由に、学校教育法第23条の「就学猶予・免除」の規定が用いられ、障害児は通学することができなかった（白石2007）。

※2 本章で用いる「社会運動」は、前章でもみた真田（2012:223-243）の「社会福祉運動とはなにか」の論考に基づいている。特に、①社会福祉運動は、「社会福祉の原動力である社会運動」であるとしている点、②「社会福祉」は、生活問題に対する対策の1つであるが、公的機関による対応を主軸にして、市民社会によるさまざまな対応を含めつくられるものであり、社会問題としての生活問題を解決ないし改善しようとする「社会運動」が、公的機関の質と量をつくる原動力とする点は、障害児の放課後・休日対策をケースにして深めていきたい論点である。

※3 二宮（2012）は、当時の橋下徹大阪府知事による「教育・福祉のバウチャー制」を批判している。論者の立場により放課後・休日対策の認識に異なりがある。一方、ここでは、立場を問わず放課後・休日対策の必要性やその意味は認められていることを注記したい。

※4 石倉（2021:185）によれば、社会福祉の分野では、研究者中心の学会とは別に、現場の社会福祉従業者を中心に当事者の参加も得た研究団体が早くから結成してきた。「全国障害者問題研究会」は、1967年に結成され、障害者福祉や障害児教育に関する日常的な研究交流や情報交換のための定期刊行物の発行、毎年大きな研究交流集会を継続的に開催してきた。

※5 障害児の放課後や休日における活動を発展させる運動を目的として活動する全国的な連

絡会。当連絡会の活動内容等は、HP にくわしい。http://www.houkagoren.sakura.ne.jp/chousakenkyuu.html
※6 たとえば、泉（2019）は、放デイの成立前後の制度・政策の整理を通じ、障害児の放課後・休日対策の動向を通時的に検討し、障害児と保護者を支える仕組みの必要性、サービス内容の再構築を今後の課題として析出している。牛木・定行（2020）は、「障害児の放課後支援」を歴史的に振り返ることを主題とし、既存の調査研究や HP を用いた整理を行い、地域での生活を可能にする支援のシステムを構築する必要性を明記している。
※7 子どもが巻き込まれる事件の発生は、2000年以降、たとえば2001年の「池田小学校殺傷事件」、2003年の「長崎男児誘拐事件」、2004年の「奈良小一女児誘拐・殺害事件」、2005年の「広島女児殺害事件」、2005年の「日光市女児殺害事件」など相次いで発生していることが確認される（宮地2017）。
※8 なお、「障害児の教育権保障の第一のうねり」は、1979年の養護学校教育義務実施を１つの契機とするすべての障害児に学校教育を保障する取り組み、「第二のうねり」は、1980年代後半からの障害児の後期中等教育への希望者全員進学である（越野2002）。
※9 石倉（2021:194）によれば、福祉施設の中で保育所は、1952年時点での公営施設は約38％であったが、1960年代に入り「ポストの数ほど保育所を」と訴えた保育運動の全国的な展開を背景に、公立保育所の設置が進んだ。
※10 吹田市では、2022年12月に放デイ事業所に通っていた中学１年の男子生徒が施設の前で送迎車から降りたあと行方がわからなくなり、その後、近くの川で亡くなっているのが見つかった。また、同事業所において、2023年２月から３月に利用者の10代の子どもに頭突きをしたり蹴ったりする暴行を加えたとして施設を運営する法人の代表ら３人が逮捕された。
（https://www3.nhk.or.jp/news/html/20231121/k10014264521000.html）
※11 なお、厚労省（2008:16）は、「知的障害者・身体障害者についても利用可（年齢要件を緩和）」として「障害児タイムケア事業」等の再編を記す。一方、今日でも「在宅障害者等タイムケア」「障がい児タイムケア」「障害のある中高生のタイムケア」など、若干の名称変更を行い各自治体が実施しているケースもある。
※12 「児童デイⅠ型」は、利用児の７割以上が未就学児で療育を支援目的とした。「児童デイⅡ型」は、利用児の３割以上が学齢児としたが、学齢児を対象にしたⅡ型のうち、「預かり・一時休息」が目的の場合は「経過的児童デイサービス」と呼び、３年の経過措置を置き「日中一時支援」への移行を基本とした（中村・村岡 2013）。
※13 衆議院 HP「第170回国会障害のある子供の放課後活動事業の制度化を求めることに関する請願」
※14 なお、本研究では第３期を放デイ制度化以後の動きとして捉えているが、先行研究では、「創設期（2012年から2015年）」「再編期（2016年から2019年）」と、放デイ制度化以後の動きを２つに細分化する研究（泉2019）もあることを付記しておきたい。

第5章 地域福祉としての放課後保障
——全国放課後連の活動に着目して

1節 本章の研究目的

　本章は、障害児の放課後・休日対策の成立過程において、障害児の教育権保障の第三のうねりと位置づく放課後保障が果たした役割やその特徴を明らかにすることを目的とする。特に、放課後保障の中核を担ってきた全国放課後連という準拠集団に着目して、その社会運動が制度の創設に対して果たした役割、放デイ制度が創設されて以降の働きかけについて考察する。

　本章では、全国放課後連が発行するニュースレターの「全国放課後連ニュース」（以下、ニュース）を分析の素材にする。なお、ニュースは、全国放課後連が結成した2004年を創刊号にして、2024年6月に発行された43号までが発行されている。本章では、創刊号である第1号から第43号までを分析の対象にして、以下の検討を試みる。各号のニュースの概要は、表5-1の通りである。

　本章では、膨大となるニュースを簡潔に示していく方略として、5W1Hの観点から整理を試みる。すなわち、①Why：なぜ全国放課後連という団体は立ち上がったのか、②When：いつ全国放課後連は発足したのか、③What：何を対象にして全国放課後連の社会運動は展開してきたのか、④Who：だれが中心となる団体なのか、⑤Where：どこを拠点にしてきたのか、⑥How：どのような活動を展開しているのかといった観点になる。

　特に、①から⑤の観点は、全国放課後連という団体の特徴を指し示すことで、放課後保障が果たした役割を多面的に理解することにつながる。他方で、⑥の観点は、

表5-1 全国放課後連ニュースの概要（一覧）

No.	発行年月日	ニュースの内容
第1号	2004年10月 1日	全国放課後連ニュース創刊、全国放課後連の旗揚げ報告、厚労省「障害児タイムケア事業（仮称）」の概算要求情報、全国放課後連・全国調査プロジェクトチーム第1回会議開催報告
第2号	2005年 6月 1日	障害児タイムケア事業スタート情報、障害児タイムケア事業Q&A、資料1「障害児タイムケア事業実施要項、資料2「障害児タイムケア事業（在宅心身障害児（者）福祉対策費補助金）」に係る国庫補助協議について
第3号	2005年10月20日	調査・研究プロジェクト事業2次発表、第2回総会報告
第4号	2006年 4月30日	調査・研究プロジェクト事業3次発表、児童デイサービスの「見直し」情報
第5号	2006年 7月29日	児童デイサービスの「見直し」緊急要望書・緊急学習会、厚労省懇談（7月3日）報告
第6号	2006年10月15日	児童デイサービスの「見直し」緊急全国調査予定、厚労省主管課長会議（8月24日開催）報告、第3回総会報告
第7号	2007年 1月15日	学齢児中心の児童デイサービス　緊急全国調査報告集会報告
第8号	2007年 4月25日	第1回放課後保障講座報告、厚労省懇談（3月12日）報告
第9号	2007年 9月15日	第4回総会報告
第10号	2008年 2月15日	国会議員との懇談（2007年11月～2008年1月）報告、厚労省懇談（1月28日）報告
第11号	2008年 4月30日	第2回放課後保障講座報告、「障害児支援の見直しに関する検討会」情報
第12号	2008年 9月 5日	地方ネットワーク活性化事業・第1回研修会in鹿児島報告、「障害児支援の見直しに関する検討会報告書」情報、国会請願提出についての報告、第5回総会報告
第13号	2009年 1月 8日	国会請願　衆議院・参議院両院採択、国会要請行動（11月11日）に70名参加、第2回研修会in岡山
第14号	2009年 5月10日	障害者自立支援法、児童副法改正案国会上程情報、第3回研修会in仙台報告、厚労省懇談（3月16日開催）報告
第15号	2009年 9月30日	第4回研修会inつくば報告、第6回総会報告
第16号	2010年 4月30日	第5回研修会in東京報告、厚労省障害児支援係懇談報告
第17号	2010年 5月 1日	第6回研修会in京都報告、第8障がい者制度改革推進会議（4月19日団体ヒアリング）報告
第18号	2010年 7月15日	第7回研修会in東京報告、放課後活動の制度化に向けての第1次要望書報告
第19号	2010年10月10日	第8回研修会in京都報告、第7回総会報告、厚労省障害児支援係との懇談（9月13日）報告
第20号	2010年12月28日	障害者自立支援法改正「放課後等デイサービス」の児童福祉法で法定化、放課後活動の制度化を求め各政党と懇談
第21号	2011年 4月30日	第9回研修会in愛知報告、厚労省障害児支援係との懇談報告、東日本大震災「震災アンケート」「被災者支援募金」のご協力のお願い
第22号	2011年 8月25日	第9回総会報告、「私の願い」厚労省提出報告、「放課後等デイサービスイメージ（案）」情報、厚労省に対する意見提出報告
第23号	2012年 1月25日	第10回研修会in東京、第11回研修会in広島報告、厚労省懇談（2011年11月21日）報告、各政党との懇談（2011年11月21日）報告
第24号	2012年 3月31日	第12回研修会in仙台報告、放課後等デイサービス報酬単価案情報、「ハンドブック出版記念の集い」開催（2012年3月20日）報告
第25号	2012年 8月31日	第13回研修会in浜松報告、放課後デイサービスについての厚労省からの回答報告、第9回総会報告
第26号	2013年 8月31日	第14回研修会in横浜報告、放課後等デイサービス立ち上げライブ
第27号	2013年11月17日	第10回総会報告、新事務局体制発足のお知らせ、第16回研修会in埼玉
第28号	2014年 3月 2日	厚労省懇談（2014年1月開催）報告、「障害児支援の在り方に関する検討会」情報
第29号	2015年 2月22日	厚労省懇談（2014年11月10日開催）報告、平成27年度報酬改定案情報
第30号	2015年 4月 2日	第25回研修会in東京報告
第31号	2015年10月19日	2015年度総会報告、中村尚志先生講演内容、厚労省懇談内容
第32号	2016年 1月 8日	京都研修、愛知研修、都道府県連絡会議報告、厚労省懇談、名簿整理のお願い
第33号	2016年 5月 8日	熊本研修、東京研修、厚労省主管課長会議（2016年3月8日）情報
第34号	2018年 7月16日	第15回総会、6月12日国会緊急集会、国会議員の方々からのメッセージ
第35号	2019年 2月10日	2018年度第2回厚労省懇談・厚労省との共同学習会、第39回研修会in東京
第36号	2019年10月29日	第16回総会、2019年度第1回厚労省懇談、指標判定・報酬区分に対する要請署名活動
第37号	2020年 1月10日	指標判定・報酬区分に対する署名厚労省提出、2019年度第2回厚労省懇談、厚労記者クラブでの会見
第38号	2022年 1月 9日	2021年度厚労省懇談、今後の予定
第39号	2022年 4月 5日	第48回研修会の様子、今後の予定
第40号	2022年 8月29日	第19回総会の様子、6月23日厚労省懇談、情勢情報、今後の予定など
第41号	2023年 3月19日	10月6日厚労省との合同学習会、障害児通所支援に関する検討会、障害者総合支援法改正、児童福祉法改正、こども家庭庁、今後の予定
第42号	2023年12月24日	一般社団法人全国放課後連第1回総会、2023年度前期こども家庭庁懇談、2023年3月1日全国放課後連国会内集会、第52回研修会in熊本（10月22日）、こども家庭庁・こども家庭審議会、2024年度報酬改定の方向性
第43号	2024年 6月24日	2023年度第2回こども家庭庁懇談、第54回研修会in東京（3月17日）、参議院内閣委員会質疑（3月22日）、今後の予定

出所：全国放課後連HP（http://www.houkagoren.sakura.ne.jp/news.html）およびニュース第1号～第43号を参照して、筆者作成

全国放課後連の活動内容（署名および要望書に関わる活動、関係省庁および各政党との懇談）を具体的に明らかにすることで、放課後保障という社会運動の一端を垣間見ることになる。以下では、①から⑤の観点を第2節に、⑥の観点を第3節において展開する。

なお、本章が素材にするニュースは、全国放課後連から快く資料を提供していただいた。

2節　全国放課後連の結成と放課後保障の根幹にある考え方

2-1　全国放課後連が結成された背景（Why, When）

　本節では、全国放課後連という団体の特徴について検討していきたい。まずは、全国放課後連が結成された背景からみていく。

　全国放課後連は、2004年に結成された。全国障害者問題研究会（全障研）全国大会の2日目にあたる8月7日の夜に、「障害のある子どもの放課後保障全国連絡会（略称：全国放課後連）」の結成総会が長野県勤労者福祉センターにおいて開かれた。100名ほどが出席したことが報告されている（ニュース第1号）。

　なお、団体の名称を補足しておくと、2004年の結成以来「障害のある子どもの放課後保障全国連絡会（全国放課後連）」という名称を使用してきた。他方で、2022年に一般社団法人格を取得して、社名を全国放課後連とした。法人格を取得することは、長年の懸案事項であったという。全国放課後連では、組織のあり方について「諮問委員会」を設置し、2018年5月には、諮問委員会から「障害のある子どもの放課後保障全国連絡会の組織のあり方について　最終提言」が提出された。その提言の中では、「今後は法人取得に向けて具体的なスケジュール・外部委託先などを各会員が段階的にわかるように明確に打ち出していくべき」という提言が明記された。2022年6月の総会において法人格取得に向けた具体的な動きをとり、2022年11月7日に法人登記を完了した。そして、「一般社団法人　全国放課後連」となった（ニュース第41号）。

　本章では、結成当初から長らく呼称され、かつ現行の社名である、全国放課後連と表記している。なお、放課後保障がうねりを上げた背景については、第4章にすでに明示しているが、ここでは全国放課後連の結成に関わる背景をみておきたい。

　全国放課後連結成の背景には、障害児の放課後や学校休業日の過ごし方の問題とし

て、特に学校週5日制の実施をきっかけに関係者のあいだで関心が急速に高まったとある。そして、全障研の関係者を中心にして「障害のある子どもを対象にした放課後活動の情報を交換したり、こうした活動の制度・施策化を国に求めていったりするための全国連絡会をつくったらどうか」という声が高まっていった。こうした社会問題に対して、2003年8月に開催された全障研全国大会（滋賀）の機会に、埼玉県学童保育連絡協議会障害児学童保育ブロック、千葉県障害児の放課後休日活動を保障する連絡協議会（千葉放課後連）、障害児放課後グループ連絡会・東京（放課後連・東京）の3つの連絡会の呼びかけで、関係者の話し合いが行われたという（80名が出席）。ここで、準備事務局を発足させて全国連絡会の結成を目指すことが確認された（ニュース第1号）。

2-2 全国放課後連の対象（What）

（1）全国放課後連の指針と要求の主眼

本項では、全国放課後連の社会運動は何を対象として、その活動を展開させてきたのかをみていきたい。

ニュースの第1号には、「障害のある子どもの放課後保障全国連絡会 当面の活動方針」が8項目によって明記されている。その項目は、①私たちを取り巻く情勢、②障害のある子どもの放課後生活と家族の状況、③私たちの願い、④国に対する要求、⑤関係団体との協力・共同、⑥情報の発信・交換、⑦調査・研究、⑧相談活動・講師紹介、である。これは、全国放課後連が展開する社会運動の起点になるものと考えられるため、以下にくわしくみておく。

まず、①私たちを取り巻く情勢についてである。社会福祉基礎構造改革の一環として2003年度より支援費制度が開始されたこと、2005年には介護保険制度の見直しが予定されていること、その一方で、国連においては障害者権利条約をつくる動きが進んでおり、国際的には障害者の人権を保障するうねりがいっそう確かなものになろうとしている情勢が明記されている。その上で、「障害のある子どもの放課後活動（障害のある小学生から中高生までを対象にして学校の放課後や休業日などに何らかの形態で行なわれる活動）を発展させるために、さらに福祉の本来のあり方を追求するために、私たちも関係団体・関係者と協力・共同して運動を進めていきましょう」という方向性・指針が打ち出されている。

次に、②障害のある子どもの放課後生活と家族の状況についてである。学童保育

における障害児の受け入れが過去5年で2倍に増加し、障害児の受け入れが進む傾向を肯定的に捉えている。その一方で、「障害のある子どもの放課後問題は、親の就労の実現を基本的な目的とする学童保育の範疇では解決されない多面性をもっています」として、障害児の放課後生活の貧困さ、その家族や親が抱える心身の健康問題を指摘している。特に、障害児の多くが放課後は家の中で母親を中心とした家族と一緒に特に何もすることもなく過ごしていることがある。また、こうした傾向が子どもの障害が重くなるほど、また年齢があがるほど高まっていることがあるとする。さらに、家族の中でも特に母親の心身への負担が著しいことを強調して明記している。

こうした固有の問題に対して、障害児の放課後活動が全国に広がっていることが、次のように紹介されている。それは、約350か所に4000人が参加していると推定されること、そうした活動に何らかの補助を行う自治体が把握できるだけでも県レベルで19都府県あること、市町村レベルの補助は多数の自治体が独自施策をもつと指摘されている。その上で、「障害のある子どもの放課後活動に関しても国は何らかの制度・施策をつくるべきだと私たちは考えます」と団体の意見が表明されている。

そして、「こうした問題を国に訴える場合には、学童保育の問題と混同されることを避けるために『障害児（のための）学童保育』ではなく『障害のある子どもの放課後活動』または『放課後保障』などという表現を私たちはとりあえず採用することにします」と言及している。

この指摘は、放課後保障という社会運動を示す重要点になると思われる。放課後保障という用語は、障害児とその保護者・家族が抱える切実な生活問題やニーズに応答するために用いられた言葉であることがわかる。さらに、障害児の放課後・休日問題は、学童保育の範疇では解決されない多面性をもつことから、混同を避けつつ、その独自性を示すために、放課後保障という言葉が使用されてきた背景が確認される。

（2）全国放課後連がもつ願い

こうした運動を立ち上げる背景は、③私たちの願いで明記されている。障害児は、放課後の時間に友だちと一緒に遊びたい、楽しく過ごしたいという願いをもっていることが明記されている。また、その保護者や家族については、子どもに生き生きと活動させたい、豊かに発達してほしいという願いをもつと同時に、みずからの心身のリフレッシュや仕事などのための時間が確保されることを希望していると言及

されている。その上で、「日本のどこに住んでいても実現できるようにしたいものです」と記されている。

しかし、こうした願いを実現し放課後保障の活動を十分に展開するためには、「行政からの補助金など公的な援助がどうしても必要です」とある。放課後保障の活動を支える国の施策・制度がないため自治体の対応には非常に大きな格差があること、放課後保障の活動を行うグループの多くは親や関係者の必死の努力によってかろうじて運営されていることが現実であると指摘している。そして、「こうした願いを共有する全国の仲間たちとともに放課後保障の運動を進める全国組織を私たちは結成します」と表明している。

また当面の社会運動の内容は、④国に対する要求として明記している。大別すれば、3つの方向性が確認される。

1つ目は、放課後保障の活動を行うグループに対する施策・制度をつくることである。端的には、通所事業の性格をもつ施策・制度をつくることである。そこには、放課後保障の活動を行う事業体が毎日開所（週5日以上開所）していても、すべての在籍児が毎日通所しているとは限らない実情があった。こうした溝を埋め、放課後保障の事業の性格に合った制度・政策を創設することが求められていた。

2つ目は、国による制度・政策を創設させる上でも、独自施策をもつ自治体をいっそう広げることである。先述のように、自治体が把握できるだけでも県レベルで19都府県、市町村レベルでも多数の自治体が独自施策をもつと指摘されている。それぞれの地域に独自の施策を創設していくことで、短期的には放課後保障の実質的な条件を整備していくことを指摘している。また、その活動を通じて、中長期的には国レベルでの制度・政策の創出に貢献することを活動の指針にしている。

なお、こうした国と自治体の二方向に働きかけを行う方針をとったのは、全国放課後連がもつ組織の特徴にも由来する。全国放課後連は、各地域の連絡会を統括する中核組織として位置づいている。すなわち、全国連絡会と地域連絡会という二段階の構造になっている。地域連絡会は、各地域に活動の根を下ろして、それぞれの地域社会の問題を反映させ、実生活に基づく要求を各自治体に訴える基盤になったものと推察される。全国連絡会は国レベル、地域連絡会は都道府県・市区町村レベルというように、訴えかける主体を見分けた社会運動の展開を可能にしていたと考えられる。なお、地域連絡会の数と広がりは、項を改めて示している。

3つ目は、児童デイサービスが学齢障害児の放課後・休日対策を利用しやすくな

るようにその改善を求めることである。その背景には、障害児の放課後・休日対策として、支援費制度の児童デイサービスを活用している事業体も全国にすでに多数存在していたが、当時の児童デイサービスでは、中高生が対象となっていなかったことがある。そのため、さしあたっての課題として、これを対象者として認めるように要望を展開していくことが記されている。

他方で、⑤関係団体との協力・共同、⑥情報の発信・交換、⑦調査・研究、⑧相談活動・講師紹介、は今後より深めていくことが記されている。これらの展開については、後段の全国放課後連の活動内容からうかがい知ることができる論点である。

以上のように本項では、全国放課後連の発足と活動の方向性をみてきた。この全国放課後連の動態は、第３章に先述した真田（2012:223-243）の「社会福祉運動とはなにか」で指摘される、社会福祉運動の特徴を示していると考えられる。もう一度その論点を振り返ると、真田（2012:223-242）は、社会福祉運動の特徴として、公的責任を追及する社会福祉運動の登場は、自己充足の範囲に留まらず、公的機関という社会に及ぼす影響力や社会を規定する力量を備えたものに対して、生活問題の対策を求めることを指摘していた。すなわち、社会福祉運動の成果があがれば、自助・互助型の効果をはるかに超え、まだ公的責任について認識していない人々にもその成果を及ぼすことが可能となる、と言及している。

この指摘を踏まえて、上記した全国放課後連の特徴をみていきたい。全国放課後連を結成する背景を改めて示せば、「こうした願いを共有する全国の仲間たちとともに放課後保障の運動を進める全国組織を私たちは結成します」というように、自己充足の範囲に留まらず公的機関に対して生活問題の対策を求める姿勢を垣間見ることができる。言うまでもないが、全国放課後連が公的機関に対して求めた生活問題の対策は、障害児の放課後・休日問題である。

あるいは、ニュースでは放課後保障の活動を行うグループの多くは親や関係者の必死の努力によってかろうじて運営されていることが現実であると語られるように、目下の切実な課題に注力し、自己充足の範囲を拡大することに収斂することも可能であったと推察される。しかし、全国放課後連は、「日本のどこに住んでいても実現できるようにしたいものです」と言及するように、公的保障を求める姿勢を堅持し、社会福祉運動の成果を上げることで公的責任を認識していない人々にもその成果を及ぼす可能性を包含する運動を展開したものと考えられる。

さらに、学童保育の問題と混同されることを避けるために「障害児（のための）学

童保育」ではなく、「障害のある子どもの放課後活動」「放課後保障」などという表現を採用する方針が表明されている。これは、公的機関を動かす影響力を作り出す必要性、運動を大きくすることで社会全体への多面的な影響力を拡大する必要性を認識した上で、当団体が取る方針を明示したものと推察される。

このように、生活問題の解決を自己充足あるいは自助・互助型に留まることなく、公的責任を追及した点において、全国放課後連の動態は社会福祉運動の一面を有していたと捉えることができる。

2-3 全国放課後連の団体としての特徴（Who, Where）

(1) 全国放課後連の中核を担う主体

上述では、全国放課後連の発足などをみることを通じて、当団体が社会福祉運動の特徴を有することを明示した。本項では、別の角度から全国放課後連が有する社会福祉運動の特徴を考察していきたい。特に、全国放課後連の中核となる主体についてみていく。

第4章でも確認したように、放課後保障の特徴は、障害児の保護者、実践者・事業者、研究者など多様な属性をもつ関係者の協働により、社会運動が展開したことにあった。全国放課後連の役員や事務局の運営は、次にみるように実践者と研究者が中心となってきた。

たとえば、全国放課後連が発足した2004年の役員をみれば、会長1名、副会長若干名、事務局長1名、事務局次長1名、事務局員若干名、会計1名、監査2名としている。そのうち、会長と副会長の役職を研究者が担った。それ以外の副会長、事務局長、事務局次長、事務局員、会計、監査は、実践者が担っていたことが確認される。役員の構成は、実践者が9人、研究者が2名であった（ニュース第1号）。

また、放デイ創設の前夜にあたる2011年の役員をみれば、会長1名、副会長3名、事務局長1名、事務局次長2名、事務局員6名、会計1名、監査2名となっている。そのうち、13名が実践者、3名が研究者という構成になっている。副会長の役職を研究者3名が担った。会長職およびその他の職を実践者が担った（ニュース第22号）。

さらに、2023年以降の最新の役員構成を補足しておくと、代表理事1名、理事10名、監事1名となっている。そのうち、10名が実践者、2名が研究者という構

成になっている（全国放課後連HP）。

　このように、全国放課後連の役員体制は、実践者と研究者を軸に同程度の構成比で運営がされてきた。基本的に同じ枠組みを保持して活動を展開してきたことがうかがえる。なお、運動主体からみた社会福祉運動の特徴においても、全国放課後連はその特徴を有することが考えられる。

　第3章で検討したように、真田（2012:223-243）の「社会福祉運動とはなにか」によれば、社会福祉運動は、比較的長期にわたる前期（初期）、客観的に事態が把握され1つの領域として定着する後期、に区分される。社会福祉運動のスタートは社会運動というより、社会活動・市民活動の側面から出立する。つまり、社会問題の受難者が社会運動を起こすというより、社会問題の受難者を助けるための活動が先行する。初期の社会福祉運動は、運動主体が社会問題の受難者ではないという特徴がある、と指摘されている。

　この真田（2012:223-243）の指摘を踏まえ、本章が着眼している放課後保障の文脈を捉えれば、次のような特徴と論点をあげることができる。

　第一に、全国放課後連の中核となる主体についてである。全国放課後連の役員体制をみれば、当団体の発足から実践者と研究者によって構成され、約20年にわたって基本的に同じ枠組みを保持して活動を展開してきている。この意味において真田（2012:223-243）が指摘する、社会活動・市民活動の側面から出立し、社会問題の受難者ではない市民活動・社会活動を展開する主体がその活動を担うという特徴を有すると考えられる。

　第二に、実践と運動の関係についてである。社会福祉運動の場合には、社会運動が単独で発展するのではなく、生活問題に応答するための実践が並行して展開する。つまり、運動主体の要求内容は実践を伴い具体化されること、当事者の声は運動主体の活動に用いられることにも目を向けておく必要があるだろう。

　第4章で検討したように、放課後保障の実践は、「障害児学童保育」「サマースクール」「日曜学級」「おもちゃライブラリー」などさまざまな名称と形態により各地で進められた。その実施形態は、開所日数が週1〜2回、土曜日のみ、夏休みの1週間程度のものなどがあり、実施場所は専用施設をもたず公共施設等を拠点に活動場所を変えながら実施しているものなどさまざまであった。実施主体は、圧倒的に当事者父母という特徴があった（森川2002:74-79）。

　このように、放課後保障の場合には、社会福祉運動の初期（前期）に相当する時

期から実践と運動が不可分なものであった。また、実践の実施主体は、当事者父母であったという特徴は、改めておさえておきたい点である。

第三に、社会福祉運動の時期区分についてである。社会福祉運動の後期に突入するのは、対象にする生活問題が相対的に独自のものとなり、客観的に事態が把握されることに由来するという。

とりわけ、この前期・後期の区分は、明確に切り分けられるものではないと思われる。運動によって生活問題が徐々にクローズアップされることによって、政策主体が制度を構築する必要を認識し、生活問題を改善する責任主体がより鮮明になる。

全国放課後連では、全国連絡会が国レベルに、地域連絡会が自治体レベルに働きかけたように、追求する主体を見分けながら、放課後保障という社会運動が展開された。また、要求内容として3つの方向性を先述したように、公的責任を具体化する方法にもバリエーションがあった。さらに、運動の規模も、以下でみるように拡大していったことが確認される。

（2）全国放課後連のネットワークの特徴

上述したように、全国放課後連が国と自治体の二方向に対して要求を行ったのは、当団体が有する組織体制に由来する。ここでは、そうした運動を可能にした全国放課後連のネットワークについてみていく。あわせて、社会運動を展開する拠点についてもみていきたい。

全国放課後連が発足してから1年後の2005年には、「2004年・2005年を『放課後元年』にしよう！」という指針が打ち出され、2005年度の活動方針が示されている。そこでは、「運動の普及」として、3つのポイントを明記している（ニュース第3号）。

1つ目は、障害児の放課後保障の運動をいっそう広げていくために、全国の関係者を対象にした学習や交流・情報交換をいっそう重視し、そのための方法を検討することである。さまざまな会議においても、学習や交流・情報交換の機会とセットになるよう開催方法を工夫することが明記されている。なお表5-2からも確認されるように、この活動方針が現在も継続している。

2つ目は、会員（個人・事業体・県連絡会）と賛助会員を増やすことがあげられている。注目すべきは、会員の種別を個人と事業体に区分している点である。このことは、全国放課後連が事業者の連絡会という側面をもつと同時に、障害児の保護者や

表5-2 全国放課後連の総会および研修会の概要（一覧）

掲載号	実施日	内容	開催場所
第1号	2004年 8月 7日	障害のある子どもの放課後保障全国連絡会の結成総会	長野県勤労者福祉センター
第3号	2005年 9月25日	調査・研究プロジェクト事業 2次発表および2005年度総会	東京都・文京シビックセンター
第4号	2006年 2月19日	シンポジウム「障害児の放課後保障とネットワーク」	立命館大学（京都）
第5号	2006年 6月 4日	緊急学習会①	東淀川勤労者センター（大阪）
第5号	2006年 6月11日	緊急学習会②	北区赤羽会館（東京）
第6号	2006年 7月29日	2006年度総会および記念講演	奈良教育大学
第7号	2006年12月10日	緊急全国調査報告集会	江東区文化センター
第8号	2007年 2月25日	第1回放課後保障講座	立命館大学（京都）
第9号	2007年 8月 4日	2007年度総会	埼玉県障害者交流センター
第11号	2008年 3月 2日	第2回放課後保障講座	立命館大学（京都）
第12号	2008年 7月 6日	第1回研修会 in 鹿児島	かごしま県民交流センター
第12号	2008年 8月 9日	2008年度総会	和歌山市民会館
第13号	2008年11月16日	第2回研修会 in 岡山	岡山市立京山公民館
第14号	2009年 2月 7日	第3回研修会 in 仙台	仙台市福祉プラザ
第15号	2009年 6月28日	第4回研修会 in つくば	イーアスつくば
第15号	2009年 8月 2日	2009年度総会	筑波大学
第16号	2009年11月23日	第5回研修会 in 東京	北区赤羽会館
第17号	2010年 2月21日	第6回研修会 in 京都	立命館大学（京都）
第18号	2010年 5月23日	第7回研修会 in 東京	北区赤羽会館
第19号	2010年 9月23日	第8回研修会 in 京都および2010年度総会	キャンパスプラザ京都
第21号	2011年 2月13日	第9回研修会 in 愛知	名古屋市総合社会福祉会館
第22号	2011年 7月30日	2011年度総会	エル・おおさか
第23号	2011年10月30日	第10回研修会 in 東京	北区赤羽文化センター
第23号	2011年12月 4日	第11回研修会 in 広島	西区民文化センター
第24号	2012年 2月19日	第12回研修会 in 仙台	仙台市戦災復興記念館
第25号	2012年 7月 1日	第13回研修会 in 浜松	浜松市福祉交流センター
第25号	2012年 8月11日	2012年度総会	アステールプラザ（広島市）
第26号	2012年11月18日	第14回研修会 in 横浜	横浜市従会館
第27号	2013年 8月10日	2013年度総会	青森県弘前市武道館
第27号	2013年 2月15日	第15回研修会 in 大阪	詳細不明
第27号	2013年 6月23日	第16回研修会 in 埼玉	さいたま市教育会館
第27号	2013年11月17日	第17回研修会 in 千葉	障害福祉サービス事業所でい・さくさべ内体育館
第27号	2013年11月17日	第18回研修会 in 大阪	市民交流センターひがしよどがわ
第27号	2014年 1月26日	第19回研修会 in 大阪	市民交流センターひがしよどがわ
第27号	2014年 3月 2日	第20回研修会 in 東京	貸し会場室 内海（東京）
第30号	不明	第25回研修会 in 東京	詳細不明
第31号	2015年 6月 7日	2015年度総会および基調講演	東京都江東区文化センター
第32号	2015年10月11日	第27回研修会 in 京都	詳細不明
第32号	2015年11月15日	第28回研修会 in 愛知	詳細不明
第33号	2016年 1月31日	第29回研修会 in 熊本	詳細不明
第33号	2016年 2月28日	第30回研修会 in 東京	詳細不明
第34号	2018年 6月 3日	2018年度総会および基調講演	東京都障害者福祉会館
第35号	2018年11月26日	厚生労働省懇談・共同学習会	中央合同庁舎4号館会議室（霞が関）
第36号	2019年 6月 2日	2019年度総会および基調講演	ワイム貸会議室四谷三丁目
第39号	2022年 3月13日	第48回研修会	オンライン開催
第40号	2022年 6月 5日	2022年度総会および研修会	ハイブリッド開催
第41号	2022年10月 6日	厚生労働省との合同学習会	ハイブリッド開催
第41号	2022年11月20日	法人格取得 記念式	ハイブリッド開催
第42号	2023年 6月 4日	第1回 社員総会	ハイブリッド開催
第42号	2023年10月22日	第52回研修会 in 熊本	くまもと県民交流館パレア
第43号	2024年 3月17日	第54回研修会 in 東京	ハイブリッド開催

出所：全国放課後連HP（http://www.houkagoren.sakura.ne.jp/news.html）を参照して、筆者作成

家族、あるいは実践者個人が全国放課後連の活動に賛同して会員になる側面を持つことが推察される。すなわち、個人あるいは事業者のどちらか一方が参集してできた連絡会ではない（その両方が対象）、という点に団体発足当初からの特徴が垣間見られる。

3つ目は、新しい県連絡会の結成をさらに応援していくことをあげている。上述しているように、連絡会の構造は全国連絡会と地域連絡会という二段階になっている。

なお、全国放課後連の発足は、「埼玉県学童保育連絡協議会障害児学童保育ブロック」「千葉県障害児の放課後休日活動を保障する連絡協議会（千葉放課後連）」「障害児放課後グループ連絡会・東京（放課後連・東京）」の3つの連絡会の呼びかけで取り行われた（ニュース第1号）。

その後約20年の時を経て地域連絡会は、「放課後ケアネットワーク仙台」「群馬障害児放課後対策連絡会」「千葉県障害児の放課後・休日活動を保障する連絡協議会（千葉放課後連）」「埼玉県放課後等デイサービス連絡会（埼玉放課後連）」「埼玉県学童保育連絡協議会障害児学童保育ブロック」「障害児放課後グループ連絡会・東京（放課後連・東京）」「障害児の放課後と豊かな地域生活を保障する神奈川県連絡会（放課後ネットかながわ）」「愛知県障害児の地域生活を保障する連絡会（よかネットあいち）」「大阪障害児放課後ネットワーク」「兵庫障害児放課後ネットワーク」「鹿児島県障害のある子どもの放課後保障連絡会（鹿児島放課後連）」「障がいのある子どもの放課後保障連絡会沖縄（沖縄放課後連）」の12か所に広がっている（全国放課後連HP）。

さらに、全国放課後連の拠点をみておきたい。2004年の発足当時は、東京都小平市にある「ゆうやけ子どもクラブ」に事務局が置かれていた（ニュース第1号）。2013年からは、事務局長の交代に伴い、事務局所在地を大阪府大阪市にある「障がい児余暇生活支援センターじらふ」に変更した（ニュース第27号）。2018年から現在に至っては、東京都江東区にある「まつぼっくり子ども教室」に事務局が置かれている（ニュース第34号）。

社会運動を展開する組織は、その拠点を置く場所も1つの課題となることが、次の記述から読み取ることができる。それは、「事務局の場所について、全国放課後連は厚労省の窓口になっています」「事務局が大阪になったので、それをどのようにバックアップできるかを話し合いたいです」というような記述である（ニュース第27号）。

その拠点を大阪に移した際に、事務局員の多くが関東にいること、厚労省と懇談

を継続していくこと、団体運営の助成を受けているキリン福祉財団との関係などの観点から、全国放課後連の運営を滞りなく行うために事務局の場所は重要な検討項目になっていたことが確認される。

なお、表5-2のように、全国放課後連では毎年のように継続して研修会を開催している。この研修会は、2008年にキリン福祉財団の助成を受けて「地方ネットワーク活性化事業」の一環として実施しているものである（ニュース第12号）。

また、研修会が全国各地で精力的に開催されてきた様相を概観することができるが、これは全国連絡会と地域連絡会をもつ全国放課後連の特徴を反映した結果であると推察される。

そして前項までに、ニュース第1号の「障害のある子どもの放課後保障全国連絡会 当面の活動方針」における8項目を明記したが、表5-2を通じて、そのうちの⑤関係団体との協力・共同、⑥情報の発信・交換、⑦調査・研究、⑧相談活動・講師紹介の一端をうかがい知ることができる。

3節 全国放課後連の活動内容（How）

3-1 署名および要望書に関わる活動

本節では、全国放課後連の活動内容について考察していきたい。特にここでは、全国放課後連が展開してきた署名および要望書に関わる活動をみていく。ニュースに掲載されている全国放課後連の署名および要望書に関する概要は、表5-3の通りである。

放デイが創設される以前の要望では、①既存のサービスが学齢障害児に利用しやすくなるよう改善を求める運動、②障害児の放課後活動の制度化を求める運動、の2つが展開されたことが確認される。また、制度化されて以降の要望では、③3年ごとに見直される「障害福祉サービス等報酬」の改定に関する要望書が確認される。上記の①は前節までの内容と重複するため、以下の（1）（2）では、残りの2点についてくわしくみていくことにする。

(1) 障害のある子どもの放課後活動の制度化を求める運動

　障害児の放課後活動の制度化を求める運動からみていく。まず、全国放課後連が障害児の放課後活動の制度化を求める上で起点となる要望書をみておきたい。それは、2008年1月28日に「障害学齢児の放課後活動に関する要望書」として厚労省に提出されている（ニュース第10号）。

　この要望書を提出した背景として、①障害者自立支援法が完全実施に移された2006年10月からは、学齢児を中心とした児童デイサービス（児童デイサービスⅡ）の報酬単価が大幅に引き下げられたことが記されている（旧基準の7～8割。新基準「児童デイサービスⅠ」の5～6割）。さらに、この児童デイサービスⅡは、2009年度に予定される障害児施設再編までの「経過措置」とされ、その存続が危ぶまれることが指摘された。②児童デイサービスⅡの移行先として、地域生活支援事業の日中一時支援事業が推奨されたが、日中一時支援事業は「日中ショート」が横滑りしてできた「預かりサービス」が主目的となっていること、事業内容・水準が市町村の財政事情に大きく左右されることが指摘された。したがって、上記の①②を考慮すれば、この公費水準では、児童デイサービスが掲げている発達支援という事業目的が必ずしも達成しないこと、日中一時支援事業では障害児の放課後活動を必ずしも包含しないことが指摘されている。

　その上で、「学齢児の放課後活動は単なる『預かりサービス』では決してありま

表5-3　全国放課後連の署名・要望書に関する概要（一覧）

掲載号	年月日	概要
第4号	2006年 3月20日	障害児タイムケア事業と児童デイサービスの問題に関する要望書の提出
第5号	2006年 5月 1日	児童デイサービスの「見直し」について
第10号	2008年 1月28日	障害学齢児の放課後活動に関する要望書
第13号	2008年12月24日	障害のある子どもの放課後活動の制度化を求める国会請願
第18号	2010年 5月23日	放課後活動の制度化に向けて―第1次要望書
第20号	2010年12月13日	障害者福祉に関する独自の補助金制度の継続
第20号	2010年11月15日	放課後活動制度化を求めた各政党との懇談
第22号	2011年 6月13日	「私の願い―『放課後等デイサービス』をこんな制度に」として316通を厚労省に提出
第23号	2011年11月21日	「放課後等デイサービス」の指定基準・報酬などに関する要望
第24号	2012年 2月28日	平成24年度障害福祉サービス等報酬改定に伴う関係告示の一部改正等について
第37号	2019年12月10日	「放課後等デイサービスの指標判定と報酬区分廃止を求める要請署名」の提出

出所：全国放課後連ニュース第1号～第43号を参考にして筆者作成

せん。『子どもは夕方育つ』とも言われるように、学校教育とは質の異なった、<u>主体的に参加する活動や集団の中で、自分自身をコントロールする力や相手との関係を調整する力</u>などを豊かに身につけていきます。そのことは、学校卒業後に生きて働く力の土台を形成するものです。子どもが困難に直面しがちな『思春期』という時期を経過する学齢期だからこそ、その重要性がいっそう勘案されるべきです」（下線筆者加筆）と強調し、障害児の放課後活動に関する要望を出している。

このように要望書を提出した背景として、放課後活動の独自性を訴える内容が盛り込まれている。さらに以下のように、障害児の放課後・休日対策の創設に向けた骨格を提言している。

「障害児施設再編に向けて、障害のある子どもの放課後活動に対応する制度を確立してください」として、次のように示している。【目的：①障害のある学齢児の発達支援、②保護者の就労支援、③家族のレスパイト（心身の休息）】【対象：①障害のある学齢児（小学生から高校生まで）で、特別支援学校のみならず通常学校の子どもも対象にする。②保護者が就労しているかどうかを問わない。】【事業イメージ：①毎日通うことができる。②放課後活動にふさわしい施設・設備がある。③専門的な力量を持った常勤職員が配置されている。④放課後活動にふさわしい実践のプログラムがあり、仲間関係をつくることができる安定的な集団がある。⑤学校への迎えなどの体制がある。】

第1章では放デイのガイドラインを踏まえて制度概要を明記しているが、その放デイの骨格と、上記の2008年時点での提言が重なり合うことが確認されるだろう。

以上のような障害児の放課後活動の制度化を求める全国放課後連の姿勢は、上記の文書以外でも一貫している。以下では制度化を求める運動をより深く理解していくために、2つに細分化して整理している。それは、①国会請願、②放デイの制度設計に関する要求、である。以下では、この2つの内容に沿って、ニュースを検討していく。

1）制度化を求める国会請願

2008年12月24日に、全国放課後連は国会に対して「障害のある子どもの放課後活動の制度化を求める請願」を行ったことが確認される。この請願は、衆議院・参議院と厚生労働委員会に付託され、2008年12月24日の臨時国会において両院ともに本会議において採択された。これは、同年6月から取り組んできた、全国の関係

者によるさまざまな行動―具体的には、署名集め（最終的におよそ11万8,000筆）、紹介議員の取り付け（最終的に36人）、国会議員や厚労省への働きかけなど―がもたらした大きな成果であったという（ニュース第13号）。

　障害児の放課後・休日対策を創設するために、全国放課後連が担った役割は大きいことがうかがえる。以下では、2008年12月24日の国会請願に至るまでの水面下の動きについて、みておきたい（ニュース第13号）。

　第一に、国への働きかけが「要望書」という形をとって行われた。その動態は、表5-3からも垣間見られる。

　第二に、国会議員への働きかけについてである。2007年11月から2008年12月までの約1年間の動きを次のような内容から確認することができる。①自民党：2008年1月28日に木村義雄衆議院議員（自由民主党・障害者福祉委員長）秘書の原島潤氏と懇談。②民主党：2007年12月13日には、民主党「障がい者政策推進議員連盟」による「障害のある子どもの学童保育」のヒアリングを全国放課後連に対して実施。③公明党：2007年11月21日に、公明党「障害者福祉委員会」による「障害児の放課後活動についてのヒアリング」に出席。④2008年1月28日に高木美智代衆議院議員（公明党「障害者福祉委員会」委員長）と懇談。⑤共産党：2008年1月28日に日本共産党国会議員団と懇談、2008年6月には小池晃参議院議員が政府に「質問主意書」の提出。なお、この他の国会議員への働きかけについては、表5-4を参照されたい。

　また、2008年11月11日には、国会請願を行うための国会要請行動が執り行われた。北は岩手から南は岡山まで全国から72人の関係者が参加したという。その参加者は8班に分かれ、47人の国会議員の事務所を訪問し、請願の紹介議員の要請をした。さらに、国会内で「障害のある子どもの放課後活動事業の制度化を求める国会緊急集会」を開き、松島みどり衆議院議員（自民党）、小川淳也衆議院議員（民主党）、金子恵美参議院議員（民主党）、小宮山泰子衆議院議員（民主党）、小池晃参議院議員（共産党）の5人の国会議員と、大河原まさこ参議院議員（民主党）と泉健太衆議院議員（民主党）の2人の国会議員秘書が出席した。

　また、その「国会緊急集会」に参加した議員の発言を議事録で確認すると、放課後・休日問題に対する直接言及がみられ、2007年11月から2008年12月までに各党に働きかけを行った成果がうかがえる。

　たとえば、小池晃参議院議員（共産党）は、「請願の実現に向けて頑張りたい。子

表5-4 関係省庁との懇談および緊急集会の概要(一覧)

掲載号	実施日	内容	備考
第5号	2006年7月3日	児童デイサービスの「見直し」問題などについて	【場所】厚生労働省共用第5会議室【対応者】厚生労働省社会・援護局障害保健福祉部障害福祉課障害児支援係長、企画課地域生活支援室地域生活支援事業係長【出席者】21人
第7号	2006年12月11日	国会議員の事務所(国会議員会館内)の訪問	「学齢児中心の児童デイサービス緊急全国調査報告集会」(2006年12月10日)の翌日の11日、全国放課後連の役員は、以下の国会議員の事務所(国会議員会館内)を訪れ、懇談をした。各党の障害者福祉担当国会議員に緊急全国調査の結果を手渡し、学齢児を中心とした児童デイサービスの問題を訴えるために行なったもの。【自民党】:木村義雄議員、公明党:高木美智代議員、民主党:谷博之議員、社民党:阿部知子議員、共産党:小池晃議員
第8号	2007年3月12日	学齢児を中心とした児童デイサービスの問題について	【場所】厚生労働省共用第4会議室【対応者】厚生労働省社会・援護局障害保健福祉部障害福祉課障害児支援係長【出席者】12人
第10号	2008年1月28日	「児童デイサービスⅡ」の報酬単価、障害児施設再編に向けて障害児の放課後活動に対応する制度を確立について	【場所】厚生労働省共用第4会議室【対応者】厚生労働省社会・援護局障害保健福祉部障害福祉課障害児支援係長、企画課地域生活支援事業係長【出席者】12人
第14号	2009年3月16日	「放課後型のデイサービス」、障害のある子どもの放課後活動の制度化に関する要望	【場所】厚生労働省・共用第2会議室【対応者】厚生労働省側社会・援護局障害保健福祉部障害福祉課障害児支援係長【出席者】12人
第16号	2009年12月10日	「全国アンケート調査」中間報告	【対応者】厚生労働省社会・援護局障害保健福祉部障害福祉課障害児支援係長【出席者】13人
第17号	2010年4月19日	第8回 障がい者制度改革推進会議(団体ヒアリング)「障害のある子どもの放課後活動の制度化について」	「第8回・障がい者制度改革推進会議」では、団体ヒアリングが行なわれた。ヒアリング対象は12団体で、1団体につき15分(10分の発言と5分の質疑応答)が割り当てらた。全国放課後連もヒアリング対象に選ばれたため、事務局長(村岡氏)が出席し、放課後活動とその制度化の必要性について訴えた。
第19号	2010年9月13日	懇談に至るまでの経過と「第1次要望書」についての報告・説明	【対応者】社会・援護局障害保健福祉部障害福祉課障害児支援係長【出席者】14人
第21号	2011年1月17日	「放課後等デイサービス」がよりよい制度として実現する厚生労働省に要望	【対応者】社会・援護局障害保健福祉部障害福祉課障害児支援係長【出席者】14人
第21号	2011年3月22日	「再度の要望書」の提出と懇談	【対応者】社会・援護局障害保健福祉部障害福祉課障害児支援係長【出席者】2人
第23号	2011年11月21日	「放課後等デイサービス」(2012年4月実施)に関する懇談	【対応者】社会・援護局障害保健福祉部障害福祉課障害児支援係長【出席者】16人
第23号	2011年11月21日	各政党との懇談	厚生労働省の担当者と懇談を行なった2011年11月21日の午後から、各政党との懇談も行なった。これは、厚生労働省に要望した内容を各政党にも伝え、政党からも厚生労働省に働きかけてほしいと要請するためのものであった。
第28号	2014年1月28日	利用者負担の撤廃、配置基準、送迎加算の地域性の考慮、児童発達管理責任者の仕事に関する要望	【対応者】社会・援護局障害保健福祉部障害福祉課障害児支援室長、係員【出席者】14人
第29号	2014年11月10日	「障害児通所支援に関するガイドライン策定会議」や「平成27年度障害福祉サービス等報酬改定」に向けて	【対応者】社会・援護局障害保健福祉部障害福祉課障害児支援室長【出席者】13人
第32号	2015年11月30日	「報酬単価減額」「利用者負担増額」「利用回数の制限」の内容についての議論全国放課後連の要望	【対応者】社会・援護局障害保健福祉部障害福祉課障害児支援室長【出席者】14人
第34号	2018年6月12日	2018年度報酬改定における緊急集会および要望書(緊急アンケートの集計結果と700を超える「私の声」)の手渡し	【場所】参議院会館【参加者】全国15都府県から事業者、保護者
第35号	2018年11月26日	2018 年度第2回 厚生労働省懇談・共同学習会	【対応者】社会・援護局障害保健福祉部障害福祉課障害児・発達障害者支援室長/地域生活支援推進室長、および室長補佐・専門官・係長・係員の合計5名【出席者】34人

掲載号	実施日	内容	備考
第36号	2019年6月11日	2019年度第1回 厚生労働省懇談	【対応者】社会・援護局障害保健福祉部障害福祉課障害児・発達障害者支援室長補佐ほか4名【出席者】詳細の人数不明（東京都、埼玉県、千葉県、神奈川県、群馬県から代表者）
第37号	2019年12月10日	2019年度第2回 厚生労働省懇談および「放課後等デイサービスの指標判定と報酬区分廃止を求める要請署名」の提出	【対応者】社会・援護局障害保健福祉部障害福祉課障害児・発達障害者支援室長補佐、専門官、係長の3名【出席者】詳細の人数不明（宮城県、群馬県、千葉県、埼玉県、東京都、神奈川県、京都府から代表者）
第38号	2021年12月22日	2021年度第2回 厚労省懇談	【対応者】厚生労働省社会援護局障害保健福祉部障害児・発達障害者支援室長、障害児支援専門官、室長補佐【出席者】21名
第40号	2022年6月23日	2022年度第1回 厚生労働省懇談	【対応者】厚生労働省社会援護局障害保健福祉部障害児・発達障害者支援室長、障害児支援専門官、障害福祉専門官【出席者】17名
第42号	2023年3月1日	国会内集会「放課後等デイサービスの危機！～守れ！子どもの権利と放課後活動の価値」	【場所】衆議院第一議員会館【参加者】76名（現地20名、オンライン56名）【参加議員】議員6名（早稲田ゆき議員、井上哲士議員、道下大樹議員、宮本徹議員、金城泰邦議員、川田龍平議員）および秘書10名【マスコミ関係者】5社7名
第42号	2023年6月5日	2023年度第1回 こども家庭庁懇談（こども家庭庁に移管して初めての懇談）	【対応者】こども家庭庁支援局障害児支援課長、課長補佐、障害者支援専門官、障害児支援専門官【出席者】28名（現地12名、オンライン4名）
第43号	2024年2月22日	2023年度第2回 こども家庭庁懇談	【対応者】こども家庭庁支援局障害児支援課長、課長補佐、障害者支援専門官【出席者】不明

出所：全国放課後連HP（http://www.houkagoren.sakura.ne.jp/news.html）およびニュース第1号〜第43号を参照して、筆者作成

どもの発達保障、親の就労支援・レスパイトの観点から重要。現在は、『不十分』というよりも『ない』。自立支援法でタイムケア事業が打ち切られ、児童デイサービス（Ⅱ型）も経過措置となった。この問題で私も、6月に『質問主意書』を政府に出した。厚労省の『検討会』では、全国放課後連の意見が一部取り入れられるようになってきている。政府としても、『全く念頭になかった』から『考えないといけない』へ変わってきている」と述べている。

また、松島みどり衆議院議員（自民党）は、「学校が終わったあとの居場所づくりに関して、学童保育は存在しているものの、少人数で対応しなければならない障害児へのケアが必要である。この子たちは、厚労省と文科省の挟間に置かれているとも考えられる。学校と家庭のあいだに居場所が確保されるべき」と言及している。

さらに、金子恵美参議院議員（民主党）は、「民主党の『障害者施策推進議員連盟』で役員として、障害者施策改革作業チームで副主査として取り組んでいる。民主党の自立支援法改正案の発議者の1人でもある。……家族が安らぎやゆとりを持てるように、当事者に居場所があることが必要。……養護学校からスクールバスで帰ってきた子どもたちのために、公民館の1室を借りて、クラブを作った。お母さんたちにとっても、受け止められる場ができた。ボランティアも、子どもは『地域の宝』だと理解してくれた。しかし、ボランティアだけでは限界がある」といった発言が確認される。

第三に、「障害児支援の見直しに関する検討会」に対する働きかけである。厚労省が2008年3月18日から7月22日の間に計11回にわたって開催した検討会に対して、継続的な働きかけを行ってきたことが確認できる。とりわけ、当検討会の委員に対する働きかけとして、①2008年5月20日に障害のある子どもの放課後活動の制度化のための尽力をお願いする「要望書」の送付、②委員との連絡（2名とは個別に懇談）、③2008年7月10日に「検討会」での議論を踏まえて2回目の「要望書」の送付を行った。

　こうした働きかけの成果は、2008年7月22日に発表した当検討会の報告書などに反映されることになる。この報告書では、「子どもにとっては、放課後や夏休み等の時間を合わせると、学校にいる時間や家庭にいる時間と同じ位になるなど、放課後や夏休み等の対応は重要なもの」「子どもの発達に必要な訓練や指導など療育的な事業を実施するものについては、放課後型のデイサービスとして、新たな枠組みで事業を実施していくことを検討していくべき」などの検討事項が盛り込まれたという。

　以上が、全国放課後連の動きとして見られた内容である。加えて、2008年の署名数の経緯についても確認しておきたい。当初の署名数の目標は10万筆であったという。1次集約（2008年8月末）：約28,000筆、第2次集約（同9月末）：約62,000筆、第3次集約（同10月末）：約88,000筆、最終（同12月）約118,000筆であった。目標の署名数を上回る活動であったことが理解される。

　以上のように、国会請願に至る水面下の動きとして2007年から2008年の全国放課後連の運動は、障害児の放課後・休日に関する生活問題を訴え、制度的保障の必要性を要求するものであり、障害児の放課後・休日対策を形成する上で重要な役割を果たしたと考えられる。特に、上記の通り118,000筆にも及ぶ署名活動によって、両院ともに本会議において採択され、「放課後型のデイサービス」の創設を検討するという動きが進んでいく。政策主体が全国放課後連の社会運動に応答し、障害児の放課後・休日を社会福祉の対象として認識していく当時の様相がうかがえる。

2）「放課後等デイサービスをこんな制度に」という要求

　「障害児支援の見直しに関する検討会」が発表した報告書（2008年7月）において、「放課後型のデイサービス」が提起されたことを契機として、全国放課後連が希求した内容は、徐々に結実していく。たとえば、社会保障審議会障害者部会が発表した報告書（2008年12月）でも、「放課後型のデイサービス」が提起された。全国放課

後連が行った「障害のある子どもの放課後活動の制度化を求める国会請願」（署名118,000筆、紹介議員36人）が衆議院・参議院ともに採択された（2008年12月）。内閣府・障害者制度改革推進会議のもとに設置された総合福祉部会が発表した「早急に対応を要する課題の整理」（2010年6月）において、「放課後デイサービス」が提起された（ニュース第20号）。

　このように放課後活動の制度化の要求に対して、2010年の改正児童福祉法において放デイが法定化され、2012年4月から実施されることになった。放デイの法定化と実施が確定したことで、全国放課後連の運動は、障害児の放課後活動を展開するための制度設計の提言に比重が置かれるようになっていく。

　たとえば、2010年11月15日には、障害児の放課後活動の制度化を求めて、「第1次要望書」の内容を伝えるために、各政党に働きかけを行った（ニュース第20号）。また、2011年1月17日および3月22日には、厚労省に対して要望書を提出している。3月22日の要望書では、1月17日の要望を踏襲しつつも、放デイの「骨子が示される直前の時期にあたるため、事業の目的や公費の水準などについて重点的に要望いたします」として、「事業の目的は、子どもの成長・発達への支援と、保護者の就労やレスパイトへの支援とし、特に子どもの成長・発達への支援については、学齢児にふさわしい活動（遊び・文化・スポーツなど）が展開できるものとしてください」などの4点に言及した（ニュース第21号）。

　さらに、2011年6月13日には、「私の願い──『放課後等デイサービス』をこんな制度に」と題して、全国から寄せられた316通の声を厚労省に届けた。これは、2011年4、5月に予定されていた放デイの概要発表が6月にずれ込む中で、発表を受け身で待つのではなく、この期間を全国的な運動として高めるために役立てようという趣旨で行われた。その声は、次のように紹介されており、関係者の期待や不安を垣間見ることができる。それは、「5対1の指導員配置では活動が困難。1対1、2対1でも運営が成りたつような公費にしてほしい。同性介助ができにくい。男性指導員を確保できる賃金がだせるようにしたい。公費が出来高払いでは運営に支障をきたす。事務職員の身分も確保できるような単価にしてほしい。定員規模による単価の格差を小さくしてほしい。利用者負担は応能原則にもとづいてほしい。学校への送迎の費用を保障してほしい。送迎用車両にかかわる費用の補助を行なってほしい。活動場所が狭い。家賃補助を行なってほしい。施設整備の補助を行なってほしい。行政が決める支給量によって通所日数が決められてしまうことのないよ

うにしてほしい。仲間たちと集団で活動できることを大切にしてほしい。放課後活動は学校とは異なる経験ができる。単なる預かりではない。」などの声があったという（ニュース第22号）。

　このように、全国放課後連の社会運動を通じて、障害児の放課後・休日に関わる生活問題がクローズアップされるようになった。そして、2010年の児童福祉法の改正、2012年の放デイの施行として結実していく。放デイ制度化の前夜ともいえるこの時期は、主に制度の中身を充実させるための要求や要望が継続して提出されたことがわかる。

（2）放課後等デイサービスの改善を願う要求

　前項では制度化を求める運動をみてきた。以下では、放デイが制度化されて以降の要望についてみていく。特に、制度化以降の要望で多くなっているのは、3年ごとに見直される「障害福祉サービス等報酬」の改定に関するものである。放デイ事業所の運営は、報酬改定によって事業所運営の基盤となる報酬の体系が変更・決定されることになる。放デイでは、これまでに4回の報酬改定が実施された（2015年、2018年、2021年、2024年）。

　報酬改定のくわしい検討は後述の第8章で展開しているが、以下では、制度発足以来の大きな改定であった2018年の報酬改定に関する全国放課後連の動きをみておきたい。2018年の報酬改定では、①報酬単価の引き下げ、②子どもに対する指標判定の導入、③報酬区分の段階制の導入、など新たな体系の実施となった。

　2018年の改定に対して全国放課後連は、「放課後等デイサービスの指標判定と報酬区分廃止を求める要請署名」（62,942筆）と要望書を提出した。以下では、署名と要望書の内容についてみていく（ニュース第37号）。

　まず、署名に込められた思いである。重要点がコンパクトにまとめられているため、少し長い引用になるが議事録の内容を確認しておきたい。副会長の村岡氏は、「昨年、報酬改定があり、指標判定とそれに基づく事業所の報酬区分が導入された。……結果的に、厚労省の調査でも区分2の事業所が8割近くになっており、私どもの調査でも8割の事業所が減収となり、人件費を節約するというところで対応している事実が明らかとなっている。当初の目的である、支援の質が低く、儲け主義のところが排除されておらず、それとは無縁の事業所が憂き目にあっているという事態になっている。本末転倒のような事態になっていると思っている。現状をいろいろと聞くと、『怨嗟』

のようなものが渦巻いているということがわかってきましたので、そういう声を集めようと、今年度署名運動に取り組んできた。6万3000筆近くの署名が全国から集まってきた。この制度を改めて欲しいという願いがこの署名に込められていると思っている。この署名に込められた思いを受け止めていただいて、次期報酬にあたっては、本当に子どものために支援の向上を目指している事業所が、安心して事業運営できるような方向にシフトしていただきたいと強く思っている」(下線筆者加筆) と言及している。

次に、上記の署名と合せて提出された要望書の内容についてである。大きく3つの要望を示している。①報酬の仕組みとして、指標判定と報酬区分制度の廃止、報酬単価を2017年度ベースに戻す、の2点があげられている。②災害時の支援策として、被災した事業所への給付費についての対応、事業所が復旧するまでの家賃・人件費への支援があげられている。③「活動・支援」の確保として、日割り報酬・個別給付の廃止、加算ではなく基本報酬での評価 (処遇改善、送迎加算、活動外業務の評価)、事業所の「基本的な人員体制」の評価、行政の役割の明確化 (管理監督責任、児発管研修の見直し、直接処遇職員の研修制度の創設) があげられている。

以上のように、報酬の体系は事業所の運営を左右するため、その変更や決定は事業者にとって重要項目となる。全国放課後連による一貫した要望は、「日割り報酬・個別給付の廃止」や「加算ではなく基本報酬での評価」にあり、障害児とその保護者が安心して通所でき、安定した放課後活動が可能となる運営体制の構築にあると考えられる。また、副会長の村岡氏が「儲け主義のところが排除されておらず、それとは無縁の事業所が憂き目にあっているという事態になっている」と指摘するように、制度が引き起こしかねない諸問題への危惧が確認される。

3-2 関係省庁および各政党との懇談

ここでは、前段までの内容と重なり、時期が前後してしまう箇所もあるが、関係省庁との懇談および緊急集会についてみていきたい。以下では、放デイが制度化される以前と以後に区分して、全国放課後連の動向を解題していく。

(1) 放課後等デイサービスの制度化までの動き

全国放課後連の発足当初の運動は、すでに上述しているように、障害児の放課後活動の制度化を求めること、児童デイサービスが学齢障害児の放課後・休日対策を

利用しやすくなるようにその改善を求めること、にあった。

　この動きは、2008年1月28日の厚労省との懇談でも確認される。具体的には、①児童デイサービスⅡ型の報酬単価を2006年9月までの水準に戻してほしい、②障害のある子どもの放課後活動に対応する制度を確立してほしい、という要望項目が確認される（ニュース第10号）。

　他方で、徐々に障害児の放課後活動の制度化を求める運動が加速していく。

　たとえば、2010年4月19日には、「第8回障がい者制度改革推進会議：障害のある子どもの放課後活動の制度化について」の団体ヒアリングとして、全国放課後連がヒアリングの対象に選出された。事務局長の村岡氏が主席して放課後活動とその制度化の必要性について、大きく5点の内容に触れて見解を述べた（ニュース第17号）。

　第一に、教育の実施をもって障害児のニーズが完全に充足されたわけではないことである。障害のある小学生・中高校生の放課後、土・日曜日などの休日、夏休みなどの長期休業中の生活の過ごし方について、それが放置されるならば、非常に貧困なものになってしまう。あるいは、保護者が働きたくても働けないこと、特に母親が心身に著しい疲労を抱えているなどの問題が指摘されている。

　第二に、障害児の放課後活動の現状が厳しいということである。2010年当時、自治体独自施策などを活用して何らかの形態で障害児の放課後活動を実施している団体は、全国で少なくとも500か所以上存在すると推定されるとしている。また、国の制度に則った事業として、障害のある乳幼児の早期療育を実施するために発展してきた児童デイサービスⅡ型の事業所が700か所以上存在するという。しかし、本来の事業趣旨の相違から、学齢児を3割以上受け入れているところは大幅に報酬単価を引き下げて、Ⅱ型として実施されている。こうした団体や事業所の設置状況は地域格差が大きく、箇所数もまったく足らない。場合によっては、数十年前と同様に、子どもが放課後や長期休業中などに、家の中に閉じこもって貧困な生活を送らざるをえない実態が依然として多く残されている。また、団体や事業所の多くは、厳しい財政運営を余儀なくされており、職員の身分保障が非常に不安定で、必要な人材が十分に確保できない。あるいは、子どもの受け入れ人数が限界に達していて、待機児童が膨らむ一方だったり、子どもを週に数日しか受け入れられなかったりするなどの問題も抱えていることが指摘されている。

　第三に、障害児の放課後活動を制度化する必要性が明確になっていることである。2008年7月「障害児支援の見直しに関する検討会」の報告書、2008年12月の社会

保障審議会障害者部会の報告書、2009年３月障害者自立支援法・児童福祉法改正案が国会に上程され、新規事業として「放課後等デイサービス」が盛り込まれたことに触れ、「障害のある子どもの放課後活動の制度化が明確にされた意義はたいへん大きい。放課後活動の制度化が早急に実現されなければならない」と訴えている。

　第四に、通常の学童保育（放課後児童健全育成事業）だけでは、ニーズに対応しきれないということである。通常の学童保育において、障害児の受け入れが一層進むことも重要な課題であるが、通常の学童保育では、障害が比較的重い子どもや中高生のニーズには対応しきれない。そのため、放課後支援のコアとなる活動の１つとして、障害児の放課後活動が制度化される必要があると指摘している。

　第五に、放課後活動制度化への願いである。その１点目として、現行の児童デイサービスなどの枠組みにはとらわれず、障害児の放課後活動の実践にふさわしく継続的で集団的な活動が実施できるように、新しい枠組みで制度化することをあげている。２点目として、障がい者制度改革推進会議に「子ども部会（仮称）」を設置し、障害児の放課後活動の制度化の問題を含む、障害児の問題が具体的に議論できるようにすることをあげている。

　以上が団体ヒアリングにおける全国放課後連の主張であった。

　さらに2011年11月21日には、「『放課後等デイサービス』の指定基準・報酬などに関する要望」を議論の土台にして、厚労省懇談が行われた。この要望書の項目のみを抜き出せば、①指定基準について、②報酬について、③支給量について、④予算確保について、であった（ニュース第23号）。

　なお、同日（11月21日）の午後には、各政党との懇談も行った。これは、上記の厚労省に要望した内容を各政党にも伝え、政党からも働きかけてほしいと要請するためのものであった。働きかけをした政党および議員は、①社会民主党：栗原優子（衆議院議員・阿部知子秘書）、増田浩司（国民運動局 平和市民・生活福祉部長）、②日本共産党：田村智子（参議院議員）、岩藤智彦（田村智子秘書）、増田優子（参議院議員・高橋千鶴子秘書）、③民主党：中根やすひろ（衆議院議員 民主党障がい者施策推進議員連盟座長）、小宮山泰子（衆議院議員 同事務局長）、水野智彦（衆議院議員 同事務局次長）、石毛鍈子（衆議院議員）、かねこ恵美（参議院議員）、金森正（参議院議員）、田中美絵子（衆議院議員）、西村まさみ（参議院議員）、橋本勉（衆議院議員）、初鹿明博（衆議院議員）、姫井由美子（参議院議員）、三宅雪子（衆議院議員）、④自由民主党：田村憲久（衆議院議員）事務所、⑤公明党：高木美智代（衆議院議員）、海野奈保子（高木美智代秘書）であった（ニュース第23号）。

（2）放課後等デイサービスが制度化されて以降の動き

次に、放デイが制度化されて以降の関係省庁との懇談および緊急集会についてみていきたい。特に、以下の検討は、放デイの報酬改定を目安にして（主に2015年、2018年、2021年の3回）、関係省庁との懇談および緊急集会の内容を把握していきたい。

1）制度1回目の2015年度報酬改定

2014年11月10日には、厚労省で協議が進んでいる「障害児通所支援に関するガイドライン策定会議」や「平成27年度障害福祉サービス等報酬改定」に関する要望を提示し、それに基づく懇談が行われた。要望は大きく4つに分かれていたが、そのうちの1つには、2015年に発行される放デイガイドラインの要望が確認される。ガイドラインに関する要望は、次の3点であった。①全国放課後連が意見聴取されるように、ガイドラインの策定検討会に働きかけてください。②ガイドラインに「子どもの『生きる土台となる力』『人格的な力』を育てる」「親の休息や就労を支える」など、放課後活動には、子どもの成長と親の安心にとって、独自の役割があることを盛り込んでください。③活動の質を向上させるためには研修がきわめて重要です。行政の行なう研修では、子どもや放課後活動についてよく理解している人が講師になるように、都道府県に周知・徹底してください（ニュース29号）。

第1章に先述しているように、放デイガイドラインは、制度の指針を示すものとして重要な役割を担っている。2015年に公示されたものであるが、結果として約9年にわたりこの指針を基盤にして制度が動いてきた。そのガイドライン策定に対しても全国放課後連は、障害児の放課後活動と保護者の休息・就労を一貫して主張する姿勢が確認される。

2015年11月30日には、財務省および厚労省の資料において、「報酬単価減額」「利用者負担増額」「利用回数の制限」などが示されたことから、それらの文言について全国放課後連の要望を提出した。要望項目は、①放課後等デイサービスの現状と役割について、②報酬単価のあり方について、③重度障害児利用の改善について、④送迎加算の改善について、⑤支給量による利用制限の撤廃について、⑥利用者負担の問題、であった（ニュース第32号）。

特に2015年11月30日の懇談は、2015年度報酬改定を実施した後に開催されたものである。2015年度報酬改定は、放デイが創設されて3年目、制度にとって1

回目の改定であった。制度の萌芽期ともいえる時期の状況をうかがい知るためにも、全国放課後連が厚労省に対して要請した内容に改めて注目する必要がある。

　副会長の村岡氏は、3年後（2018年度）の報酬改定を非常に心配している、と発言していることが議事録から確認される。そして、「根本的なことを言えば、『子どもが1人来たらいくら』と、出来高払いで日銭が稼げるような制度の仕組みになっていることが問題（必要条件）であり、その問題のある制度の中に、営利法人の参入が認められた（十分条件）こと、つまり、この『必要条件』と『十分条件』がセットになったために、『放課後事業の営利化』の流れができてしまったという部分が問題。営利企業は排除できないと言われたが、このまま看過できない。制度の矛盾が放課後等デイサービスに集中的に現れている」と指摘している。また、「ペーパーレベルの総論的なデータ分析で、『放課後等デイサービスはこんなもんだ』という判断をして、3年後の報酬改定に向かい、利用日数の制限や利用者負担の増額をするということになれば、本当に『悪貨が良貨を駆逐する』という事態になりかねない。制度の問題を、<u>総論ではなく、実態を分析して考えて頂きたい</u>」（下線筆者加筆）と指摘している（ニュース第32号）。

　このように文書を読んでいくと、第1章で示した放デイにおける支援が必ずしも適切に提供されていないという事態は、制度の萌芽期から問題視されていたことが改めて理解できる。特に、全国放課後連では、放デイに山積する課題を「放課後活動の営利化」と呼称して、問題点を指摘している。

2）制度2回目の2018年度報酬改定

　以下には、放デイ制度にとって2回目の報酬改定となる、2018年度の報酬改定に対する全国放課後連の動態をみていきたい。

　2018年6月12日に全国放課後連は、「2018報酬改定問題緊急集会：放課後等デイサービス─子どもと実践を守ろう！」と題する緊急集会を開催した。全国15都府県から事業者や保護者が参加した他、国会議員や厚労省担当者も参加した。なお、参加議員は、野田佳彦議員、青山大人議員、森山ひろゆき議員、初鹿明博議員、神田憲次議員、関健一郎議員、堀越啓仁議員、宮川伸議員、金子恵美議員、小宮山泰子議員、中野洋昌議員、道下大樹議員、柿沢未途議員、中島克仁議員、大河原まさこ議員、田村智子議員、高木美智代議員、三ツ林裕巳議員、高橋千鶴子議員、山川ゆりこ議員、衛藤晟一議員、山尾志桜里議員、吉良よし子議員、倉林明子議員、

長尾敬議員、松田イサオ議員、原口一博議員、もとむら伸子議員、穴見陽一議員、伊藤しゅんすけ議員、福島みずほ議員、川田龍平議員、石橋みちひろ議員、安藤たかお議員、浅野哲議員、であった（ニュース第34号）。

　題目からもわかるように、2018年度の報酬改定が緊急集会の争点であった。この集会の趣旨説明において、2018年度の報酬改定により、指標に該当する子どもがどれだけいるかで事業所が区分1と区分2に分けられることになったことが指摘された。

　区分1では、基本報酬は下がるが加算をいろいろ取れば現状を維持する道も開ける一方で、区分2では、場合によっては事業所の存続の危機になるような報酬単価となっていることに言及されている。その上で、今回の報酬改定に対して2つの指摘をしている。緊急集会の趣旨説明を議事録から引用したい。

　その1つ目は、「財政制度等審議会でも議論されたように、<u>利潤を追求して、支援の質が低い事業所が増えている</u>という指摘にあるように、そういう事業所を排除するというところが目的としてあったと思っています。しかし、実際は、<u>利潤追求とは無縁の事業所まで抑え込まれる</u>こととなっています。こういう利潤追求の事業所が入ったのは、<u>行き過ぎた規制緩和</u>によってもたらされたものであり、元々は国が起こしたことではないかと考えています」（下線筆者加筆）と指摘した。

　2つ目は、「より支援の必要な子を受け入れている事業所を評価するという目的があると思います。ただし、より支援の必要な子どもを判定するのは市町村です。市町村の判定の状況は、市町村によってばらばらです。今回の改定の要になっているものがまったく機能していないということではないでしょうか。そもそも、絶えず変わっていく子を判定して、それに基づいて事業所の存続が決まるという仕組みそのものがおかしいのではないかと考えています」と指摘した。

　そして最後に、「私たちの願いは非常にささやかで当たり前のものです。<u>子どもたちが豊かに育っていく</u>、そのために<u>事業所職員が安心して働ける</u>、そういう<u>ささやかで当たり前の願い</u>をみなさんに受け取っていただいて、国が対策をとっていただけるように、厚い協力と共働をしていただけるように、みなさまよろしくお願いいたします」（下線筆者加筆）として趣旨説明を結んでいる（ニュース第34号）。

　このように文書を読んでいくと、全国放課後連の一貫した主張が確認される。特に、趣旨説明の結びには、「ささやかで当たり前の願いをみなさんに受け取っていただいて、国が対策をとっていただけるように、厚い協力と共働をしていただけるように、みなさまよろしくお願いいたします。」という言及は、全国放課後連の切

実な思いを感じる部分である。

3）制度3回目の2021年度報酬改定

2021年度の報酬改定に関連する内容をみていきたい。

2021年12月22日の厚労省懇談では、①新型コロナ感染対策関連の要望、②2021年度の報酬改定に関する要望、③今後の放デイの在り方について、要望が提出されている。2021年度の報酬改定に関する要望では、「専門的支援加算」「個別サポート加算Ⅰ・Ⅱ」など加算の方式などに争点が置かれた（ニュース第38号）。

特に「専門的支援加算」として懇談会参加者から、保育士資格や長年の実践歴を評価する方式に転換することを望む声が寄せられた。それは、「今回の改定では、児童発達支援事業には5年以上の経験のある保育士・児童指導員の要件あるのに、放デイにはない。放デイでも、私たちの周りにあるような制度化前から活動をしている事業所では、保育士・児童指導員という人たちが10年20年30年とやっている事業所が多い。しかし、今回の改定では、長く働かれてきた保育士・児童員指導員という人たちが外されてしまっている。私たちは、子ども（利用児）を長く見られるということが放デイの専門性だと考えている。そこで頑張っている人たちが外される現状は、いかがなものかと感じる」というものである（ニュース第38号）。

なお、こうした声が反映され、2024年度の報酬改定では、5年以上の経験のある保育士・児童指導員の要件が放デイにも適用されることになった。

また、2021年12月22日の厚労省懇談において今後の放デイのあり方が議論された。「『遊び・生活』の価値について」という項目では、厚労省から全国放課後連に質問が投げかけられた。それは、「ガイドラインや放デイの方向性のところで、放課後連さん加盟の事業所は、子どもの権利条約31条（余暇・遊び）がベースなのかなと思うが、これまでも<u>放課後連さんからは『遊びが基本となる』</u>という意見をもらう。放デイにはいろいろあるなかで、『遊び』と『レクリエーション』のちがいは何か、というところや、たとえば、ボルダリングだけやっているのも遊びではないか、など思ったりする。『<u>遊びとは何ぞや</u>』というところを考えないといけないのではないかと思っている。このあたりの意見を聞きたい」（下線筆者加筆）という質問であった。

この質問には、全国放課後連の理事が応答した。「私は、放課後の活動に携わって43年目になる。古くからやっていて、放課後の活動の大事にしたいことは積み重ねてきたと思っている」とした上で、放課後活動で大事にしたいと思うのは3つあると指摘した。

1つ目に、長期に活動できるとことをあげた。学校には卒業や先生の移動などあるが、放課後活動は小学部から高等部まで通してできるため、学校が変化して子どもの様子が不安定なときに、放課後活動は変わらない場所として存在できる。また、同じメンバーで同じ集団で活動できるということは障害児にとって非常に安定する。不安定な時期に安定な状態が維持できるという活動に大きな意味があると思っているとした。

　2つ目に、異年齢の集団があることをあげた。各学年の生活のあり方を大事にしつつ、小学部の小さい子どもが中学部の大きい子どもに憧れることや、高等部の大きな子どもが小学部の小さい子どもに対して手助けしようというような優しさが芽生えることが大事であり、異年齢集団の大切な点であるとした。

　3つ目に、子どもの発達要求・内面の願いに対して柔軟に活動できることをあげた。例として、コロナ禍の学校休校で不安定になった子どもの事例を紹介した。その時は、お母さんに手が出たり、パニックになったりしていたという。その子について事業所内で事例検討をして、手ごたえのある活動をしよう、子どもの不安を支えようという活動を考えたことがあった。その子の願いとして、おやつを買いに行くというのがあったので、活動に入れることにした。おやつを買うという手ごたえをもった活動をして、みんなに配るという活動も加えた。それによって、みんなにありがとうと言ってもらえる機会ができ、他者との関係を柔らかく繋いでいけるようになり、落ち着いていったということがあったという。この事例を踏まえて、「柔軟な活動ができる」「遊びや生活が大事」というのは、こうした子どもの発達要求・内面の願いに対して柔軟に活動できることにあると強調した。「○○遊び」「○○競技」「○○プログラム」という「形」が先に来るわけではなく、子どもの発達要求に基づいて「子どもに合わせて活動を作っていく」という柔軟性をもって活動を考えたときに、「遊びや生活が大事だ」となる。最初からプログラムや形があるわけではない。子どもによっては、「○○遊び」「○○生活」というような「名前のつけられない活動」がいっぱいある。子どもからの要求に基づくとそういった活動がたくさん出てくる。そういう活動に柔軟に対応することが大事だと思うと指摘した（ニュース第38号）。

　このように文書をみていくと、厚労省からの質疑が確認される。全国放課後連から一方的な要請が行われているのではなく、政策主体と運動主体の双方向での議論が行われていることが垣間見られる。

　以上のように、放デイの報酬改定を目安にして（主に2015年、2018年、2021年の3回）、放デイが制度化されて以降の関係省庁との懇談や緊急集会の一端を把握してきた。

3節　全国放課後連の活動内容　157

「子どもたちが豊かに育っていく、そのために事業所職員が安心して働ける、そういうささやかで当たり前の願い」との言及が代表するように、全国放課後連の主張は、障害児の放課後・休日の居場所、保護者の就労とレスパイト、事業所の安定した運営基盤に関するもので、その願いは貫徹されているといえよう。

また、「放課後活動の営利化」を看過できないという姿勢を一貫して保持している。この事態を解消するために、利潤追求と無縁の事業所が追い込まれることになれば「悪貨が良貨を駆逐する」という事態を引き起こしかねないとの訴えは、放課後活動の制度化を求めてきた団体であるだけに、強固なものとなっている。

4節 放課後保障の特徴と果たした役割

以上のように、本章では、障害児の教育権保障の第三のうねりと位置づく放課後保障の特徴を明らかにするために、放課後保障の中核を担ってきた全国放課後連という準拠集団に着目して、その社会運動が制度の創設に対して果たした役割、放デイ制度が創設されて以降の働きかけについて考察してきた。特に、全国放課後連が発行するニュースレターを分析の素材にする上で、膨大となるニュースを分析する方略として、5W1Hの観点から整理を行ってきた。

本章の第2節では、全国放課後連の社会運動が担う役割を時期ごとに明示することで、放課後保障の意味を理解することを目指した。さらにその明示を通じて、全国放課後連が社会福祉運動の特徴を合わせもつことを明らかにした。

その第2節の検討では、まず全国放課後連が結成された背景が示された。また全国放課後連がもつ願いを見ることによって、障害児の放課後・休日問題の様相が明瞭になった。さらに全国放課後連が、放課後保障という表現を採用する根拠に迫った。特に、学童保育の範疇では解決されない多面性をもっていることから、その混同を避けて独自性を示すために、放課後保障という言葉が使用されてきた背景が確認された。

全国放課後連が展開した運動の特徴は、真田の社会福祉運動の整理に当てはめることで、より鮮明に理解された。特に、全国放課後連は、「日本のどこに住んでいても実現できるようにしたいものです」というように自己充足に留まらず公的保障を追求する姿勢を堅持して、それをまだ認識していない人々にも成果を及ぼす可能性を包含する運動を展開した。

さらに、全国放課後連が有するネットワークに着目した。全国放課後連の組織は、全国連絡会と地域連絡会という二段階の構造になっている。こうした組織構造が、全国連絡会が国レベル、地域連絡会が都道府県・市区町村レベルというように、訴えかける主体を見分けた社会運動の展開を可能にしていた。また、各連絡会が地域に根を下ろして、それぞれの地域社会の問題を反映させ、実生活に基づく要求を訴える基盤になったと考察した。

　本章の第3節では、全国放課後連の活動内容（署名および要望書に関わる活動、関係省庁および各政党との懇談）を具体的に示すことで、放課後保障に関する社会運動の一端を明らかにした。

　第3節の検討から、全国放課後連の活動に貫徹した主張と要求が確認された。この一貫した姿勢を堅持するのは、障害児の放課後や学校休業日の過ごし方の問題を、常に運動の中心に置いているためと考えられる。全国放課後連が結成された2004年当時、障害児の放課後生活の貧困さ、その家族や親が抱える心身の健康問題があった。特に、障害児の多くが放課後は家の中で母親を中心とした家族と一緒に何をすることなく過ごしていた。こうした傾向が子どもの障害が重く年齢があがるほど高まっていること、家族の中でも特に母親の心身への負担が著しくなっていた。こうした問題が、全国放課後連の運動を展開する動機にあると考えられる。

　ただし、放課後・休日の価値とは、上記のような生活問題を解消することだけに留まらない。全国放課後連は、学齢児の放課後活動は単なる「預かりサービス」ではないとして、「子どもは夕方育つ」という点を強調することが確認できる。学校教育とは質の異なった主体的に参加する活動や集団の中で、自分自身をコントロールする力や相手との関係を調整する力などを豊かに身につけ、学校卒業後に生きて働く力の土台を形成するものと指摘する。さらに、子どもが困難に直面しがちな思春期を経過する学齢期だからこそ、その重要性がいっそう勘案されるべきと強調している。全国放課後連の運動には、障害児の放課後・休日対策の実態を明確に示すとともに、放課後活動の独自性を訴える内容が盛り込まれていた。

　全国放課後連では、そうした障害児の放課後・休日問題を解決するために、国会請願、署名活動、関係省庁や議員との懇談を幾度と行い、国の制度として障害児の放課後・休日対策を創設する一助を担った。とりわけ、2008年12月24日の「障害のある子どもの放課後活動の制度化を求める国会請願」では約118,000筆の署名を集めた。この請願は、衆議院・参議院と厚生労働委員会に付託され、2008年12月24日の臨時国会に

おいて両院ともに本会議において採択された。この全国放課後連が作り出した大きなうねりは、政策主体が「放課後型のデイサービス」を検討し始める契機になったといえよう。

その運動は、「不十分というより、ない」「全く念頭にないから、考えないといけない」というように、無から有をつくりだしていくような働きかけであったといえる。全国放課後連が障害児の放課後・休日問題の解消のために働きかけた内容は、強いエネルギーによって突き動かされてきたといえるだろう。

その一方で、全国放課後連では「放課後活動の営利化」と呼称し、創設された制度に利潤を過度に追求しつつ、質の低いサービスを提供する事業所が参入する状況は看過できないという姿勢を一貫して保持している。「行き過ぎた規制緩和によってもたらされたもの」という発言も確認される。

こうした通時的な視点から全国放課後連の運動を捉えたときに、放デイが障害児の放課後・休日の居場所として役割を果たすこと、その保護者の就労・レスパイトを支えるための施設として機能すること、そのために事業所職員が安定して働けることが、全国放課後連の要求の根幹にあると考えられる。そして、たゆまぬ全国放課後連の運動から出される「私たちのねがいは非常にささやかで当たり前のもの」という訴えは、障害児の放課後活動を支える重要な論点として考えられる。

第6章 数量データからみる放課後等デイサービス

1節 本章の研究目的

　本章の目的は、数量データに基づいて放デイを中心とする障害児の放課後・休日対策の現況を検討することにある。特に本章では、前章までに導出してきた「放デイの制度化が障害児の放課後・休日対策の質的転換につながった」という点を踏まえて、その転換した放課後・休日対策の現況を示していく。また本章は、後述する第Ⅲ部の「放課後・休日対策の新展開に対する批判的検討」を行うための基礎的なデータを整理する役割を担う。その意味で本章は、第Ⅱ部と第Ⅲ部をつなぐ中括あるいは中間まとめと位置づけることができよう。

　特に、官庁統計や外郭団体等の数量データから、放デイを中心としつつ学童保育や日中一時支援にも目を向けて、放課後・休日対策の全体的な傾向を明示する。また、コロナ禍（COVID-19）において、放課後・休日対策が果たした役割を明示する。そして、障害児が地域社会で生活する上での基盤整備や制度状況などを明確にしていきたい。

　本章は次のように展開する。第2節では、放デイを中心として3つの制度の放課後・休日対策の現況を検討する。第3節では、放デイにおける発達支援など実践的な側面を数量データをもとに把握するとともに、コロナ禍において放デイが果たした役割をみる。

2節 障害のある子どもの放課後・休日対策の現状

　本節では、現行の障害児の放課後・休日対策として機能している3つの制度に着

表6-1　障害児の放課後・休日対策として機能する3つの制度

	放課後等デイサービス	放課後児童クラブ（学童保育）	日中一時支援事業
制度開始年	2012年	1998年	2006年
法的根拠	児童福祉法第6条2の2第4項に規定	児童福祉法第6条3第2項に規定	障害者総合支援法第77条第1項第9号および第3項の規定に基づく市町村地域生活支援事業の任意事業
現在の管轄部署	こども家庭庁（支援局・障害児支援課）	こども家庭庁（成育局・成育環境課）	厚生労働省（社会・援護局障害保健福祉部）
以前の管轄部署	厚生労働省（社会・援護局障害保健福祉部）	厚生労働省（子ども家庭局子育て支援課）	厚生労働省（社会・援護局障害保健福祉部）
趣旨	障害児に、授業の終了後又は休業日に、生活能力の向上のために必要な支援、社会との交流の促進その他の便宜を供与すること。	共働き家庭など留守家庭の小学校に就学している児童に対して、放課後に適切な遊びや生活の場を与えて、その健全な育成を図る。	障害者等の日中における活動の場を確保し、障害者等の家族の就労支援及び障害者等を日常的に介護している家族の一時的な休息を目的とする。
対象	学校（幼稚園及び大学を除く）に就学しており、授業の終了後又は休業日に支援が必要と認められた障害児	保護者が労働等により昼間家庭にいない、小学校に就学している児童	障害者及び障害児がその有する能力及び適性に応じて自立した日常生活又は社会生活を営むことができるよう、障害者等の状況に応じた地域生活支援事業の実施について必要な事項を定めるもの
職員の配置	・「利用児：児童指導員及び保育士」が「10:2」以上 ・児童発達支援管理責任者1人以上 ・管理者	放課後児童支援員を2人以上配置（うち1名を除き、補助員に代えることも可）（省令基準に基づく資格要件あり）	職員配置基準（1,016自治体における職員配置等の状況）* ・「定めている」19.0% ・「定めていない」80.7%

出所：各制度の概要を参考にして筆者作成
＊：みずほ情報総研株式会社（2018）「地域生活支援事業の実施状況（実態）及び効果的な実施に向けた調査研究」

目して、その概況を検討する。その3つとは、表6-1のように、放デイ、学童保育、日中一時支援である。

2-1　3つの制度の比較（趣旨、対象、所轄）

まず、各制度の趣旨をみていく。

放デイでは、「障害児に、授業の終了後又は休業日に、生活能力の向上のために必要な支援、社会との交流の促進その他の便宜を供与すること」と位置づけている。なお、放デイの趣旨は第1章を参照されたい。

学童保育では、「留守家庭の小学校に就学している児童」に対し「適切な遊びや生活の場を与えて、その健全な育成を図る」とある。また、2019年から2023年の「新・放課後子ども総合プラン」では、学童保育と放課後子供教室の両事業は、

2021年度末までに約25万人分の受け皿を整備し「待機児童解消」を目指すこと、女性就業率の上昇を踏まえ、2023年度末までに約30万人分の受け皿を整備することを目標に掲げている（内閣府2021）。その設置場所では、両事業を新たに設置する際には「学校施設を徹底的に活用する」としている。こうした設置拡大の動きは、第1章に先述した共働き家庭の増加（池本2009）や「安心できる放課後の居場所」（宮地2017）に対応する側面が強いと考えられる。

日中一時支援では、「障害者等の日中における活動の場を確保し、障害者等の家族の就労支援及び障害者等を日常的に介護している家族の一時的な休息を目的とする」とある。家族の就労支援やレスパイト（一時休息）を目的とするため「預かり」が基本となっている。

このような様相について、泉（2023:355）は、3つの制度が障害児の放課後・休日対策として機能しているが、現実的には、放デイが担う役割が大きいと指摘する。その理由は、学童保育では、①保護者の就労等が条件となること、②障害特性への配慮がむずかしい子どもへの対応が困難であること、③職員の不足などから障害児の受け入れが困難であることなどを指摘している。また、日中一時支援では、家族の就労支援や一時的支援を目的とするため「預かり」が基本となることをあげている。

次に、各制度の対象をみていきたい。放デイは、「学校（幼稚園及び大学を除く）に就学しており、授業の終了後又は休業日に支援が必要と認められた障害児」と位置づけられている。

学童保育では、「保護者が労働等により昼間家庭にいない、小学校に就学している児童」となっている。日中一時支援では「障害者及び障害児がその有する能力及び適性に応じて自立した日常生活又は社会生活を営むことができるよう、障害者等の状況に応じた地域生活支援事業の実施について必要な事項を定めるもの」としている。

このように、制度によって対象が異なることがわかる。放デイでは、小学生から高校生（20歳まで継続可能）、学童保育では小学生、日中一時支援では子どもおよび成人が、制度の対象になっている。

さらに、所轄をみておきたい。こども家庭庁の創設に伴い、学童保育は「成育局・成育環境課」が管轄となった。放デイは「支援局・障害児支援課」が管轄となった。なお、こども家庭庁は、長官官房、成育局、支援局の「1官房2局体制」により運営されている。成育局は、総務課、保育政策課、成育基盤企画課、成育環境課、母子保健課、安全対策課に、支援局は、総務課、虐待防止対策課、家庭福祉課、障

害児支援課に分かれている（こども家庭庁2023a）。

　学童保育と放デイは、「二局体制」のそれぞれに分かれて置かれていることがわかる。前章で着目したように、障害児の放課後・休日対策が醸成する過程には、放課後保障という社会運動に特徴があった。社会運動が制度・政策の水準を向上させる原動力ともなるため、働きかけを行う管轄部署の所在は重要な関心事であると推察される。こども家庭庁の新設に伴って再編された政策主体と、運動主体の関係には今後も注視する必要がある。

2-2　3つの制度の特徴

　ここでは、3つの制度がもつ特徴を基礎的なデータを通じて把握していきたい。特に以下では、「利用児数」「設置主体・運営主体」「実施規模（定員）」「実施場所」「利用料」を明示していく。

（1）利用児数

　放デイにおける利用児数は、第1章にも先述しているが、改めて示すと次のようになる。制度が創設した2012年の事業者数は3,107か所、実利用人数は41,955人、利用延べ人数268,927人であった。また、2022年の事業者数は19,408か所、実利用人数は497,875人、利用延べ人数3,420,184人であった。2012年からの約10年間で、事業所数は約6.2倍、利用実人員は約11.9倍、利用者延べ人数は約12.7倍、となっている。

　放デイにおける利用者数は、次のような意味をもつ。利用者数について示せば、2021年の特別支援教育に関わる子どもは 656,627人であるが[※1]、これと2021年の放デイの利用実人員を比較すると[※2]、特別支援教育に関わる子どもの約67％が放デイを利用していると推察される[※3]。特別支援教育に関わる子どもの半数以上が、学校外の放課後や休日の居場所に放デイを利用していることがわかる。これはあくまで概算であるが、放デイの増加が年々加速する様相は、教育との関係からも理解することが肝要となろう。

　また、学童保育の現状は、こども家庭庁（2023b:1,12）「令和5年 放課後児童健全育成事業（放課後児童クラブ）の実施状況」によれば、設置か所数25,807か所（前年比876か所減）、登録児童数1,457,384人（前年比65,226人増）となっている。また、障害児を受け入れる学童保育数は15,841か所（前年比40か所増）、障害児の登録児童数

は59,660人（前年比5,847人増、全体の約4％）である。さらに、2018年の日中一時支援における実利用児数は19,964人であり、全実利用者数の41.9％である（みずほ総研2018:231）※4。

　以上のように、趣旨や対象にちがいをもつ3つの制度が整備されることで、障害児の放課後・休日対策が拡充してきたことがわかる。

　なお、池本（2020:56,59-61）によると、学童保育の待機児童数は17,279人であり、保育所の待機児童数19,895人と同程度であることが指摘されている。また、当面の間はニーズのある地域に対し供給増を図りつつも、少子化に伴う子ども人口の減少は必至であり、適切な供給量を長期的な視点から見通すことが必要となると指摘されている。

　他方で、今日における障害児の放課後・休日対策を捉えるには、複数の施設を利用する状況を把握する必要がある。複数の施設を利用することは、並行利用や併用などと呼ばれる。併用の形態は、複数の放デイ事業所を利用する、学童保育と放デイ事業所の両方を並行利用するなどがある。また、学童保育の対象年齢を過ぎた後に放デイ事業所に通う子どももいる。障害児の放課後や休日の活動を捉える場合には、こうした両制度の入所条件や施設条件を広く視野に入れることが求められるといえよう。なお、この併用については、後段の「実施規模（定員）」でみていく。

（2）設置主体・運営主体

　次に、事業所・施設についてみていきたい。放デイの事業所数は、上記しているように、2022年の事業者数は19,408か所であった。また、学童保育の施設数は25,807か所、そのうち障害児を受け入れる学童保育数15,841か所であった。

　厚労省（2021b:1）は、放デイ制度化以降の量的拡大を受け、中学校区程度の生活圏に1か所程度ある地域が平均となったとし、事業所数の増加は、「身近な地域」で障害児支援を受けることができる環境の改善に寄与したとしている。

　ただし、第2章において放デイの研究動向の整理で記したが、各地域における放デイ事業所の設置には、以下のような指摘にも目を配る必要がある。明柴（2021）は、富山県内の放デイを対象にアンケート調査を2期にわたり行っている。富山県全域の調査を通じ、事業所の所在地（設置場所）は、地域によってかなりのばらつきがあり、放デイが小学校区に1つもない地域も存在し、移動・送迎に伴う負担を指摘している。このように、「身近な地域」に障害児支援が充実してきたといっても、そ

の内実には中核都市や市街地に偏重しやすい課題を内包する。

　また、放デイと学童保育における設置主体・運営主体の割合を比較すると、表6-2、表6-3のようになる。放デイにおいて自治体が設置するのは2.7%で、運営するのは1.1%とごく少数である。営利法人によって設置・運営される割合が、半数を超えていることを特徴として確認することができる。いわゆる「民設・民営」が主流となっていることがうかがえる。

　その一方で、学童保育は、「公設・民営」が約半数、「公設・公営」と「民設・民営」がおよそ25%ずつ、という実態をみることができる。学童保育の約半数が、自治体などの行政主体によって設置され、運営を民間に委託していることがわかる。放デイと比べて学童保育の方が、行政の主導によって設置・運営される傾向を読み取ることができる。

　他方で、財務省（2020:27）によれば、放デイの運営主体の割合は、次のように変化している。2012年では、①社会福祉法人：32%、②NPO法人：31%、③営利法人：25%、④その他の法人：12%であった。2019年では、①営利法人57%、②NPO

表6-2　放課後等デイサービスにおける設置主体・運営主体の割合

区分	設置主体の割合	運営主体の割合
自治体	2.7%	1.1%
社会福祉協議会	0.7%	1.0%
社会福祉法人	16.8%	17.4%
医療法人	1.2%	1.2%
営利法人	50.6%	50.9%
NPO	17.0%	17.2%
その他（社団・財団、農協、生協等）	10.6%	10.8%
無回答	0.4%	0.4%
計	100.0%	100%

出所：みずほ情報総研（2020:53-54）「放課後等デイサービスの実態把握及び質に関する調査研究報告書」を参考に筆者作成　（n=4,740）

表6-3　学童保育における設置・運営主体別クラブ数

区分	か所数	割合
公立公営	6,707	26.0%
公立民営	12,859	49.8%
社会福祉法人	3,355	13.0%
公益社団法人等	1,246	4.8%
NPO法人	1,753	6.8%
運営委員会・保護者会	2,724	10.6%
任意団体	255	1.0%
株式会社	3,109	12.0%
学校法人	194	0.8%
その他	223	0.9%
民立民営	6,241	24.2%
社会福祉法人	2,015	7.8%
公益社団法人等	485	1.9%
NPO法人	1,116	4.3%
運営委員会・保護者会	1,205	4.7%
任意団体	66	0.3%
株式会社	545	2.1%
学校法人	348	1.3%
その他	461	1.8%
計	25,807	100%

出所：こども家庭庁（2023:9）「令和5年 放課後児童健全育成事業（放課後児童クラブ）の実施状況」を参考に筆者作成

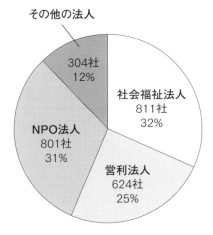

図6-1　放課後等デイサービスにおける
　　　運営主体の割合（2012年度）
出所：財務省（2020:27）「社会保障について②
　　　（介護、障害福祉等）」を参考に筆者作成
＊「法人格、事業所数、割合」の順に示している

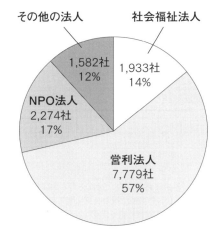

図6-2　放課後等デイサービスにおける
　　　運営主体の割合（2019年度）
出所：財務省（2020:27）「社会保障について②
　　　（介護、障害福祉等）」を参考に筆者作成
＊「法人格、事業所数、割合」の順に示している

法人：17％、③社会福祉法人：14％、④その他の法人：12％となっている。この構成割合を図示すれば、図6-1、図6-2のようになる。2012年と2019年を比較すると、営利法人の占める割合が高くなっていることがわかる。

さらに付言すれば、「民設・民営」が主流となる放デイを捉えるためには、営利法人の増加のみならず、1998年に特定非営利活動推進法（NPO法）の成立、2006年に公益法人制度改革による非営利の法人である一般社団法人の簡便な取得などを背景にした「社会福祉の諸サービスの『民活』の進展」（桜井 2021:7）にも目を配る必要がある。図6-1、図6-2をみても、「NPO法人」や「その他の法人」の占める割合は低くなるものの、事業所数自体は増加していることがわかる。

（3）実施規模（定員）

次いで、実施規模（定員）についてみていく。放デイおよび学童保育における実施規模（定員）の割合を、表6-4、表6-5に示した。放デイでは、10人を定員とする事業所が8割を超えており、その割合が顕著に高い。他方で、学童保育においては、31～40人の定員区分が約3割、71人以上の区分が約2.5割で、これらの区分で過半数を占める。また、41～50人の区分が約1.5割である。

表6-4　放課後等デイサービスにおける定員の割合

定員数	割合
5人以下	4.1%
6～9人	0.3%
10人	84.5%
11～15人	1.9%
16～20人	4.9%
21人以上	2.4%
無回答	1.8%
計	100.0%

出所：みずほ情報総研（2020:67）「放課後等デイサービスの実態把握及び質に関する調査研究 報告書」を参考に筆者作成　(n=4,740)

表6-5　学童保育における利用定員の設定規模の状況

利用定員の設定規模	か所数	割合
10人以下	115	0.4%
11人～20人	999	3.9%
21人～30人	2,462	9.5%
31人～40人	7,801	30.2%
41人～50人	3,760	14.6%
51人～60人	2,309	8.9%
61人～70人	1,673	6.5%
71人以上	6,615	25.6%
設定していない	73	0.3%
計	25,807	100%

出所：こども家庭庁（2023:10-11）「令和5年 放課後児童健全育成事業（放課後児童クラブ）の実施状況」を参考に筆者作成

　このように、集団の規模に大きな異なりがあることも、障害児の放課後活動を捉える時には重要な論点になるといえよう。特に、放デイで10人定員の事業所が8割を超える背景には、次のような実態が想定される。

　第一に、障害児の放課後活動を実施するための実践的な側面である。障害児の特性を捉え、その願いに向き合った放課後活動を展開する際に、小集団である方が活動を組織しやすいと想定される。

　第二に、事業所設置に関わる認定が受けやすいという側面である。定員に応じて職員を配置する必要があるため、小規模定員である方が配置する職員の数は少なくなる。定員10人という比較的小規模な単位で、事業所の設置を可能にしたことが、放デイにおける事業所数の拡大に寄与したと考えられる。

　第三に、事業所収入のあり方についてである。放デイの報酬は日割り換算方式をとっており、小規模定員の方が1人当たりの単価が高く設定されている。もちろん、11人～20人の中規模、21人以上の大規模の事業所に多くの利用児が通所すれば事業所運営は可能である。その一方で、風邪やウイルス感染症による病欠、学校行事による欠席など、季節ごとに子どもが通所できない時期が重なることが想定される。定員に対して必要な職員を配置しておく必要があるため、通所の先読みが不透明となれば、中規模・大規模の開所を懸念することが想定される。そうした点を勘案して、小規模の事業所で高単価を取る方が経営効率がよいと判断する側面が推察される。

　なお補足であるが、定員数と利用者数が一致することは稀である。10人定員の事業所が約8割を占める中で、図6-3のように、1つの事業所あたりの実利用者数が15

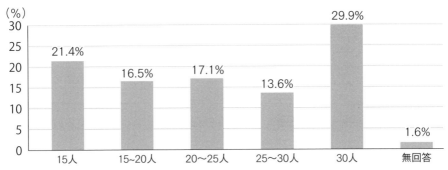

図6-3　放課後等デイサービスにおける実利用者数の割合
出所：みずほ情報総研（2020:71）
　　　「放課後等デイサービスの実態把握及び質に関する調査研究　報告書」を参考に筆者作成　（n=4,740）

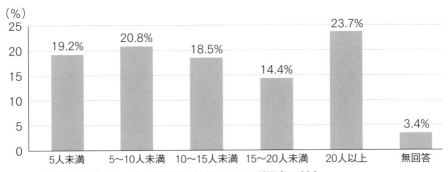

図6-4　放課後等デイサービス事業所を併用している利用者の割合
出所：みずほ情報総研（2020:119-120）
　　　「放課後等デイサービスの実態把握及び質に関する調査研究　報告書」を参考に筆者作成　（n=4,506）

〜29人の区分（15〜20人未満、20〜25人未満、25〜30人未満）で約半数を占める割合となる。概算ではあるが、定員数の1.5〜3倍程度の利用者が通所するものと考えられる。

　また、放デイを併用している利用者の割合を示すと、図6-4のようになる。10人定員の事業所が約8割を占めている中で、併用利用者が5〜9人の事業所が20.8％、10〜14人の事業所が18.5％、15〜19人が14.4％となっている。1事業所あたりの併用している利用者の割合は、5〜19人の区分で約半数を占めていることがわかる。その一方で、併用が5人未満と、利用者の大半が1つの事業所を単独利用している割合は、約2割を占めることも確認される。

（4）実施場所

　ここでは、実施場所についてみていきたい。放デイおよび学童保育における実施

場所は表6-6、表6-7のようになる。放デイでは、民家・民間ビルを実施場所にする割合が約半数を占め、次いで社会福祉施設が約3割となっている。ここでいう民家には、一戸建てやアパートの一室などが該当すると推察される。また、民間ビルには、コンビニエンスストアの空き店舗、雑居ビルのワンフロア、複合施設の一角などでの運営が想定される。

一方で、学童保育では、約半数が小学校を実施場所にしており、その内訳は学校の余裕教室が27.3％、学校敷地内専用施設が24.5％である。また、民家・アパートおよび空き店舗の区分を合算すると約1割を占める。これは、放デイの実施場所の約半数が民家・民間ビルという状況と大きなちがいといえる。このように、ひと口に放課後・休日の居場所といっても、実施される場所のちがいや特徴がみられる。

（5）利用料

本節の最後に、放デイの利用料と学童保育の保育料についてみていきたい。

第7章で論述するように、「放デイの利用料・学童保育の利用料」の差異が、利用者の比較事項になることが示されている。放デイと学童保育の利用料は、表6-8、表6-9、表6-10の通りである。

放デイの利用料は、応益負担を基本とし、利用者はサービスの1割を負担する。

表6-6　放課後等デイサービスにおける実施場所

実施場所	割合
学校施設[*1]	0.4%
社会教育施設[*2]	0.2%
社会福祉施設[*3]	33.5%
児童館	0.2%
民家・民間ビル	56.9%
その他	2.6%
記載なし	6.2%
計	100.0%

出所：宮地由紀子・中山徹（2020:31）「障がい児の放課後等の居場所づくり施策の現状と課題」を参照して筆者作成
[*1]：学校施設は幼稚園・小学校・中学校・当別支援学校・学校付設施設などを指す。
[*2]：社会教育施設とは、公民館・図書館・青少年センターなどを指す。
[*3]：社会福祉施設とは、社会福祉会館（福祉センター）・障害者施設・保育所などを指す。〔複数回答可〕(n=212)

表6-7　学童保育における実施場所の状況

実施場所	か所数	割合
小学校（学校の余裕教室）	7,041	27.3%
小学校（学校敷地内専用施設）	6,321	24.5%
児童館・児童センター	2,386	9.2%
公有地専用施設	1,935	7.5%
民有地専用施設	1,815	7.0%
民家・アパート	1,609	6.2%
公的施設利用	1,478	5.7%
団地集会所	92	0.4%
保育所	709	2.7%
幼稚園	270	1.0%
認定こども園	629	2.4%
空き店舗	1,064	4.1%
その他	458	1.8%
計	25,807	100%

出所：こども家庭庁（2023:10）「令和5年 放課後児童健全育成事業（放課後児童クラブ）の実施状況」を参照して筆者作成

世帯収入等に応じた段階的な負担額が設けられており、月額4,600円を負担する世帯がボリュームゾーンとなっている。

学童保育の保育料は、2,000円～10,000円未満の区分に、80.6%が該当する。その内訳は、4,000～6,000円未満と6,000～8,000円未満が２割を超え、8,000～

表6-8　障害児サービス（居宅・通所）における利用者負担額と割合（月額）

区分	世帯の収入状況	負担上限月額	区分の割合
生活保護	生活保護受給世帯	0円	2.6%
低所得	市民税非課税世帯	0円	11.4%
一般1	市民税課税世帯*	4,600円	75.1%
一般2	上記以外	37,200円	10.9%

出所：厚労省（2021:30）「障害児支援施策の概要」財務省（2023:116）「財政各論③：こども・高齢化等」を参考に筆者作成
＊：市町村民税所得割額28万円未満【両親（主たる生計維持者＋被扶養配偶者）＋こども2人（うち障害児1人）：年収約970万円未満】と設定される。

表6-9　学童保育における月額利用料とその割合

利用料の月額	クラブ数*	割合
2,000円未満	357	1.4%
2,000～4,000円未満	4,014	16.1%
4,000～6,000円未満	6,982	27.9%
6,000～8,000円未満	5,105	20.4%
8,000～10,000円未満	4,046	16.2%
10,000～12,000円未満	1,986	7.9%
12,000～14,000円未満	872	3.5%
14,000～16,000円未満	446	1.8%
16,000～18,000円未満	219	0.9%
18,000～20,000円未満	190	0.8%
20,000円以上	306	1.2%
おやつ代等のみ徴収	464	1.9%
計	24,987	100.0%

出所：こども家庭庁（2023:24）「令和5年 放課後児童健全育成事業（放課後児童クラブ）の実施状況」を参照して筆者作成
＊：利用料の徴収を行っているクラブは、全クラブ25,807か所のうち、96.8%である。

表6-10　学童保育における月額利用料とその割合

利用料減免の対象	クラブ数*1	割合*2
生活保護受給世帯	16,733	75.6%
市町村民税非課税世帯	10,380	46.9%
所得税非課税・市町村民税非課税世帯	2,898	13.1%
就学援助受給世帯	7,262	32.8%
ひとり親世帯	7,330	33.1%
兄弟姉妹利用世帯	13,980	63.2%
その他市町村が定める場合	9,749	44.1%
その他クラブが定める場合	1,087	4.9%

出所：こども家庭庁（2023:24）「令和5年 放課後児童健全育成事業（放課後児童クラブ）の実施状況」を参考に筆者作成
＊1：該当する項目は、複数回答が可能となっている。
＊2：利用料の減免を行っているクラブ数（2023:22,125）に対する割合である。

10,000円未満が1.5割を超える割合である。減免対象になる場合を除けば、放デイの実質負担額の方が比較的安価である傾向を読み取ることができる。

放課後等デイサービスにおける発達支援の提供

　前節では、障害児の放課後・休日対策として機能する3つの制度を比較することで、それぞれの制度が担う役割や障害児の利用状況などを概観してきた。こうした比較検討を通じて、制度の趣旨や利用児数の推移などをみても、放デイが障害児の放課後・休日対策の中心となる制度であることがわかる。前節の検討は、制度の規定や運営形態などの枠組みに関する検討が中心であった。本節では、上記の検討を受けて、放デイにおける発達支援の提供について検討を進めていく。

3-1　発達支援の内容と課題

（1）サービス提供に関わる論点

　まず、放デイの趣旨をみていく。放デイでは、「生活能力の向上のために必要な支援、社会との交流の促進を供与する」ことが規定されている。このように、「生活能力の向上」や「社会との交流の促進」といった支援を障害児の状態に応じて提供する役割が位置づけられている。

　なお、児童福祉法等の一部を改正する法律（2022）により、その趣旨は改正された。生活能力の向上のために必要な訓練」とされていた文言は、「生活能力の向上のために必要な支援」（下線筆者加筆）に改正された。

　なお、「訓練」から「支援」に改正するまでには短くない道のりがあった。全国放課後連などの団体からは、放課後活動の特徴を踏まえて「訓練」という表記の変更が訴えられてきた。こうした論点は、次にみる先行研究からも確認される。泉（2023）は、放デイの基本的役割について言及のある先行研究を整理しており、「子どもの最善の利益の保障」に関して記述のある先行研究を4点あげている。そのうちの2点にあたる、山本（2017）と丸山（2018）では、「訓練」に関する言及がある。その指摘を以下で確認しておきたい。

　山本（2017:111）は、「日中を学校で過ごし、教育を受けている子どもたちに放課

後もさらに『必要な訓練』とはどのような訓練であるのか」と、趣旨に示される訓練の位置づけ、学校外の活動の価値について指摘している。

丸山（2018:520）は、「放課後デイが学校に類似したものになることは、学校教育を歪めることにもなりかねない。学校が放課後デイに補完されなければ子どもに十分な『教育』が保障されないならば、学校教育についての公的責任が問われる」「原則的には有償である放課後デイの存在によって障害のある小学生や中学生の『教育』が成り立つと考えることは、『義務教育は、これを無償とする』としている日本国憲法第26条に背くことにもなりかねない」として、放デイにおける発達支援はこうした問題を視野に入れる必要があると指摘する。また、「障害のある子どもの『指導』や『訓練』だけを放課後デイの主な役割とみなすことは、必ずしも妥当ではない」（丸山2018:521）と指摘している。

「訓練」から「支援」に趣旨の一部が改正されたことは、単なる表記の変更に留まらず、放デイが子どもの生活のどういった部分に関わる制度であるか、放課後や休日の活動として提供するサービスとは何か、など放デイの根幹を問い直すものと考えられる。

（2）提供される発達支援

前節の検討を通じ確認されたように、放デイの設置主体・運営主体は民間に委ねられ、実施場所は民間ビル・民家に多い。放デイでは、多様な運営形態を有する主体

表6-11　支援内容の種類とその提供の有無

支援内容の種類	1人の利用者に1か月で提供されるコマ数の平均（回）	1コマあたりの平均時間（分）	「提供していない」と回答した割合（％）
①基本的な日常生活動作（ADL）の自立の支援	11.53	30.66	6.1
②社会性やコミュニケーションスキルの獲得・向上の支援	10.88	34.52	2.0
③事業所内で文化芸術活動を行う時間の提供	7.31	34.02	16.7
④外出、野外活動や外部公共施設利用の機会の提供	6.12	74.10	10.7
⑤学習教材や宿題に取り組む時間、学習支援の提供	12.44	29.99	13.7
⑥有資格者による訓練（言語療法、作業療法・感覚統合訓練など）	5.55	34.50	73.7
⑦具体的な活動を設けず本人が自由に過ごせる時間の提供	―	―	9.9

出所：みずほ情報総研（2020:81-90）「放課後等デイサービスの実態把握及び質に関する調査研究報告書」を参考に筆者作成

がサービスを供給している。特に本項で着目する「支援内容」「活動時間」は、サービス提供主体の運営方針や支援の特徴などを示す旗印になり、他事業所との差異や独自性を示す部分になると考えられる。換言すれば、多様な運営形態を有する供給主体間での競争を優位に進める「セールスポイント」として機能しやすい部分と推察される。以下では、支援内容の種類、サービス提供時間などの様相を把握していきたい。

みずほ情報総研（2020:81-96）では「支援内容の提供の有無」をアンケート調査している。それを参考に支援内容の種類と支援の提供の有無を整理すると、表6-11のようになる。支援内容の種類は、①基本的な日常生活動作（ADL）の自立の支援、②社会性やコミュニケーションスキルの獲得・向上の支援、③事業所内で文化芸術活動を行う時間の提供、④外出、野外活動や外部公共施設利用の機会の提供、⑤学習教材や宿題に取り組む時間、学習支援の提供、⑥有資格者による訓練（言語療法、作業療法・感覚統合訓練など）、⑦具体的な活動を設けず本人が自由に過ごせる時間の提供、が設定されている。

また、①基本的な日常生活動作（ADL）の自立の支援、②社会性やコミュニケーションスキルの獲得・向上の支援、⑤学習教材や宿題に取り組む時間、学習支援の提供が、1人の利用者に1か月で提供されるコマ数の平均が10回を超えており、日常的に提供される支援として上位に位置づくことが推察される。他方で、④外出、野外活動や外部公共施設利用の機会の提供は、約6回と多いとはいえないが、1コマあたりの平均時間が約74分となる。このことから、外出や野外活動を行う事業所は、その活動に対し積極的に時間をかけて取り組んでいること、一度屋外に出たら長時間その活動に当てることが推察される。

また、東京都福祉保健局（2021:10-11）のアンケート調査では、放デイ事業所において「主に行っている支援」を明示している[※5]。

「集団活動で主に行っている支援」として、①コミュニケーションに課題のある児童への支援25％、②基本的日常生活動作22％、③創作活動10％、④自立に向けた支援7％、⑤学習支援5％、と示される。また、その他として、運動遊び及び運動療法、音楽療法（楽器の使用を含む）、感覚刺激、パソコンがあがる。

「個別活動で主に行っている支援」として、①基本的日常生活動作32％、②コミュニケーションに課題のある児童への支援21％、③学習支援17％、④自立に向けた支援11％、⑤創作活動9％、と示されている。また、その他として、おやつのお買い物、発語の促しなどがあがる。集団活動および個人活動では、「コミュニケーショ

ンに課題のある児童への支援」「基本的日常生活動作」が中心的な支援となっていることが推察される。また「学習支援」は、個別活動として提供されることがわかる。

　上記した2点のアンケート調査から、放デイでの大まかな支援内容をうかがい知ることができる。このような「多様な支援」の広がりは、支援や療育の選択肢の増幅として扱われる一方で、制度として支援内容を規定することのむずかしさを暗示するともいえる。特に、放デイは社会福祉制度の1つであるため、支援内容の規定は制度の存立根拠にも繋がる。

　たとえば、「利益優先の事業所や質の低いサービスの例が問題視されている。…見守りだけの事業所のほか、学習やピアノなどに特化した塾や習い事のような支援は公費で賄う対象から外す方針だ」(京都新聞2021年12月6日)といった報道も確認されるように、放デイでは、発達支援の質が絶えず制度的課題となっている。

　発達支援の議論においては、放デイが利用者の生活のどのような時間や活動に対しアプローチする制度であるか、根源的な問いに立ち返り検討する必要がある。

　たとえば、元森 (2009:4,24) は、大きく分けて「子ども」観には、「児童中心主義的なもの」と「より教育的・統制的なもの」があると整理する。前者については、「子ども」は、「童心」「無垢」「野生」などの「子どもらしさ」をもつため「子ども期」を確保すべきで、その先に「子ども」は「大人」に成長すると見通す。後者は、「子ども」には教育的配慮が必要であり、教育を媒介し徐々に「大人」の世界への参画を見通す。あるいは、神野 (2008:2) は、「ケア」が医療や教育と相違すると考えられるのは、医療や教育は専門性が要請されるのに対し、「ケア」は人間の日常的生活機能の支援を求める比重が高いと指摘する。

　放デイは、放課後や休日という学校や家庭とは異なる特異的な舞台を対象にする制度であるため、元森 (2009) の整理した2つの「子ども」観や、神野 (2008) の指摘する教育的役割とケア的役割という2つの役割が、交錯しやすいと考えられる。

　なお、厚労省では、今後の放デイの方向性などを検討するため、2021年6月から計8回にわたり「障害児通所支援の在り方に関する検討会」を開催した[※6]。その報告書では、放デイを含む障害児通所支援は、「障害のある子どもにとって、児童期から適切な発達支援を受けて成長していくことは、安心感や自尊心等を育むことで持てる能力の発揮に着実に貢献し、成人後の生きづらさの軽減や予防につながるものであり、<u>社会全体からみても大きな意義がある</u>」(下線筆者加筆)と指摘している(厚労省2021b:3)。

また、参議院内閣委員会では、放デイを含めた障害児通所支援について質疑答弁が行われた（2023年3月17日）。質問に対して担当大臣は、「生活・遊び・集団という視点も含めて発達支援を行うとともに、学校や家庭とは異なるその子らしく過ごせる場所として、障害のある子どもと家族を支える重要なサービスと認識をしております」と答弁した[※7]。2023年4月から放デイを含む障害児通所支援の所管がこども家庭庁に移管されたことも含め、政策展開を注視する必要がある。なお、発達支援に着目した検討は、第9章に論述する。

3-2　活動・開所時間と職員配置の実態

　次に、放デイでの活動時間についてである。各放デイ事業所の開所時間は、平日・休日ともに、1時間以下の短時間から7時間を超える長時間までと開きがある。厚労省（2022a:11）の「利用時間別の利用者の分布」によれば、平日の場合、①1時間超2時間以下が39.4％、②2時間超3時間以下33.6％で半数を占め、③3時間超4時間以下11.8％、④1時間以下9.4％と続く。休日の場合、①5時間超6時間以下が30.7％、②6時間超7時間以下が22.5％で半数を占め、③7時間超が18.6％、④4時間超5時間以下が6.5％と続く。

　上記の数値を踏まえると、平日では学校終了後放デイに通所し18時を目安に退所する利用、休日では朝に通所し夕方に退所する利用が一般的と推察される。

　また、事業所への報酬は、営業時間に応じて区分を設定している。営業時間が短い事業所は、人件費等のコストを踏まえ、通常より低い報酬が設定されている。他方で、利用者にとっては、サービスの利用時間を考慮した報酬体系にはなっていない（厚労省2022a:11）。

　利用時間が報酬体系に考慮されていないということは、時間の長短にかかわらず、利用者が支払う放デイの利用料が一定であることを意味している。一部の利用者にとってみれば、「長時間の預かり」を実施する事業所への利用を希望するインセンティブとして働きうることも考えられる。

　ここまで検討してきた放デイの支援内容と活動時間に関わる課題として、①保護者の就労やレスパイト（一時休息）を保障するための開所時間が必要である一方、「単なる預かり」[※8]を是正する必要があること、②質の高い発達支援の実施と長時間活動の関係性（質の高い発達支援は必ずしも長時間活動が良いとは限らない）などがあげられる。

放デイは、障害児の発達支援、その保護者の就労やレスパイトケアを統合的に保障する制度であるだけに、どのニーズに力点を置き制度設計をするかむずかしい課題となっている。ただし、松下（2023:27）が指摘するように、放デイの基本的役割の１つに保護者支援があり、子どもに向き合って発達に好ましい影響をおよぼすための保護者支援は重要であるが、あくまでも子どもの最善の利益の保障のための保護者支援であることに留意する必要がある。

　ここでは最後に、上記した放デイでの支援内容や活動時間の直接的な担い手となる職員配置の実態についてみておきたい。

　放デイ事業所を設置する際の「主な人員配置」として、「児童発達支援管理責任者１人以上」「児童指導員及び保育士が10人の利用者定員に対し２人以上（10:2）」「管理者」の配置が定められている（厚労省2022a:7）。みずほ情報総研（2020:57）は、「事業所の職種別職員数（常勤換算）」を調査している。そこでは、①児童発達支援管理責任者：1.04人、②児童指導員：2.99人、③保育士：1.74人、④障害福祉サービス経験者：1.10人、⑤看護師：0.97人、⑥作業療法士：0.38人、⑦理学療法士：0.37人、⑧言語聴覚士：0.35人、⑨心理担当職員：0.35人、⑩医師（嘱託医）：0.32人、①〜⑩以外の職種：1.84人、となっている。

　上記「事業所の職種別職員数」の①から④の職員は、おおむね「主な人員配置」に準ずる。⑤は重症心身障害児の医療的ケアに際する看護職員の配置、⑥⑦⑧は専門的支援の強化のため基準人員に加えた配置（「専門的支援加算」の対象となる）などに対応するものと推察される。⑨は、臨床心理士や臨床発達心理士、厚労省が2019年に心理職の国家資格として開始した公認心理師に関連すると推察されるが、配置の実態はまだ少なく、拡充が期待される。

3-3　コロナ禍における放課後等デイサービスの対応

　本項では、コロナ禍において放デイが果たした役割をみていきたい。

　上述のように2012年に放デイが創設されて以降、利用者と事業者の量的拡大は、目を見張るものがある。その一方で、「未曾有の災害」とも言われたコロナ禍（COVID-19）においては、放デイの量的拡大が、障害児の居場所とその保護者の就労支援を支えた側面もあった。端的に言えば、厚労省が所轄する放デイは、コロナ禍においても開所するところが多く、各放デイ事業所の献身的な努力によって、障

害児の居場所の確保とその保護者の就労が支えられた。

　第2章の新聞記事でも確認したが、コロナ禍における行政対応は、文科省や厚労省などの所轄により大きく異なった。当時の行政対応を知ることができる新聞記事を改めて確認する。

> 「萩生田光一文部科学相は28日午前の記者会見で…予算委で、塾などには経済産業省を通じて休業を要請するとし、学校のクラブ活動も『中止してもらうのが望ましい』と述べた。…加藤勝信厚生労働相は…保育所や放課後児童クラブ（学童保育）が引き続き開所することについて『感染の予防には十分留意する』とした。…福岡市教委の担当者は28日午前9時過ぎ、『幹部が打ち合わせ中。バタバタの状況だ。検討中としか言えない』と言葉少なだった。その後午前11時前に、高島宗一郎市長はブログで『3月2日から春休みまで福岡市立の小中高校と特別支援学校を臨時休校にします』と表明した。市によると、学童保育は平日午前8時〜午後7時に受け入れ、放課後デイサービスも朝からの開所を事業所に要請するという。」（毎日新聞2020年2月28日）（下線筆者加筆）

> 「新型コロナウイルスの感染拡大防止のため、小中学校や高校と共に、特別支援学校も休校が続いている。障害のある子供は見守りが欠かせず、保護者の負担は大きい。受け皿となる放課後等デイサービスも人手の確保や感染防止に苦慮している。」（読売新聞2020年3月17日）（下線筆者加筆）

　このように、コロナ禍において、放デイのみならず、厚労省が管轄の学童保育も運営を続け、子どもと保護者の生活を支援したことがわかる。

　他方で、学校教育は、「自粛」を基本とした「休校」の措置がとられた。2020年2月27日には、小中高校・特別支援学校の全国一斉休校措置が要請され、3月2日から「早い春季休暇」に入った。また、同年3月24日「令和2年度における小学校、中学校、高等学校及び特別支援学校等における教育活動の再開等について」の通知を出し、学校再開の課題は、各自治体の判断に委ねられた（文科省2020）。「早い春季休暇」の翌日から5月6日までの間「臨時休校」の措置を取る自治体が多く、その後も「分散登校」などの措置がとられた。さらに、新型インフルエンザ等対策特別措置法に基づく「緊急事態宣言」が発令されるたびに、学校教育の再開・封鎖など大きな混乱がもたらされた。

　増山（2021:13）は、「突然の休校措置は、特にひとり親家庭や障害児を持った家庭にとっては、子育ての矛盾を増大させるものとなった。働く親にとっては、休校

後の子どもの居場所の午前中からの確保が不可欠である」と指摘した。

2020年2月27日の小中高校・特別支援学校の全国一斉休校措置による要請を起点にして「臨時休校」「分散登校」「学級閉鎖」が繰り返された。他方で、2023年5月8日から感染症の予防及び感染症の患者に対する医療に関する法律（「感染症法」）において「新型インフルエンザ等感染症」に該当しないものとする「5類感染症」に位置づけたことで（厚労省2023）、コロナ禍に伴う「緊急事態宣言」の発令などに1つの収束点がみられる。

コロナ禍の約3年にわたる「臨時休校」「分散登校」「学級閉鎖」などは、明治期の学制以来、学校教育にとって稀有なできごとの1つであったと考えられる。そして、学校教育の措置に対する障害児とその保護者の緊急なニーズは、放デイなど放課後・休日を支援する主体によって担われた。こうした対応は、改めてエッセンシャルワークが見直されるきっかけにもなった。

4節　数量データが示す放課後等デイサービスの特徴

本章では、官庁統計や外郭団体等の数量データから放デイを中心とする放課後・休日対策の全体的な傾向を明示し、障害児が地域社会で生活する上での基盤整備や制度の利用状況などを明確にしてきた。放デイ事業所の特徴は、「民設・民営」「10人定員の小規模運営」「利用児の併所利用」「民間ビル・民家での実施」という傾向が強いことがわかる。これは、放デイの設置や運営が民間に委ねられ、民家や民間ビルで実施される傾向にあるということであり、多様なサービス供給主体が多様な場所を活用して支援を実施していることを示す。

放デイでの発達支援は、放課後・休日の穏やかな活動であるため明確な規則を定めることは容易ではないが、大まかな支援の方向性として、コミュニケーションに関する支援、学習支援、野外活動、文化芸術活動、有資格者による訓練、本人が自由に過ごす余暇、などの提供があることを確認した。とりわけ、こうした支援内容あるいは活動時間は、各事業所の運営方針や特徴を示す旗印になり、他事業所との差異や独自性を示す部分になると考えられる。

また、コロナ禍（COVID-19）において、放デイを中心とする放課後・休日対策が果たした役割を明示した。コロナ禍における障害児の(午前中からの)居場所の確保は、

放デイや学童保育など放課後・休日を支援する主体による献身的なエッセンシャルワークによって支えられた。こうした予期せぬ事態に対応できた一因には、放デイの量的拡大が関係しているといえる。

以上のことを踏まえれば、放デイにおける量的拡大が必ずしも「悪しき増加」であったわけではないと考えられる。しかし、第Ⅰ部に先述したように、放デイの制度化がもつ正負の二側面がある。このような放課後・休日対策の展開と現状を踏まえ、次章以降において、放デイの制度的課題をより丁寧にみていく。

[注]

※1 その内訳（2021年）は、特別支援学校の児童生徒数が146,285人、特別支援学級の児童生徒数が326,457人、通級による指導を受けている児童生徒数が183,879人である（文科省2021ab、2023）。

※2 利用実人員数は、指定の期間にサービスを利用した人数を指す。対象期間中に1回でも利用があれば利用実人員数の1人として換算され、複数回の利用があった場合でも1人と換算される。

※3 この数値に加えて、通常学級に在籍する子どもが放デイを利用する場合も想定される。

※4 なお、日中一時支援における障害児の実利用者数は、19,964人（41.9％）であり、その内訳は、7歳未満が2,790人（5.9％）、7歳以上13歳未満が7,968人（16.7％）、13歳以上15歳未満が2,979人（6.3％）、15歳以上が6,227人（13.1％）であった。また、障害者の実利用者数は、身体障害小計が5,037人（10.6％）、知的障害小計が20,758人（43.6％）、精神障害小計が1,877人（3.9％）、難病等小計が18人（0.0％）であり、合計47,654人である（みずほ情報総研2018）。

※5 当調査では、上位3位までの主な支援内容を明示しているが、ここでは1位として回答された結果を示している。

※6 当検討会を踏まえ、社会保障審議会障害者部会の「障害者総合支援法改正法施行後3年の見直しについて 中間整理」が行われ、2022年8月からは「障害児通所支援に関する検討会」が開催された。

※7 記述した答弁は、2023年3月17日参議院内閣委員会インターネット審議中継を、筆者が文字起こしした内容に基づく。最終閲覧日：2023年3月21日 質疑者：井上哲士議員、答弁者：小倉將信内閣府特命担当大臣および厚労省社会・援護局障害保健福祉部部長。(https://www.webtv.angiin.go.jp/webtv/index.php)

※8 たとえば、「コストを下げるため、『アニメをみせるだけ』など余暇活動に偏る事業所もある」（朝日新聞2021年3月14日）などの指摘がある。

Ⅲ部

放課後等デイサービスの基礎構造と内包する課題

第 7 章 発達障害のある子どもの利用からみる放課後等デイサービスの量的拡大の構造

1節 本章の研究目的と問題の所在

1-1 本章の目的

　本章の目的は、放デイの利用者数の増加を規定する構造を探索的に明らかにすることにある。放デイでは、前章までに指摘し、また後に論述するように、急激な量的拡大が制度的課題となっている。本章では、そのなかでも増加が著しい、発達障害児の放デイ利用が増加した背景に着目して、インタビューデータをもとにした具体的な記述から検討し、その構造の一端を把握することを試みる。

　また、第1章に記した内容の繰り返しとなるが、本章からはじまる第Ⅲ部において着目する発達障害児の意味を示しておきたい。本書では、発達障害者支援法の対象を中心としつつも※1、通常の学校に在籍する療育手帳、障害者手帳の取得や診断などの有無にかかわらず、生活全般に対する生きにくさや学習に対する困難性をもつ「特別な教育的ニーズ」のある子どもを含み検討している。その理由は、①今日の発達障害を巡る用語の扱い方は、ICD-11やDSM-5などの定義をみても不確定な部分があるため（Klinら2008:566）、②学術的定義と教育現場の間で用語に差異があるため（窪島2019:17）、③日本の学校教育では「二重学籍」の是非の議論があるように、学籍が子どもの発達環境を規定する側面があるため（窪島2019:705）である。

1-2 問題の所在

（１）放課後等デイサービスの量的拡大が課題となる背景
　　　——政策文書を通じた整理

　以下には、本章の問題の所在を明確にするために政策文書と先行研究の整理を行う。

　まず、政策文書の整理を行う。放デイの利用者数は、前章までに幾度と示したように、制度化された2012年以降、毎年増加を続けている。第１章に図示したものを再掲すれば、図7-1のようになる。利用者数、事業所数ともに大幅な増加傾向にある。

　厚労省は、「障害児通所支援の在り方に関する検討会」を2021年６月から８度にわたり開催し、放デイの役割や機能を議論した。その報告書では、制度化から約10年間で、日常生活圏（中学校区程度）に放デイや児童発達支援が１か所程度ある地域が平均となったと指摘する（厚労省2021b:1）。また、「約10年間での状況変化」に伴い「利用者数の増加とともに利用者像」も変化しており、放デイや児童発達支援の現状は、こうした「変化に十分対応しているのか、改めて検討する必要がある」（厚労省2021b:1）と指摘する。

　この「約10年間での状況変化」の背景として指摘されるのが、「発達障害の認知の社会的広がり」や「女性の就労率の上昇」である（厚労省2021b:1）。特に、費用額（サービス支給量）の伸びは、「利用者数」と「一人当たり費用」の２つの要素に分解される。障害児通所サービス費の伸びに大きく寄与するのは利用者数であり、その伸びの主要因について「近年の発達障害の認知の社会的広がりにより、従来は、育てにくさ・

図7-1　放課後等デイサービスにおける利用者数・事業所数の推移
出所：2012年から2022年の「社会福祉施設等調査の概況」を参照して筆者作成

1節　本章の研究目的と問題の所在　183

生きづらさを抱えながらも、障害として認識されず、発達支援につながってこなかった子どもたちが、関係者の尽力等により、幼少期の間に<u>発達支援につながるようになってきたことが考えられる</u>」（下線筆者加筆）（厚労省2021b:2）と指摘する。

この「利用者数の伸び」が障害児通所サービス費の拡大に影響を与えていることは、第１章の表1-2（P.23）で示しており、2012年から2022年までの10年で、利用実人数が約11.9倍になるのに対し、１人当たりの利用回数は6.4から7.3回と近似する値をとることからも裏付けられる。

また、2014年から2019年までの５年間の「小中学校において通級による指導を受けている児童生徒数の推移」をみれば、発達障害（情緒障害、自閉症、学習障害、注意欠陥多動性障害）の児童生徒数が約２倍となり、一方、同期間の放デイの利用者数は約2.6倍となるとし（厚労省2021b:2）、通常の学校に在籍する発達障害児と放デイの利用の増加傾向が重なることを指摘している[※2]。

このように発達障害児の放デイ利用の増加は、社会的支援の対象が拡大した側面において肯定的に語られる一方で、制度の支出を増大させる一要因となるためコスト論との関係から問題視される。実際に、「障害福祉サービス等報酬」の改定（以下、「報酬改定」）によって制度の支出や報酬体系が３年ごとに見直されるが、放デイの場合は、2012年の制度化以降、４回（2015年、2018年、2021年、2024年）実施されてきた（障害のある子どもの放課後保障全国連絡会2021）[※3]。

しかし、こうした社会的支援の拡大とコスト論との関係における問題は、放デイに限られた議論ではない。たとえば、障害児教育の文脈などで指摘されてきた。窪島（1998:15-16,47）は、どのような概念や形態に基づき障害児教育に含めるか、そのちがいが対象児の比率に直結し、障害児教育の対象児の増加に伴い検討すべき諸課題は増すとする。しかし、そこには財政政策を１つの要因としながら、多様化する障害児教育の諸課題に対応することが求められ、パラドキシカルな現象が生じると指摘する。このような点を踏まえれば、量的拡大は、財政政策に関する制度的な課題として、政策主体や実践主体に不可欠な論点と考えられる。

（２）本章の位置づけ

次に、先行研究の整理を通じ、本章の位置づけを明記する。放デイに関する研究は、制度化以降、徐々に拡大している。国立情報学研究所学術情報ナビゲータ（CiNii）で「放課後デイ」を検索すると、337件がヒットした（2023年５月28日時点）。第2

章に先述のように、鈴木（2021）が放デイに関わる先行研究を8つに分類しており、各領域で研究が展開されていることがわかる。

他方で、第2章に論述したように、先行研究では量的拡大そのものを主題とした研究が必ずしも多くない。放デイの量的拡大は一体どこからきたものなのか、この拡大の要因に関する検討が求められる。

また、先述した政策文書を踏まえても、量的拡大の要因には「発達障害児の認識の広がり」「女性の社会進出」とあげられるが、これ以上の内実に迫る知見がいまだ少ない。特に、上述の文書には「発達支援につながるようになってきた」（厚労省2021b:2）とあるが、それはいかにして「つながるようになった」のか、その文脈の広がりを整理した知見が求められる。このような状況を乗り越え、放デイの量的拡大の要因に迫る新たな知見を導出することは、学術的・社会的に重要な課題といえる。

さらに先行研究では、昨今の障害児の生活状況を鑑み、単一の制度や居場所に焦点化するだけでなく、「併用する制度」「共有する居場所」を横断的に検討する研究が進む。たとえば、障害児の居場所を横断的に研究したものとして、放デイと学校教育の連携に焦点を当てた研究（丸山2018）、放デイや学童保育など「障害児の放課後」を横断的に捉えた研究がみられる（牛木・定行2020、丸山2020）。なお、牛木・定行（2020:35-36）は、「障害児」と大きな概念での「放課後支援」の議論が進められてきたが、今後は障害特性に合わせた基礎資料として「放課後の場」の現状の調査を進めていくことが必要と結論づけている。

このように、障害児の生活状況を鑑み、「障害児が併用する制度」「共有する居場所」を意識した検討が必要であること、障害特性に合わせ実態把握を行うことが求められる。

以上のような内容が、当該領域における課題となっており、本章では、発達障害児の放デイ利用が量的拡大した背景に着目し、具体的な記述を通じてその構造の一端を把握することを研究課題として設定した。また、発達支援はいかにしてつながるようになったのか（厚労省2021b:2）、その文脈の広がりを整理する必要があるため、放デイとの連携が期待される居場所[※4]の関係に着目し、各居場所からどのような要請が寄せられるのか検討を試みる。

以上が本章の研究目的および問題の所在である。以下では、第2節において本調査の概要を明記し、第3節では、調査結果と考察を明示する。第4節において本調査を通じて得た知見を述べ、本章の結論としたい。

2節 調査の概要

2-1 調査の方法と対象

　本章では、次章の調査と同様に、放デイ制度化以前あるいは制度化直後から発達障害児の支援に携わってきた経験をもつ事業者から得たインタビュー調査の内容を主な資料とする。インタビューした内容は音声データで録音したのち、録音データは文字起こしした。

　調査対象は、放デイ事業者の連絡会であるX団体の事務局と調査対象者に関わる協議を行い、放デイ制度化以前あるいは制度化直後から発達障害児の支援に携わる事業者を選定した。許可が得られた事業者に対し、それぞれ1時間10分から2時間、インタビューを行った。表7-1は、調査対象者の一覧である。

　なお、第3章に示しているように、本章と次章の内容は、同一の調査対象から得た結果である。この調査では主に3つの視点から調査を行い、そのうちの1点目と2点目の内容を本章に明記している。その2点とは、①放デイの制度化（2012年）の前後で、発達障害児とその保護者に対する支援の実態や在り方にどのような変化が生じたか、②放デイの制度化以降、発達障害児の利用が増加し続ける背景にはどのような実態が関わるのか、である。

　また、X団体を基軸に調査対象を選定した理由は、次のような特徴からである。X団体は、障害児の発達およびその家族への援助を保障することを目的に発足した放デイ事業者を中心にした全国組織である。2021年7月および2022年8月には、

表7-1　インタビュー調査の概要

対象者	調査年月日	時間	役職	発達障害児等の障害児に関わる年数
A	2022年 3月20日	1時間10分	一般社団法人代表理事	約12年
B	2022年 5月 1日	1時間30分	一般社団法人代表理事	約27年
C	2022年 5月 7日	2時間10分	合同会社代表理事および児童発達管理責任者	約16年
D	2022年 5月14日	2時間	NPO法人理事長	約17年
E	2022年 5月21日	2時間15分	施設管理者および児童発達管理責任者	約35年
F	2022年 6月 4日	1時間50分	相談支援専門員（前職：児童発達管理責任者）	約9年

厚労省の障害児通所支援に関する「検討会」のヒアリング団体として参画し放デイ制度改善の提言を行っている。全国実態調査の実施と公表、厚労省との懇談、独自の研修会実施など、放デイ制度の改善に関する役割を担っている。

2-2 採用する方法と分析の視点

上記しているように、本章において具体的な記述を通じた検討を行うのは、放デイの量的拡大を規定する独自の文脈や状況を念頭に置くためである。数量的な調査による実態把握が進む中で、上記のような独自の文脈や構造によって規定される制度的課題を明らかにすることも必須である。換言すれば、どのような要因に規定され、今日の放デイの姿が顕在化しているのか、知見の付加が必要である。

本章では、教育社会学、社会福祉学で採用される探索的な視点に基づいた検討を試みる。その理由は、次のような問題関心が近似するからである。

たとえば、教育社会学を専門にする本田（2008:53）は、「家庭教育」を主題としたインタビュー調査を実施するが、その背景を「いかなる点で、どれほどの『格差』や『葛藤』がまさに生じているのかということをつぶさに明らかにしない限り、政策提言も、またそれへの対抗策も、緒に就くことはできないはずである」と説明し、まずそれらを「生々しく把握することが必要」と指摘する[※5]。また、社会学・社会福祉学を専門とする桜井（2021:234-235、244）は、探索的な調査を通じカナダにおけるコミュニティをベースとして活動するNPOの実態を明示している。

これらと本章は、主題こそ異なるものの、政策的・社会情勢的に照らした研究の問題関心の緊急性に鑑み、インタビュー調査に基づく探索的な方法を通じて、対象とする社会課題の構造を明示することに共通点がある。本章においても、このような視点を基本にし、課題の検討を進めていく。

3節 調査結果と考察
——発達障害児の放課後等デイサービス利用が拡大した背景

本章では、調査対象者の語りを整理し、インタビュー調査から明らかになった内容を明記する。特に、上述した問題の所在を踏まえ、放デイとは異なる社会的役割

が想定されつつも連携が期待される「学童保育」「学校」「家庭」「児童発達」との関係に着目し、各居場所からどのような要請が行われ、放デイにおける利用ニーズの拡大は進んだのか、具体的な記述を通じその構造の一端を明示する。

なお、以下で用いるインタビューデータは、筆者による発言の補足を【●●】、その他の補足を（●●）で表すことにする。プライバシーの保護および読みやすさを図るため、インタビューデータには若干の修正を行っている。

3-1　発達障害児に対する社会的支援の広がりと学童保育

（1）放課後等デイサービス制度化前

まず、放デイが制度化する以前における発達障害児の放課後・休日の様相を例示したい。

> 学童保育になりますよね。あとは、おじいちゃんおばあちゃんが近くにいれば、そこでしょうね。お仕事をやめて、子どもたちが帰宅する時間には帰れるようなパートに変えるとか、そんな形でやっていたのではないかと思います。（A氏）

> 働いている親の子の場合は、普通の学童クラブ【学童保育】に行っていました。（C氏）

上記のように、学童保育は発達障害児の放課後・休日の1つの居場所として機能していた。紙幅の都合上すべてを明記できないが、他の対象者からもこれらに類似する語りは複数確認された（B氏、D氏、F氏）。

他方、都市圏では、次のような居場所も創出されていたことがわかった。次に示すのは、自治体独自の補助制度があった先駆的な自治体の実例である。

> 自閉症もいたけど、コミュニケーションがしっかりとれて「こだわり」だけ【がニーズ】で【事業所に】来ている子もいたし、1つのことにとても秀でている子もいたし。ピークの時は、1日10人くらいいたその中に、2〜3割なので、2〜3人は発達障害児といわれる子はいたかな。……たとえば、かんしゃくをおこしちゃうということで、そうすると【学童保育の】指導員を1人増やさなくてはいけないので予算がとれない。だから【学童保育での受け入れが】「できません」と断られたという【利用希望の】相談がありましたね。（D氏）

> 本当に当初【1980年代の開所以来】は、凄い障害の軽い子から、車いすの子から、めちゃめちゃ自傷他害が激しい自閉の子から、いろんな子がいた。発達障害の子もそれなりに、ずっといた。(E氏)

　このように、自治体独自の補助制度がある地域では、障害児を対象にした施設において発達障害児が受け入れられていたことが確認される。しかし、上記の語りが、全国的に普及していたとは言いがたい。自治体独自の運営資金が相対的に少額の地域では、以下に例示するような状況も少なくなかったことが想定される。

> 私が放デイを開所したときが【2013年】、放デイ制度ができて1年だったので、放デイという制度がまず私が住んでいる地域にはない。【発達障害のある】子どもたちは、行けて学童保育。でも学童保育に行けても、そこでは「困った子ども」ということが多かったですよね。(A氏)

　定型発達の子どもとともに生活することが要求される学童保育において、発達障害児の受け入れが課題となってきたことが推察される。次に示すように、発達障害児の学童保育での生活は、不安定さも内包していたことが確認される。

> 60人、70人の中に、その子【発達障害児】が入っていくので、学童の先生も数はいると思うけど、60人の中に入るのは、障害のある子にとってはちょっとしんどいところがありますよね。発達障害児の特性で言っても、自閉の子でも音とか過敏性がある子とか学童保育はしんどいしね。ADHDであったら、トラブっちゃうから、人数が少ない方がいいとかね。そういうところをね。だから、発達障害の子が放デイに定着したというのは、わからなくもないですよね。(B氏)

> 学童保育でアルバイトをやっていたんですけども、80人くらいの子が学童クラブを利用していたんですよ。その中で、5人から10人くらいの間で、すごい「困った子」というのがいました。……やっぱりそういう子を預ける場所は、学童保育。ただ、クレームの嵐でしたね。ほかのお母さんからクレームがでたり、ほかの子どもからクレームがでたりとあったので。なので【学童保育に】いられなくて、退所せざるを得ないというのがありました。(C氏)

　上記からは、大規模の集団に馴染めない子どもが存在し、トラブルを引き起こす

という意味で学童保育での活動が困難となる実態が確認された。さらにそうした困難を抱えていたからこそ、発達障害児の放デイ利用が定着することもわからなくもない、という言及が確認される。

なお、第6章では、放デイと学童保育の特徴を比較して、子ども集団の規模（放課後活動の実施規模）に差異があることを確認した。具体的に言えば、放デイでは10人定員の事業所が約8割であり、学童保育では31〜40人の区分が約3割、71人以上の区分が約2.5割となっていた。こうした集団の規模は、発達障害児の放課後活動に影響を与えることが上記の語りから補足される。

放デイ制度化以前は、定型発達の子どもと遊ぶ、家族とともに過ごす、学童保育に通所する、障害児への放課後支援が進んだ自治体の場合はその制度を利用し放課後の活動をする、といった状況にあったことがわかった。このように、発達障害児が放課後・休日に活動できる場所は、皆無であったわけではないが、困難や生きづらさに応答する機関や体制が十分に整っていたとはいえない状況であったことが推察される。

（2）放課後等デイサービス制度化後

ここではまず、放デイ制度が創設されたことが、発達障害児にとってどのような意味をもたらしたのか、以下において例示したい。

> いい施設であれば、その子のいいところを引き出してあげるというか、ホッとできる場所として自分らしくいれるというところかな。あとは、放デイに来ることで、人間関係の構築やコミュニケーションができるといいなと思います。やはり、学校など通常のところで、友だちと遊ぶことができなかったりすることも多いので、自然とそれができるのはいいのかな、そういう役割を担っているのかなと思います。（B氏）

上記は一例にすぎないが、「ホッとできる場所」「人間関係・友だち関係の構築」「コミュニケーション」などを自然に育める場所として放デイの役割が期待されていることが確認される。また、紙幅の都合ですべてを例示できないが、調査対象者の全員が発達障害児の「居場所」として、放デイが担う役割が小さくないことを強調している。

こうした発達障害児の発達に放デイが果たす役割に加え、次に示すように、発達障害児を受け入れる条件からも、放デイでの利用が拡大したことが考えられる。

> 市の自立支援協議会があるんですけど、学童保育の先生たちも参加していただいたことがあったんですけど、やっぱり人数が学童保育は多い。たとえば、10人、20人の世界（放デイの定員を指す）ではなくて、70人、80人の世界の中（学童保育の定員を指す）で、発達障害のお子さんがいることで、職員の手が足らないということと、他のお子さんに影響がかなりあるということで、受け入れが困難という話が出ていて。そういうお子さんたちは、放デイを使ってもらいたいという希望も、学童保育側から出ているというのもありますね。（C氏）

　この語りは、前項までの検討ともつながるが、学童保育での発達障害児の受け入れは、集団の規模や職員の配置など実践現場の課題になることが確認される。このような、実践的な課題に伴い、学童保育から放デイに発達障害児の受け入れを要請する側面がある。

　これに加えて、丸山（2020:9-10）が障害児の「学童保育への入所をめぐる問題」として列挙する次の3点は、学童保育から放デイへの利用ニーズが移行する背景を考察するにあたり示唆的である。第一は、学童保育に多くの待機児童がいる中で、障害児の入所が困難となること。第二は、2000年代頃に学童保育の保育料が有料化・値上げが進んだことと関わって、経済的理由により学童保育への入所が阻害される状況。第三は、保護者の就労が学童保育の入所要件となっていることであり、就労していないがために学童保育に通わせられなかった、あるいは学童保育に通わせるために就労した保護者もいたという指摘である。特に学童保育から放デイへの利用ニーズの移行と関係するのは、第二、第三である。

　まず第三の指摘と関わって、放デイは、学童保育と対照的に保護者の就労を利用要件としていない。これは、第4・5章でみたように、保護者の就労を利用要件にしないことは、放デイ制度化以前から続く制度の成立過程に由来する。

　第二の指摘は、次に例示する「放デイの利用料」と関わる。

> 結局、学童保育よりも安いし、【職員配置などの面で】手厚いから、それで【放デイに】流れるのかなと個人的には思いますね。【放デイの利用料が月額】37,600円の家庭では安くないですけど、多くの家庭が【月額】4,600円で、学童【の保育料】よりも安いじゃないですか。だから、本来であれば学童でみてもらえる子も、放デイに流れているということも思ったりします。（B氏）

> （学童や一般市場の塾・習い事の出費と比較して、親は「安い」「低額」と思うところはあるか？という質問に対して）あると思います。……なぜ【放デイがほかの習い事と比較対象に】並んでくるんでしょうね。だって、放デイにしか行けない子だから、ここ【放デイ】に来るわけですよね……。（F氏）

　紙幅の都合上、代表的な語りしか明示できないが、上記のように「放デイの利用料・学童保育の保育料」のちがいが、利用者の比較事項になることを、上記のほかにC氏、D氏、E氏の語りから確認した。
　このように放デイの利用料をめぐり、負担額の面で学童保育をはじめとする他事業との「比較」が行われることが確認される。また、「見守りだけの事業所のほか、学習やピアノに特化した塾や習い事のような支援は公費で賄う対象から外す方針だ」（京都新聞2021年12月6日）といった報道とも関わるが、社会福祉制度であるはずの放デイが、塾や習い事などの選択肢と並列化する事態も確認される。
　他方で、丸山（2020:11）は、「学童保育と放デイの両方に並行して通う子ども」がいることを明記している。これを踏まえれば、一概に学童保育から放デイへ一方向的にニーズが流れているというより、放デイと学童保育の役割は相互に補完し合うケースも考えられる。その中で、先述したように、集団の規模や職員の配置などの実践的条件、利用料や入所要件などの条件と関わり、放デイを希望するニーズが増加していることが考えられる。

3-2　学校と家庭から期待される放課後等デイサービス

（1）不登校児への対応

　ここでは、学校と家庭からの要請について、①不登校、②宿題をめぐる学習支援に関する内容を明記する。
　まず、不登校に関する実態を例示したい。

> とにかく学校に行けない子が増えたと感じます。それもたとえば、テレビでみるような事件性に発展してしまいそうないじめとかではなくて、コミュニケーションがうまくとれない、集団になかなか入れないということが原因というか、……特段の理由はないけど、行けていないという子が増えてきているような気がします。（F氏）

学校に行けない子どもの居場所として、放デイへの要請があることが確認される。また、居場所を放デイに求める保護者の思いとして、次のような二つの方向性が確認される。まず、子どもが活動できる場所の確保に力点が置かれるケースを例示する。

> 私が関わっている方は、特にお母さんが仕事に行きたいとかの意味ではないですね。子どもはお家に１人で居られる子がほぼなので。それで、やっぱり【子どもを】外に出したい、何かをしていてもらいたいというところですね。お家にいると、動画をみたり、ゲームばっかりとか、寝てばっかりとかに繋がる可能性は大だと思うので、「外に出て何かしかの活動を見つけてもらえたら……」という思いですね。(F氏)

　このように、家には１人で居られる子どもであるが、家での過ごし方が「動画」「ゲーム」「寝てばっかり」といった生活に陥りやすいこともあり、学校とは別に子どもが行ける場所を模索し、その居場所に放デイが選択されていることがわかる。続けて、F氏が相談支援事業を通じて関わり、放デイが学校に代わる居場所となった事例を明記する。

> その子は、どうしてもみんながいると学校に行けない。なので、みんなの登校が終わったあと、少し学校に寄って先生にあいさつをして、そのまま放デイに行って、メダカの世話などをしているんですけど。……それで、お母さんからすると、行く場所があって、出かけられるところがあるということが凄く大事なことだというお話で。その放デイの役割は大きいなと思います。(F氏)

　このように、保護者の就労よりも、学校に代わる居場所を模索した結果として放デイにその役割が期待されている※6。また、学期中であっても午前中から開所する放デイが存在することが確認される。
　さらに、もう一方のケースとして、保護者の就労と関わり放デイを求める例を示す。

> 利用者さんの問い合わせがあるんですけど、ほとんど発達障害のお子さんということがありまして。なんでそうなるかというと、通常学級に行って【在籍して】いるけども、学校に行けないという話がちらほら聞こえてくるんですよね。……働くという上で学童クラブ【学童保育】の方で受け入れをお断りされているということもあったので、そのことで放デイを利用するというのが、だんだんと定着しているところと感じますね。(C氏)

C氏の語りからは、保護者の就労保障として、学校に代わり午前中から子どもを安心して預けられる場所の確保を求めていることが確認される。
　なお、「午前中からの居場所の確保」という文脈は、第6章に論述したように、新型コロナウイルスの影響による小中高校・特別支援学校の全国一斉休校措置の要請（2020年2月27日）を契機に注目された。コロナ禍における生活では「社会インフラ維持に必要な労働者（エッセンシャルワーカー）」などと称され注目を集めた。障害児の「午前中からの居場所の確保」は、放デイや学童保育など、本来は放課後・休日を支援する主体の献身的な努力によって支えられた。このような意味において、放デイの量的拡大は予期せぬ事態に対して、障害児の居場所と保護者の就労保障に寄与した側面もあった。
　さらに、学校外での「午前中からの居場所の確保」が進んだことで、不登校児への対応に寄与する可能性がある。たとえば、保坂（2023:34）は「欠席調査」を批判的に検討し[※7]、「今、考えなくてはいけないことは児童生徒の出席・欠席（登校しているか否か）という形式面ではなく、ICT活用も含めて学習が保障されているかどうかという実質的なこと」と言及する。
　上記の語りからは、不登校児の実態に対応し、学期中であっても午前中から開所する放デイの役割を確認した。その上で、保坂（2023）の指摘を踏まえれば、不登校児の実質的な学習保障を放デイがどの程度担うのか、今後の検討課題となる。

（2）宿題を中心とした学習支援

　ここでは、学校の宿題に関する要求に着目し、検討を進めていきたい。発達障害児の利用相談では、次に例示するように、学習困難を背景に放デイの利用に繋がることが少なくない。

> 最初の電話でご相談受けるとき、「すいません、お聞きしたいのですが……」という話をもらうときに、「学習についていけなくて……」というのが多いかな。（F氏）

　その中でも宿題への対応は、以下に示すように、学校と家庭の関わりにおいて日々の切実な課題となっている。

> 通常級で行くなら、【宿題を】やらないという選択肢はむずかしいかな。……【宿題を提

出できなければ】「忘れる子」とかちがうレッテルがはられますよね。まあ、むずかしいようであれば、【学校の】先生に相談ということもあるんですけど、基本的にはノルマとしてやっていくというのは、しているかな。(B氏)

　B氏の語りから確認されることは、通常の学校、特に通常学級に在籍する子どもであれば、宿題を提出するということが日々の学校でのノルマとなることである。特に、宿題をやらないことが日常化すれば、「宿題を忘れる子」として新たなラベリングが行われることに危惧している。また、B氏が「ちがうレッテル」と言及していることを踏まえれば、「落ち着かない」「勉強ができない」といったラベルがすでに付与しているケースもあると推察される。そのため、「宿題を忘れる子」として新たなラベリングを防ぐことを1つの目的とし、放デイでは宿題の対応を行うことが推察される。
　また、次に示すように、発達障害児の場合、宿題が家庭トラブルになることもあることが確認される。

放デイを利用していない子どもでも、そういう【発達障害のある】子どもはたくさんいて、お家の中でも、たとえば宿題に関して毎日トラブルになっていると思われます。(A氏)

【家庭での宿題トラブルは】ありますよね。お母さんが感情的になってしまって、うまくできないお母さんもいらっしゃるかなと思う。(B氏)

　毎日の宿題をめぐり家庭トラブルに発展する可能性があることが確認される。また、発達障害児とその保護者の日々の生活を支援する意味において宿題への対応が必要となっている。こうした語りからは、本質的には宿題のあり方を問う必要があると考えられるが、その一方で、発達障害児が抱える日常生活の実質的な課題に対応する姿が垣間見られる。
　また、放デイの利用が一般化するほど、18時前後の帰宅も日常的となる。帰宅から就寝までの限られた時間における家庭生活は、子どもの育ちや生活リズムと密接に関わると推察される。そのため、家庭での宿題が「トラブルになる」「感情的になってうまくできない」といったケースが多発するのであれば、放デイがその役割を担うことで、発達障害児の生活の安定に寄与することも考えられる。
　こういった点を踏まえ、宿題の支援は、どのように扱われる必要があるのか、そのあり方が問われる。換言すれば、学校との関わりでは「宿題を忘れる子」など新

たなラベリングを防ぐこと、家庭との関わりでは家庭トラブルへの発展を防ぐこと、などの要求が放デイに向く事実に対し、どのような発達支援が提供されるべきか議論の深化が不可欠である[※8]。宿題の支援に関わる事例検討は、第9章に後述する。

3-3 放課後等デイサービスを利用する発達障害児の傾向

（1）学童期に集中する発達障害児のニーズ

上述までの検討に加えて、ここでは、①発達障害児のニーズが主に学童期（小学生）に集中すること、②児童発達支援の定着とそこから放デイへの移行が浸透しつつあることを明記する。まずは、発達障害児のニーズが主に学童期に集中することについてみていく。

> 学校に入学してからのトラブルが多々起きている。……これが小学校という大きな括り、集団に入れられると、なんやかんやとトラブルを起こしてくるということに保護者は悩んでいますよね。（A氏）

A氏の法人では、児童発達支援の事業所運営もしていることから、未就学期と学童期を比較した内容に指摘している。上記に類似する語りは、児童発達支援を運営するB氏、C氏からも確認された。

また、「年齢別に見た障害児サービスの利用率の推移」[※9]をみれば、2013年から2019年まで一貫して、5歳児の利用率がピークとなり、4歳児および6歳児から8歳児までの利用率が、5歳児に次いで高い利用率となっている（厚労省2021d:8）。こうしたデータを踏まえれば、未就学期の年中・年長や小学校低学年（おおむね4歳から8歳）に利用率が高まることを理解できる。さらに上記の語りから、その年齢における生活課題が問題視され、制度の利用ニーズが強くなることが補足される。

他方で、発達障害児の放デイ利用が学童期（小学生）を終えると減少すること、言い換えれば、中高生となるとそのニーズが減少することが語られた。

> 放デイ利用の流れの中で、支援学校ではなく、支援学級の子がどんどん増えていった。それで、その流れにもれず、「〇〇教室（E氏の法人の小学生を対象とした放デイ事業所名）」でも支援学級の子たちが増えてきたという流れだと思う。ただ、「△△教室（E氏の法人

> の特別支援学校に在籍する中高生を対象とした放デイ事業所名）」は【発達障害児の増加に】一切絡んでいない。なぜかというと、中高生だから。……小中高【生を対象にする放デイ事業所】にするとまたちがう流れになっていたと思うんだけど、たまたまうちは小【学生】と中高【生】で【事業所を】分けていたから。……特に、【発達障害児の放デイ】ニーズがあるのは小学生だよね。（E氏）

E氏の法人では、小学生と中高生を対象とした事業所に分け、支援を行うことから上記のような言及が可能となっている。なお、「年齢別に見た障害児サービスの利用率」を年代ごとに区分すると、未就学期（0歳から5歳）が10.5％、学童期（6歳から12歳）が18％、中高生期（13歳から17歳）が5.6％となる（厚労省2021d:8）。障害種別に限らず中高生期になると利用率が減少することがデータから読み取ることができる。加えて、E氏の語りを通じ、そのなかでも発達障害児のニーズは、中高生になるとニーズが減少することが補足される。

（2）児童発達支援の定着と放課後等デイサービスへの移行

他方、児童発達支援から放デイへの移行の要求が確認される[※10]。まずは、児童発達支援が定着してきた状況を例示する。

> 今までは保育園や幼稚園のなかで何とかしようということもあったんですけど、保育園とかだと介助の先生を加配の先生で入るというところでしか、対策がなかったのだと思うんですけど、児童発達と相談支援事業が確立してきたということで、保育園とは別の場所に行って療育を受けたらどうですか？という流れになってきたと思います。（C氏）

> 家庭だけではできない、ましてや大勢の【集団の】中にポンと出ちゃう保育園・幼稚園でもむずかしい。「幼稚園の先生以上、お母さん未満」みたいな、個別で丁寧に関わってくれるところ【児童発達支援】というのは、障害のある子であるとすれば必要な場所だと思います。（F氏）

本章の関心は放デイであるため、未就学期の検討を深めることは控えるが、保育所や幼稚園等とは別に、児童発達支援が未就学期の発達支援に寄与したことが確認される。

また、次に示すように、児童発達支援から放デイへの継続利用の希望がある。

> 基本的には、児童発達を利用した子どもたちは放デイもということで、引き続き週に1～2【回の利用】は確保してあげたいということもあります。(B氏)

> 児童発達を使っていて、継続して放デイを使いたいという親もいて、ある意味安全に使える場所という認識がお母さんにはあるかなということを感じるんですよね。……やっぱりお母さんとしても安心できる場所、あとはここに預けている間は働ける。(C氏)

　上記の語りからは、継続した発達支援の希望、保護者が安心して預けられる場所として、児童発達支援から放デイを継続して利用するニーズがある。また、こういった継続のニーズは、次のような自治体独自の「ローカル・ルール」が設定される地域もある。

> 児童発達から放デイを使う際には1年前からの予約は出してはいけないとなっているみたいなんですよ。放デイに、年明けの1月から全員一斉に利用したい子は動くという話なんですよね。……不公平感が出てくるというクレームが出たみたいで、早い人は1年前から予約してしまうと、1月くらいになったときに利用したいといっても【次年度からの】空きがなくなってしまうので。市自体も放デイの数が少ないんですよ。(C氏)

> 学校に入ると同時に、学童保育に入る代わりに放デイに入りたいという希望が増えたから、小1でどこに入るかが戦争なんだよ。本当にね、お受験戦争と同じ。(E氏)

　学童期（小学生）の放デイの利用は、未就学期の支援を対象にする児童発達支援が定着し、そこから放デイへ移行する希望があることが確認される。
　また、発達障害児の放デイ利用が増加したとひと口に言っても、学童期（小学生）に入る前後で生活課題が取り上げられることや、学童期（小学生）を終え中高生期になると放デイへのニーズが減少する傾向が確認される。

放課後等デイサービスの量的拡大の構造

4-1　福祉的・教育的な要請が集積する背景

　前節では、インタビュー調査の結果から、発達障害児の放デイ利用が拡大した背

景について、連携が期待される居場所との関係を軸として検討してきた。その結果は、図7-2のようにまとめることができる。

　第一に、学童保育から放デイへの要請である。集団の規模や職員の配置など実践的条件、利用料や入所要件などの条件と関わり、放デイを希望するニーズが増加していることが要因として考えられる。

　第二に、学校と家庭からの要請である。学習支援（特に宿題の対応）と、不登校の対応との関わりにおいて、放デイを希望するニーズが増加していることが１つの要因として考えられる。

　第三に、発達障害児の場合は学童期（小学生）に放デイニーズが高まる傾向があることである。また、児童発達支援の定着と児童発達支援から放デイへの移行が、放デイのニーズを基礎づける要因として考えられる。

　以上のように、福祉的・教育的要請ともいえる多様な要請が、各居場所から放デイに集積することで、量的拡大という社会事象が立ち現れている。

　さらに、通時的な文脈の中で上述の結果を理解すれば、次のようになる。発達障害者支援法の施行（2005）および学校教育法の改正（2006）、特別支援教育の施行（2007）を契機に、社会的支援の対象と位置づけられた発達障害児であるが、放デイ制度化以前は、定型発達の子どもと遊ぶ、家族とともに過ごす、学童保育へ通所する、障害児への放課後支援が進んだ自治体の場合はその制度を利用し放課後の活動をする、といった状況にあった。発達障害児が放課後・休日に活動できる場所は、皆無であったわけではないが、困難や生きづらさに応答する居場所が量的に拡充していたとはいえない状況であった。

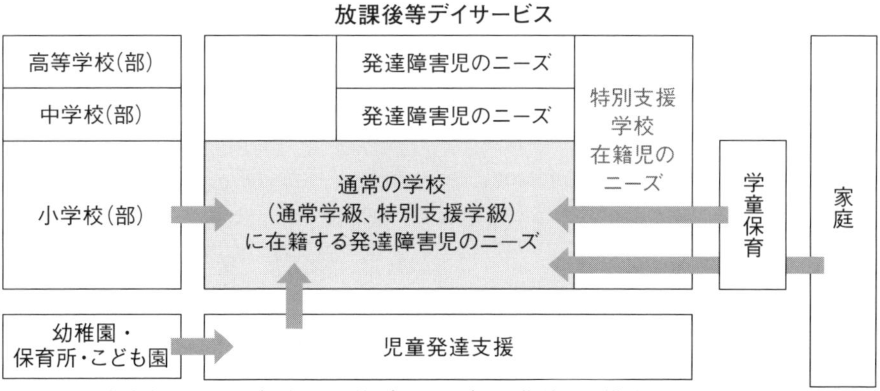

図7-2　発達障害児のニーズが放課後等デイサービスに集積する構造　　出所：筆者作成

放デイの量的拡大（図7-1）を規定する要因には、福祉的・教育的な要請が放デイに向けられ、図7-2のような事象が立ち現れている。放デイの量的拡大は、上記の要因に限られるものではないが、こうしたいくつかの要因が接合したことで発生したと考えられる。

4-2 放課後等デイサービスの量的拡大をめぐる課題

以上のような量的拡大に関わる検討を踏まえ、次の3点を量的拡大に関係する更なる検討課題として列挙しておきたい。

第一は、放デイにおける量的拡大と学校教育との関係についてである。第1章でも参照したように、日本のインクルーシブ教育では、インクルーシブ教育が進展するほど、特別支援学校や学級に行く子どもが増加する「奇妙な状況」が指摘されている（赤木2017:129）。

また、小学校時期の途中で通常学級から特別支援学級もしくは特別支援学校に移動する「途中転籍」という事象が急増する背景には、①特別支援教育の広がりに伴って、「発達障害のある子ども→特別な支援が必要→特別支援学級へ」という図式化が強まったこと、②学校現場が「危機回避」を意識するあまり、トラブルをおこす子どもを過度に問題視して、特別支援学級へと方向づける傾向があることが指摘されている（赤木2019）。

さらに、発達障害児の中には、本来は通常学級で適切な教育内容と安心の中で学習が保障されてしかるべき子どももおりながら、通常学級の学習に「ついて行けない/不適応」の子どもとして、「なんとなく、静かにフェードアウト」していくと指摘されている。そして、「心ならずも」特別支援学級にたどりつく構造があると指摘されている（窪島2021a:87）。

本章では「通級による指導を受けている児童生徒数の推移」と「放デイの利用児童数」の増加が重なること（厚労省2021b:2）を確認し、本章の事例検討を通じ福祉的・教育的な要請が、学校を含む多様な居場所から放デイに向けられることを確認した。

こうした指摘を念頭に置けば、①「発達障害児→特別な支援が必要→特別支援学級→放デイ利用」というような図式化の外延、②「心ならずも特別支援学級」にたどりつく現象の派生として「心ならずも放デイ」にたどりつく様相の進展が考えられる。

このような点を踏まえれば、インクルーシブ教育が進むほど特別なニーズに対応する居場所に行く子どもが増加する現象の1つとして、放デイの量的拡大が存立することを捉える必要があるだろう。つまり、放デイが特別なニーズに対応するための集積地として機能することが想定される。その意味で、発達支援の実質保障を達成するうえでは、統合化された諸サービスおよび権利が発達保障の方向で一致して協働する支援体制の構築（窪島1988:51）、が放デイに問われる今後の課題といえる。

　第二は、放デイにおける量的拡大と学童保育との関係についてである。学童保育など一般施策との協働を指す意味で「インクルージョンの推進」[※11]という表現が用いられるが、発達障害児の負担などを鑑みて、それを検討する必要がある。

　厚労省（2021e）では、放デイから学童保育への移行がなかなか進展しないことが議題にあがっている[※12]。特に、第3回「障害児通所支援の在り方に関する検討会」議事録では、「インクルージョンの推進」に向けて、どのような方法があるか、加算の方法や事業の新設案などの議論が行われたことが確認される。しかし、一人の委員から、「実態として学校で普通学級に行っている子供も多数」「学校でインクルーシブ教育を受けている子供たちにとっての結構な負担感、大変さ」を放デイが「受け皿」になって、なかなか「学校では友達ができない」「授業が分からない」などの困難をカバーして、放デイで「元気になって次の日に学校に行くという子供も私のところは多数いるという実態も一方であることも知っていただきたいと思いました」と指摘があった。

　この委員からの指摘は、第一の論点として上述した学校教育の問題状況、本研究が事例検討から明示した学童保育からの要請などにも通底する。発達障害児の負担などの背後にある生活問題を鑑みて、放課後・休日の居場所が選択できることも必要となる。

　第三に、制度の策定に際して財政政策との関わりは避けられないが、無視することのできない「放デイにおける発達障害児のニーズの高まり」を、どのように受容し政策を策定するかということである。特に、コスト論との関係において、放デイでは3年に1度実施する「報酬改定」が議論の中心となる。放デイは、制度化から12年が経過し4度の「報酬改定」が実施されたが、目指すべき制度の実現に向けて単価の設定や加算の導入が適切なのか疑問をもつ声もあがっている。

　たとえば、中村（2021:51）は「報酬改定」そのものが放デイ事業所の経営に関わるため、単価の高低、加算の取り方に目が移ることは仕方ないことである一方で、そもそも代理受領制度のもとでの報酬は、利用者への給付費であり、加算は利用者

の負担増であることを忘れてはならないと警告し、さらに「子どもの発達支援にこうした制度はふさわしくないことを、改めて肝に銘じなければならない」と、2021年報酬改定時の問題点を指摘している。また、丸山（2019a:7）は、「報酬改定が放課後デイの質的向上につながると考えることは難しい」と2018年報酬改定時の影響調査をまとめている。

　本章を通じ検討したように、多様な要請が集積する制度であるだけに、すべての課題を瞬時に解決することはむずかしい。ただし、量的拡大の構造や背景を明らかにしていく中で、放デイに向けられるニーズの所在が徐々に明瞭となってきた。放デイが障害児とその保護者にとって重要な制度になっているからこそ、長期にわたり安心して利用できる制度の構築が求められる。

［注］

※1　なお、発達障害者支援法（2005）では、発達障害を「自閉症、アスペルガー症候群その他の広汎性発達障害、学習障害、注意欠陥多動性障害その他これに類する脳機能の障害であってその症状が通常低年齢において発現するものとして政令で定めるものをいう」（第2条）と定義している。

※2　なお、文科省（2019:5）によれば、特別支援学級在籍児は、約23万6千人（全児童数の2.4％）であり、2007年と2017年を比べると2.1倍に増加した。また、通級支援の利用は、約10万9千人（全児童数の1.1％）であり、同年比で2.4倍に増加した。また、特別支援学校に在籍する子どもの放デイ利用は、増加傾向にあるものの、その傾斜はなだらかであることを示している。こういった動向は、行政資料のなかで図を用いて明示されている（厚労省2021d:4）。

※3　報酬改定の論点については、中村（2019,2021）、丸山（2019a）にくわしい。なお、中村（2019）は、報酬改定について、障害者総合支援法および児童福祉法中の障害児に関わる福祉サービスの公費給付の価格（報酬）とその体系を改めることを指し、各福祉サービスの提供実績に応じて支払われる基本報酬だけでなく、人員配置の実態や付加的サービスの実施などを反映させた「加算・減算のルール」も改定されると明記している。

※4　たとえば、発達障害児に関する先行研究は、学校教育（荒川2018,窪島2021）、家庭（山下2019,一瀬2020）、学童保育（西本2008）、保育所（荒井ら2012）などの各領域で展開されている。

※5　特に、本田（2008）では、文化的再生産論の1つの発展形として、1990年代以降、質的調査に基づき、家庭内における親子間の相互作用過程やその階層間の差異をくわしく記述する研究の展開、とりわけLareau（2003）の質的な調査手法を駆使した研究が意識されている。

※6　不登校児への対応を学校外の居場所で行う必要性は、たとえば、大津市の『学校にいきづらい子どもたちのための育ちと学びのサポートブック』（2021）などの資料からも確認される。

※7 保坂（2023）は、文部科学省の「児童生徒の問題行動・不登校等生徒指導上の諸課題に関する調査」について、長期欠席（年間30日以上欠席）の理由が比較的多い「不登校」と「病気」の判断基準が曖昧であることなど、調査の妥当性に疑問を呈している。
※8 これまで、宿題をはじめとする放課後の教育や学習の位置づけは、学童保育の領域において争点の1つとなってきた。増山（2012:69-70）は、学童保育がもつ姿として「福祉の場」「教育の場」「文化創造の場」を明示し、「教育の場」では宿題の実施を視野にいれている。
※9 利用率は、障害児サービスの利用者数を人口で除したもので算出される。
※10 放デイ制度化以前にも、障害児の「保育所から学童保育への接続問題」が指摘されていた（平沼2008）。
※11 たとえば、厚労省（2021e）において確認される。その第3回「障害児通所支援の在り方に関する検討会」議事録において、放デイガイドライン（2015）策定に向けた検討会での放デイの基本的役割の議論を振り返り、「一般的な子育て施策をバックアップする後方支援という位置づけ」が確認される。後方支援には、①発達支援が必要な場合は事業所で障害児を受け入れる、②学童保育ではできないことを個別の発達支援など併行支援を行う、③放課後児童クラブ等のスタッフをバックアップするという3つの意味があったと言及がある。
※12 第3回「障害児通所支援の在り方に関する検討会」議事録では、学童保育等への移行が成立した際に算定できる「保育・教育等移行支援加算」の合計数は、2020年度は約24万人の放デイ利用者のうち67人であり、「ほとんど算定されていない現状」と言及がある。

第8章 放課後等デイサービスにおける擬似市場と利用契約

節 本章の研究目的と問題の所在

　本章の目的は、放デイにおける量的拡大の要因を導出するために、擬似市場と利用契約※1に着目した検討を行うことにある。特に、①擬似市場とも呼称され、社会福祉基礎構造改革以降に展開されてきた官製の部分的な市場システムは、放デイにどのように浸透しているのか先行研究のレビューを通じて明示するとともに、②放デイの利用契約において重要な手続きとなる「障害福祉サービス受給者証」(以下、受給者証)の発行について、事例調査のデータをもとに例証し、その実態を考察する。
　前章までの検討と共通するように、放デイの量的拡大は、身近な地域社会で発達支援が受けられるようになった反面、1つには多様な背景をもつ事業者の参入による発達支援の質の問題、2つには利用者および事業者の増加に伴う財政的な課題などが取り上げられる。
　しかし、前章で指摘したように、放デイの量的拡大そのものを主題として扱い、その要因を検討する研究は相対的に少ない。また、高齢者介護を念頭に置いたものであるが、「国や地方自治体の管理する要介護認定・サービス利用データなどに研究者がアクセスすることは難しい」(訓覇2008:51)とあるように、行政データのみを根拠に利用契約などの実態を詳細に把握することは容易ではない※2。
　さらにいえば、社会福祉基礎構造改革を契機として、社会福祉制度は「措置から契約へ」という転換が行われたが、一連の改革の影響を受けて成立した制度は、後

述する擬似市場を前提に社会福祉の運営体制が形づくられているものが少なくない。とりわけ放デイは、一連の改革がもたらした直接契約制度、社会福祉事業の弾力化・規制緩和といった仕組みを如実に反映させた制度として、約10年の時を進めてきた[※3]。これを踏まえれば、放デイの制度的課題である量的拡大を、擬似市場の議論と関連づけて理解する必要がでてきている。

　先行研究では、社会福祉における擬似市場の原理の導入を目指して実施された典型事例として、1991年から実施されたイギリスの「コミュニティケア改革」と2000年から実施された日本の介護保険制度の導入についてくわしい検討が行われている。特に、この2つは、いずれも擬似市場の原理に基づいて社会福祉の運営体制が再編成されたが、擬似市場の適応方法はかなり異なるものであったとされる。そして、タイプの異なる事例の比較により、擬似市場のメカニズムを組み込んだ社会福祉の運営体制の類型化が進んでいる（平岡2011:457）。こうしたフレームワークを踏まえ、放デイに擬似市場の原理が導入される実情を明らかにすることが肝要となる。

　さらに放デイの量的拡大に関わって言えば、利用者の増加に対応するために必須の課題であった、事業者や事業所の拡充を可能にした構造を明確にする必要がある。特に、今日の先進諸国において、社会福祉サービスの供給は、政府が行うこともあれば、民間の非営利組織や営利組織、あるいは親族などにより行われることもある中で、多様な供給主体のサービス供給の形態やその供給量、それら供給主体間の役割分担の状況などをくわしく把握する必要がある（平岡2011:462-463）。

　加えて、本章では、「受給者証の発行」について、インタビュー調査のデータから実態を示すことをもう1つの検討課題に据えている。それは、「社会福祉サービスの利用決定のしくみをどのようなものにするかという点は、運営体制についての政策の選択と制度の設計におけるもっとも重要な要素の1つである」（平岡2011:471）といった指摘を踏まえるためである。特に、放デイの量的拡大の背景に迫っていくためには、増加の著しい発達障害児の利用決定について、具体的な検討が欠かせない。

　以上のような問題の所在を踏まえ、本章を次のように展開する。第2節では、文献レビューを通じ、擬似市場と放デイの関係について詳述する。第3節では、インタビュー調査を通じ、放デイにおける発達障害児の「受給者証の発行」の実態について明記する。第4節では本章で明らかになった点を述べる。

2節 社会福祉の潮流における放課後等デイサービスの位置づけ

2-1 擬似市場の基本的特徴

　本節では、擬似市場と放デイの関係について検討する。ここではその検討に入る前に、擬似市場の特徴を概観していきたい。

　第3章に先述しているように、日本における障害児者の福祉制度は、第二次世界大戦後に醸成され70年以上が経つ。特に、この30年来の社会福祉においては「措置から契約へ」というフレーズに代表される一連の社会福祉基礎構造改革に注目が集まる。社会福祉基礎構造改革は、2000年に社会福祉事業法を改称のうえ制定された社会福祉法により、その基盤が完成した一連の改革である。措置制度によってそれまで提供されていた社会福祉サービスの多くが利用契約に移行された（北川2020:46）。

　具体的には、1997年6月の児童福祉法改正で保育所が契約方式（保育所利用方式）に移行したことを皮切りに（1998年実施）、高齢福祉分野では1997年10月に介護保険法成立に伴い介護保険制度が導入された（2000年実施）。障害福祉分野では、2000年の社会福祉法に伴う障害福祉サービス等の利用方式の導入、2003年に支援費制度が実施され、2006年に障害者自立支援法が成立した（平岡2004:296,309、畑本2012:18）。

　この一連の改革は、保育・高齢者福祉・障害者福祉の各分野に「市場原理」を導入し、サービス利用者が自主的な選択に基づいて供給事業者を選択し、契約できる仕組みを社会福祉サービスの供給システム全般に組み込む改革であった（北川2020:46）。特に、社会福祉サービスの市場化（準/擬似市場）に関わる問題は、2000年代以降に取り上げられるようになってきた（平岡2004:293）。

　なお、擬似市場が定着する背景には、次のような論点があった。措置制度としてシステム化されていた時代には、福祉サービスの供給は経済原理で動く経済市場によらず、社会的必要性による公的責任に基づき供給されていた（全国社会福祉協議会2021:118-119）。市場原理に基づく社会福祉の運営が困難となる理由として、①ニー

ズを有する人の多くは、市場でサービスを購入できるだけの資力を有しておらず、②心身の障害などの問題により、利用するサービスについての適切な選択を事業者との対等な立場で契約を結ぶことが困難であること、③社会福祉は、公的機関と民間非営利組織によって担われてきており、市場原理の導入によって、公的機関と民間非営利組織が営利企業との競争に負けて市場から退出することは望ましくない、などがあげられる（平岡2011:456）。

しかし、少子高齢化社会等の進行とともに、福祉ニーズの広まりと高まりに対し限界があるとして、政府は措置制度を改変した。そこには、1970年代ないし1980年代から、社会福祉の運営が計画原理に依拠を続ける限り、競争の欠如による非効率や行政サービス特有の硬直性や画一性は克服できないとして、社会福祉にも市場の原理を導入する考えが主張されるようになったことが背景にあった（平岡2011:456）。

ただし、①市場メカニズムの根幹になる需要は、福祉ニーズという社会ニーズであること、②福祉ニーズが高い人ほど不利になること、③福祉サービスの財源は公的財源であるため、これを自由競争に委ねることは望ましくないこと、などが指摘された。そこで、公的財源と公的基準のもとで運用されるが、利用者の選択による事業者の競争や自主性を認める擬似市場の概念が打ち出されるようになってきた（全国社会福祉協議会2021:118-119）。独占的な公的部門に代わり競争的主体が混在して供給するという意味で、こうした仕組みが擬似市場と呼ばれる（駒村2004:215）。

また、quasi（擬似/準と訳される）という言葉が、markets（市場）の前につくのは、「供給、需要、調整」の3点で純粋市場と異なるためと指摘される。この3点のちがいとして、①供給サイドが、営利企業と公的機関・民間非営利組織など事業の目的や行動原理の異なる多様な組織が混在して構成されることがある。②需要サイドは、相当な割合で公的資金が投入されている。③消費者（利用者）の保護のために、一般の商品などの場合よりも厳しい規制が政府や行政によって行われ、政府や行政がサービス購入で調整に関する役割を果たすことがある（平岡2008:129,2011:457）。

さらに、擬似市場のポイントには、次の2つがあげられる。まず、①「供給者」と「利用者（購入者）」の分離である。従来の政府は、自らあるいは事実上の公的部門である社会福祉法人で社会福祉サービスを生産し自ら購入してきた。しかし、擬似市場では、政府は自らサービスを生産しない。サービスの生産は、多様な事業者が担っており、政府は、擬似市場の整備と購入財源の確保が主たる役割となる。次

に、②「利用者（購入者）」と「財政」の分離がある。サービスの利用者は、政府から契約する権利（購入権）を与えられた契約者（購入者）になり、自ら選択権を行使する。一方、多様な事業者は、供給者として利用者を巡り競争することになる（駒村2004:213,224-225）。

以上が、擬似市場の基本的な特徴である。

2-2 擬似市場と放課後等デイサービス

上述してきたような擬似市場の特徴を踏まえ、ここでは、擬似市場と放デイの関係を「利用者/契約者」「財政」「供給者」に沿って順に検討していく（図8-1）。

（1）「利用者/契約者」の位置づけ

まず、「利用者」について明記する。放デイの利用者は、「学校教育法に規定する学校（幼稚園、大学を除く）に就学している障害児」（継続が必要な場合は満20歳まで利用可能）と規定されている。他方で、放デイガイドラインには、その基本的役割を「子どもの最善の利益の保障」「共生社会の実現に向けた後方支援」「保護者支援」と規定するように、「保護者支援」も制度の中核に位置づけられている。特に、放デイが「保

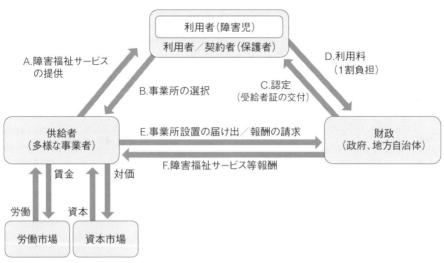

図8-1 放課後等デイサービスにおける擬似市場の概念図
出所：駒村（2004:225）を参考に筆者作成　　＊駒村(2004)は、介護保険を念頭に擬似市場の概念図を作図している

護者の就労の有無」を制度利用の要件としないことは、第4・5章で検討したように学童保育と異なった特徴である。

　放デイでは、「子どもの最善の利益の保障」と「保護者支援」が基本的役割にあがるように、障害児と保護者の二者が利用者として存立する。他方で、保護者は利用者であると同時に、利用契約を結ぶ契約者としても位置づく。

　なお、一連の改革を経て、利用者や契約者の選択の自由が強調されてきている（「B.事業所の選択」）。ただし、第2章の新聞記事でも取り上げたように、放デイでは、利用契約における「情報の非対称性」が課題となっている。「情報の非対称性」とは、利用者と事業者の間でサービスに関わる情報や知識に格差が生じることを指す。情報や知識の差に起因して、利用者の不利益が生じることが危惧されている。

　たとえば、放デイの事例では、「悪質な施設の横行によって、優良な施設まで立ちゆかなくなることがあってはならない。利用者側が悪質な施設をすぐに見抜くのは難しい」（読売新聞2021年2月28日）と報道するように、利用者側が施設の良否を峻別するのは難しいことが指摘される。このように自由な直接契約に委ねるが、利用者と事業者の間にある情報格差を示唆する事例もあり、直接契約が容易でないケースも存在している。

　加えて、放デイより一足先に擬似市場を導入した保育や介護の分野では、「待機児童」「介護難民」などの言葉が流布してきた（全国社会福祉協議会2021:89）。こうした近接分野の制度動向も踏まえ、利用者の選択性を高めることに寄与しているのか、慎重な検証を必要としている。

（2）「財政」の役割

1）「財政」の支出と「障害福祉サービス等報酬」

　次に「財政」についてである。上述したように、擬似市場における政府の役割は「財政」にあり、社会福祉サービスを自ら生産しない。放デイにおける「財政」の支出は、「F.障害福祉サービス等報酬」として行われる。

　なお、「F.障害福祉サービス等報酬」の改定（以下、報酬改定）は、3年ごとに行われる。厚労省は、2012年の放デイの創設以降、2015年、2018年、2021年、2024年に実施してきた。こうした報酬改定は、事業所の運営に対し直接的な影響を与えるため、政策主体と運動主体の争点の1つとなってきた。特に、中村（2019,2021）は、放デイが制度化して以来、3度の報酬改訂について、くわしく検討している。それ

を概観すれば以下の通りである。

　放デイ発足時（2012年）は、旧法である障害者自立支援法「児童デイサービスⅡ型」の報酬が踏襲された。2015年の報酬改定では、基本報酬が各定員区分でマイナスとなり、児童指導員を配置した場合や基準より多く指導員を配置した場合など「努力に応じた加算」という複雑な報酬体系がつくりあげられた（中村2019:74）。

　他方で、2018年の報酬改定は、制度発足以来の大きな改定であったとし、①報酬単価の引き下げ、②子どもに対する指標判定の導入、③報酬区分の段階制の導入、という新たな体系の実施となった。また、①児童発達支援管理責任者の資格要件を見直し、障害児もしくは児童、障害者支援の経験（3年以上）の必須化、②配置すべき職員のうち「指導員」を削除し「児童指導員」にし、「障害福祉サービス経験者」を加え、③職員のうち、児童指導員または保育士を半数以上にした、など発達支援の質の向上に関わる改定も行った。これらによって、基準上は子ども期の発達支援という視点が加わった。しかし、子どもと指導員の人数の基本枠組みに変更はなく、「大人が2人いてできる活動をすればよい」という建前で展開する制度設計に変更はないことが指摘されている（中村2019:72-74）。

　2021年の報酬改定では、①「指標該当児判定」の結果に基づく報酬区分の廃止、②基本報酬の引き下げ、③職員配置に関する加算の減算、④「医療的ケア児」の判定スコアを改め基本報酬の新設、が実施された（中村2021:46）。

　制度発足以来の大きな改定であった2018年の報酬改定において報酬水準を下げることに舵を切った背景には、財政制度審議会や社会保障審議会において、放デイの「収支差率14.5％」という数字が反響を呼んだことがある（中村2019:75-76）。また、2021年の報酬改定を踏まえて、「収支差率が高い」というデータに基づいて議論を進める以上、見える形で報酬減を示さなくてはならない。結果として、発達支援の質を問題視する放デイは、「見える形」で報酬減に踏み切ることになったと指摘している（中村2021:48）。

2）利用者の自己負担と需要の数量統制

　続いて、利用者の負担と需要の数量統制について検討していきたい。

　放デイを含む障害児通所支援における利用者の自己負担額（「D.利用料」）は、通所支援に要した費用の1割である。負担上限月額は所得に応じて4つに区分されている。第6章でも確認したが、ここで改めて自己負担額と区分の割合を再掲すれば、

表8-1　世帯所得に応じた上限額と利用者負担の割合（月額）

区分	世帯の収入状況	負担上限月額	区分の割合（障害児）	区分の割合（障害福祉）
生活保護	生活保護受給世帯	0円	3%	15%
低所得	市民税非課税世帯	0円	11%	78%
一般1	市民税課税世帯*	4,600円	75%	6%
一般2	上記以外	37,200円	11%	2%

出所：厚労省（2021c:30）「障害児支援施策の概要」、財務省（2023:116）「財政各論③：こども・高齢化等」をもとに筆者作成

＊：障害児サービスでは、市町村民税所得割額28万円未満【両親（主たる生計維持者＋被扶養配偶者）＋こども2人（うち障害児1人）：年収約970万円未満】、障害福祉サービスでは、市町村民税所得割額16万円未満【両親（主たる生計維持者＋被扶養配偶者（障害者））＋こども1人：年収約670万円未満】と設定。

表8-1のようになる。放デイを含む障害児サービスでは、区分の割合が多い順に、「一般1」75％、「低所得」11％、「一般2」11％、「生活保護」3％となっている。負担上限額が4,600円となる「一般1」がボリュームゾーンになる。

また第7章では、放デイの量的拡大が進んだ背景の1つに「D.利用料」を巡る課題が確認されていた。第6・7章を通じて、放デイの4,600円は、学童保育等に比して安価にうつるということも確認された。

なお、利用料は、応能負担から応益負担への転換として、一連の改革の中で大きな論点となってきた。神野（2008:14-15）によれば、社会福祉サービスは、租税資金による価格差補給金を支出して低い価格でサービスを提供し、この価格差補給金が公費と呼ばれている。公費は、利用者負担（1割）を除く9割のうち、国が半分、道府県と市町村が4分の1ずつ負担する。需要価格が低下すれば、需要が増加する。もちろん需要が増加すれば、価格差補給金としての公費支出は膨張する。そこで公費を抑えるため、需要の数量統制が組み込まれる[※4]。

なお、放デイを含む障害福祉領域において数量統制が、実際に行われ始めている。たとえば、①財務省（2023:116）では、表8-1のように、障害児サービスと障害福祉サービスの所得区分ごとの割合を提示する。そこで負担割合を算出し、障害児サービスが2.4％、障害福祉サービスが0.25％ということを踏まえ、障害児サービスでは「利用者負担割合が小さいため、サービスの必要性や費用額が意識されにくく、サービス利用量が伸びやすい構造となっている」（財務省2023:116）と指摘している。

また、②2023年度から障害福祉サービスデータベースが本格運用されることを

踏まえ、「総量規制の対象拡大を検討するなど、サービスの供給が計画的かつ効率的に行われるようにすべき」（財務省2023:113）と言及し、総量規制対象として放デイを含む7つの制度を列挙している※5。

さらに、③放デイを含む障害児通所支援を例にして、「サービス量が急増している中で、報酬設定が適切なものとなっているか不断の見直しが必要」と指摘する。特に、報酬が事業所の営業時間で設定されるが、利用者ごとのサービス利用時間が考慮されていないため、利用時間の実態に基づいた報酬体系に見直す必要があるとしている（財政制度等審議会2023:74）。

このように、放デイに関係する数量統制は、①利用者負担割合に基づく検討、②計画的・効率的なサービス供給として総量規制を実施する制度の列挙、③サービス利用/提供時間に基づく報酬の見直し、といった形で確認される。

さらに数量統制について付言すれば、「C.認定：受給者証の交付」は、利用者数の増減に関係する数量統制になる。放デイでは「C.認定：受給者証の交付」を受けなければ、通所支援サービスが受けられない。これは、介護分野では要介護認定を受けなければ介護ケアサービスの給付が受けられないように、社会福祉制度を利用する重要な手続きとなる。本章の冒頭で示した「受給者証の発行」とは、こうしたプロセスにおいて浮上する課題となる。そのくわしいプロセスと実態は次節に論述する。

（3）「供給者」について──福祉供給の多元化
1）社会福祉供給主体の多元化の背景

ここでは、「供給者（多様な事業者）」についてみていく。社会福祉基礎構造改革のねらいの1つには、多様な事業者による福祉供給（多元化）があった。米澤（2022:22）は、この多元化が設定された背景を2点指摘する。第一に、福祉サービス利用者の「選択の自由」の確保である。「措置から契約」に社会サービスの供給の基本的な方式が変化する中で、サービス利用者に選択の自由の確保が必要となった（「B.事業所の選択」）。第二に、供給の増加が見込まれた社会サービス量を確保することである（「A.障害福祉サービスの提供」）。特に高齢化が進む中での介護サービスの需要拡大、保育所の待機児童問題の解消などを背景に、福祉の担い手を確保する必要があった。

この多元化の流れについて、米澤（2022:36）は、ニーズとして認められていなかったものが認知され、実質的には、多くの家族や個人が私的に負担していたサービ

が、介護保険や障害福祉サービスとして、一定の自己負担もなされつつ、公的に負担される形に社会化したと言及する。サービス提供総量の拡大は、私的負担のみで担われてきたサービスが公的負担を含む形で再編されたことは重要な変化であるとする。これを「社会サービス負担面での『社会化』を表す」と指摘する。

放デイを含む障害児通所支援では、「障害種別に関わらず、身近な地域で支援を受けられること」を目指し、従来の障害種別ごとに体系化され、制度体系の骨格がつくられた（厚労省2021b:1）。第Ⅰ部・第Ⅱ部に先述しているように、障害児をもつ家族、とりわけ母親によるケアの偏重が長らく指摘されてきた。放デイを含む障害児通所支援は、私的負担のみで担われてきたサービスが公的負担を含む形で再編されたものといえる。放デイも、米澤（2022）がいう社会サービス負担面での「社会化」、の一翼を担うものと考えられる。

なお、2012年以前の障害児通所サービスは、障害者自立支援法に基づく「児童デイサービス」、児童福祉法に基づく「知的障害児通園施設」「難聴幼児通園施設」「肢体不自由児通園施設（医）」「重症心身障害児（者）通園事業（補助事業）」であった。2012年からは児童福祉法に基づく「障害児通所支援」に一元化され、「児童発達支援」「医療型児童発達支援」「放課後等デイサービス」「居宅訪問型児童発達支援」「保育所等訪問支援」に再編された（厚労省2021c:1）。

他方で、改めて制度の再編をみると、2012年に創設された各事業は「〇〇支援」という名称に特徴がある。事業名の後に「支援」がつくようになったのは、施設に対して公費を支出する従来のやり方から、子ども（利用者）に提供された支援ごとに公費を支払う「個別給付」の仕組みに変更されたことを意味すると指摘されている（池添2022:37）。

なお、障害児通所支援の体系では、放デイのみが「〇〇支援」という名称をとっていないが、枠組み自体は同一といえる。放デイも利用児が通所した日数により報酬が算出される日割り換算方式が採用されており、提供された支援ごとに公費を支払う仕組みになっている。

2) 放課後等デイサービスにおける社会福祉供給主体の多元化

ここまで検討してきた多様な事業者による福祉供給（多元化）の流れは、訪問・通所系を中心とする第二種社会福祉事業に限定されている。第3章でも論述したように、1951年制定の社会福祉事業法により、社会福祉事業法を「援護を要する人

を収容して生活の大部分を営ませるなど、個人の人格の尊重に重大な関係を持つ」とされる第一種社会福祉事業と、「第一種社会福祉事業以外の社会福祉事業で、社会福祉の増進に貢献する」とされる第二種社会福祉事業に分けられた。

　第二種社会福祉事業では、分野によっては事業者の総量規制などのさまざまな規制はなされたが、多くの領域では「E.事業所設置の届け出」（指定基準を満たすこと）によって社会福祉法人以外の経営主体が参入できるようになった。一方で、第一種社会福祉事業では、民間事業体の場合、社会福祉法人が原則とされる方針が維持された（米澤2022:22）。

　より具体的に言えば、石倉（2021:212）が５つの層に類型化している。放デイを含む障害児通所支援事業は、公的責任が２番目に弱い「第二種社会福祉事業のうち利用契約制度化された事業」に類別される。

　こうした背景により、放デイでは、多様な事業者による福祉供給（多元化）を可能にした。そして、「E.事業所設置の届け出」は、参入障壁の緩さと関わり問題視されてきた。たとえば、第４・５章でも確認したように、制度化初期からビジネスチャンスを狙う広告が登場してきた。今日でも「総合福祉事業で年商10億円を突破した経営者が語る　放課後等デイサービス開業セミナー」[※6]を謳う起業フォーラムなるものが開催される。

　また第６章でみたように、放デイの運営主体の割合は、2012年では①社会福祉法人：32％、②NPO法人：31％、③営利法人：25％、④その他の法人：12％であったものが、2019年では①営利法人57％、②NPO法人：17％、③社会福祉法人：14％、④その他の法人：12％となっている（財務省2020:27）。放デイの「民設民営」の流れが加速することを確認できる。

　ただし次にみるように、法人格のみでサービスの質に関わる言及をすれば、偏った見解になることが想定される。第一に、営利法人であっても子どもの成長・発達に向けた活動に取り組む事業所が存在する。しかし、放デイ事業所では法人格の取得しやすさなどを理由に株式会社を選択することが多いが、「『儲け主義事業所』にとって営利法人（株式会社）が最も適当な法人格であることもまた事実」（真崎2017:171）といった指摘がみられる。

　第二に、非営利団体であれば、発達支援が十分に行われているとは必ずしもいえない。たとえば、NPO法人の事業所において、障害児の「療育」や「生活改善」を称しながら骨折に至るまでの暴力事件を繰り返した事件が発生し、「権利侵害は

許されないが、暴力行為を『療育』と称することはさらに看過できない」と指摘されている（池添2022:36）。

（4）放課後等デイサービスにおける社会福祉労働の課題

　上述のように、放デイでは「民設民営」が加速する。この潮流において、社会福祉労働を担う事業者やスタッフが受ける影響を、真田（2012:267-278）の「『社会福祉基礎構造改革』下の社会福祉運動の課題」を参照して、若干の検討をしておきたい。特に、「社会福祉と資本の効率が相容れない」という指摘は、放デイの実態を再考するにあたり示唆に富むものと考えられる。

　真田（2012:267-278）は、効率それ自体は大切である一方、「何のための効率か」が重要であると指摘する。日本でも高度経済成長政策で言われるようになった「合理化」とは、資本の効率化であり、労働の強化や単調化、人員削減などの別名であったという。しかし、社会福祉は、分類すれば労働集約型の産業であり、その成果や効果は、労働を担う人材の量と質に依存するという。したがって、社会福祉が労働集約型ということは、労働比重が大きいということであり、資本の効率からすれば労働費用の切り下げが更なる焦点になると指摘する。

　つまり、人件費（主にマンパワー）の関係が主眼にある。特に、子どもを対象にする教育や児童福祉において、先生1人当たりの生徒数は重要な数値である。一般的には、先生1人当たりの子ども数は、少ないほうが目が届きやすく実践を行いやすい。しかし、それはコストがかかるため、どこかにバランスポイントを探す必要がある。ここに、真田が指摘する「労働費用の切り下げ」の意味があると考えられる。

　放デイでは、「10人の利用者定員に対し、児童指導員及び保育士が2人以上（10:2）」と人員配置の基準が定められている。この「10:2」という人員配置では、サービスの質を確保するには不十分であることが指摘されてきた（中村2022、池添2022）。また、放デイ事業者の連絡会であり第5章でくわしくみた全国放課後連では、「10:6」の人員配置を確保できるだけの基本報酬を要求している（障害のある子どもの放課後保障全国連絡会2021）。全国放課後連の要求では、「10:6＝5:3」の人員配置が必要であることをイラストで示すなどの工夫もみられる（図8-2）。

　また、真田（2012:267-278）は、「労働費用の切り下げ」が一般化しても、社会福祉が人員数の削減を簡単にできない事業であることから、「臨時・パートに変えざるを得ない」と指摘する。

この指摘は、放デイにどう適合するだろうか。上述したように、サービスの成果や効果を期待するには、先生1人当たりの子ども数が重要な数値となる。こうした状況に対して、放デイでは次のような仕組みによって対応している。
　放デイは、「常勤換算」という方法によって事業所で働く人の平均人数を算出する。ただし、ここで言う「常勤」とは、契約上フルタイム労働となっていれば、正規/非正規の雇用を問わず「常勤」と扱う。このような換算方式を通じて、正確な人員を満たしているかを把握する。正規/非正規(臨時・パート)を組み合わせることによって、サービス提供を可能にする枠組みを一般化させる。
　さらに、真田(2012:267-278)は、その臨時・パートの人員が、加入できる組合が仮にあったとしても、「いつまでやっていられるかわからない」「生活を託せる職場でない」ことになれば、組合等の運動にエネルギーを使うより、転職にエネルギーを使うようになりやすいと指摘する。つまり、雇用環境の改善に労を尽くすよりも、職場を変えるほうがよい(合理的)と判断する傾向が強まることをに言及している。
　もちろん職業選択の自由は認められるべきであるが、こうした労働市場の流動性が過度に強まることは、不安定な事業所運営につながりかねない。特に、放デイにおいては、次のような課題が浮上することも危惧される。
　第一に、人材確保の困難と公的資金の流入である。介護の領域では、人材確保を

図8-2　全国放課後連の人員配置に関する要求の例
出所：全国放課後連ニュース第36号（2019年10月29日発行）をもとに筆者引用
＊なお、上記のイラストは「指標判定と報酬区分の廃止を求める要請署名活動」の中で、人員配置に触れた箇所の抜粋である。

人材派遣会社に委ねる構造が構築されてきており、財務省は公的資金が人材派遣会社等に流入することを問題視している[※7]。こうした様相と類似する論点として、放デイでは、とりわけ児童発達管理責任者の雇用に代表されるが、人材紹介の成功報酬や紹介料、あるいは離職に際する違約金も含めて、公的資金が人材派遣会社等に流入するケースが想定される。

　第二に、人材確保の困難と不安定な事業所運営である。労働市場の流動性が過度に強まると、事業所を存立させるために必要となる人員配置に空きが出やすくなる。もし人員配置の空きが埋められなければ、届出の基準を満たすことができず、その事業所を開所し続ける確証が薄くなる。このしわ寄せは、毎日安心して通所したい利用者に及ぶ可能性がある。

　本章では、こうした資本市場や労働市場と放デイの関係をくわしく検証する手立てを持ち合わせていないが、資本市場や労働市場との関係にさらなる課題があるものと考えられる。

2-3 擬似市場論と放課後等デイサービスのまとめ

　以上のように、一連の改革により、社会福祉を必要とする人のサービス利用関係が大きく変化した。放デイは、先述した擬似市場の特徴となる3点（供給、需要、調整）の条件を、兼ね備えていると考えられる。①供給については、「民設民営」の傾向を強めつつ、多様な事業者による福祉供給によって営利事業者と非営利事業者で供給サイドが構成されている。②需要については、原則としてサービス費用の9割が公費で賄われている。③調整については、受給者証の交付による認定や事業所設置の届け出などに、行政が介在する仕組みになっている。

　放デイは、一連の改革とそれを基礎づける擬似市場の原理が浸透しているといえるだろう。利用者の増加が見込まれた状況に対し、「民設民営」の傾向を強めながら多様な事業者が福祉の担い手になることによって、サービスの供給を可能にしている。

3節 放課後等デイサービスにおける利用契約に着目した事例調査

3-1 放課後等デイサービスにおける受給者証発行の概要

　本節では、利用契約で重要な手続きとなる受給者証の発行に着目し、事例調査のデータをもとに例証して、その実態を考察する。

　まず、ここでは放デイにおける利用契約のプロセスを整理する。そのプロセスは、都道府県・市町村など各行政のHPや、各放デイ事業者のHPに記載されている。それらを参考に、利用契約のプロセスを概略的に整理すると図8-3のようになる。

　利用契約のプロセスは、4つの段階からなる。第一に、「問い合わせ・事業所見学」である。保護者が、行政窓口や放デイ事業所に問い合わせをすることで障害児通所支援の利用希望を申し出る。

　第二に、「受給者証交付の手続き」である。この手続きは、行政主体によって行われる。これを細分化すると、2-1から2-4の段階に分かれる。特に、2-2の「保護者・障害児との面接」において、4点の「受給者証申請に必要なもの」がある。その中に「障害児支援が必要であることが判断できる書類」がある。その書類などを受給者証発行の根拠の1つとして、障害児支援の必要と供給量（サービス支給量）を決定する。放デイの利用対象が「就学している障害児」と規定していることを先述したが、

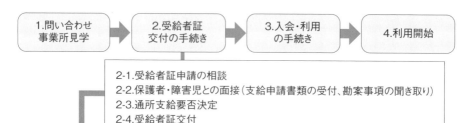

図8-3　利用契約の流れと手続き　　　　　　　　　　　　　　　出所：筆者作成

ここでの「障害児」の詳細な理解は、療育手帳の有無にかかわらず、障害児支援の必要性が承認されることにある。なお、面接や支給要否決定などがあるため、おおむね1か月以上かかるとされる。

第三に、「入会・利用の手続き」である。受給者証の交付後、「利用者と事業者が直接に利用契約を結ぶ」ために放デイ事業所に出向き、入会・利用手続きを行う。そして、第四に、利用者と事業者の利用契約が完了次第、放デイの利用が開始される。

以上のように、利用契約といわれるプロセスは、一般に言われる契約とは異なり、行政と事業所の役割分担により、利用者との利用契約が実施されることがわかる。

3-2 調査結果と考察

本節では、放デイ制度化以前あるいは制度化直後から発達障害児の支援に携わってきた経験をもつ事業者から得た調査の内容を主な資料としている。調査の詳細は第3章 (P.103) を、インタビュー対象者の概要は第7章・表7-1 (P.184) を参照されたい。

本調査から得た結果として、受給者証の発行に関して、どのような実態と課題があるのか、検討していきたい。具体的にどのような利用根拠が用いられているのか、紙幅の都合上代表的な語りのみとなるが、以下に例示していく。

まず、「学籍」そのものを利用根拠にするケースを確認する。

> 受給者証の申請の時に審査はあるけど、支援学級、支援学校に行っているような子であれば、もう学校からも話があると思うし、「放デイいったら？」と。そうすると、別に個サポIとかと関係がないのであれば、受給者証は出ると思う。(E氏)

このように、特別支援学校在籍児や一部の特別支援学級在籍児は、学籍を根拠に受給者証の発行が行われる。なお、E氏が言及した「個サポI」とは、「個別サポート加算」の略称であり、ケアニーズが高い障害児に支援を行ったときの加算を示す[8]。また、後段で確認するように、特別支援学級在籍児の場合は、2019年以降に審査の基準が厳しくなったことも関係し、学籍だけでは「障害児支援の必要性」を示す根拠が弱く、医師の診断書、WISCなどの発達検査を同封するケースも出てきている。

他方で、次のように、療育手帳を保持する子どもは、これを根拠に受給者証の発行が行われることが確認された。

> 療育手帳をもっていれば、普通に【受給者証は】とれると思うし。あとは、学齢前の段階で結構言われているんじゃないかな。療育手帳をとることに抵抗がある保護者なんかは、「まず受給者証をとろうよ」とか。そして「児童発達に行こうよ」とか。そんなことを保健所から言われたりするのではないかな。(E氏)

　まず、療育手帳が放デイの利用根拠になっていることが確認される。また、未就学児健康診断などで、保護者の障害受容を鑑みながら、障害児支援に接続する働きかけが行われていることが推察される。このように、学籍や療育手帳が利用根拠となり、受給者証を発行されるケースがある。
　一方で、通常の学校に在籍する子どもでは、医師の診断書、WISCなどの発達検査、学校からの意見書などが、利用根拠として用いられることがわかった。

> 医師の診断書ですね。医師の診断書がないと、多分【受給者証は】出ないですね。療育手帳で出ている子【療育手帳を根拠として、受給者証が出ている子】は、問題ないんですけど、通常校の子【の保護者で】は「診断書を貰わないと【放デイを】使えないので病院に行ってきます」という方がいます。(C氏)

> 診断書が必要。あとは支援級に入っているとか、WISCなどの【発達】検査で急激な下落があるとか、【発達検査の数値での】デコボコが凄いとか、そういうことを提示する必要があるということ。(F氏)

> 最近は、学校からの意見書というのも、外国籍の方が意外と増えているため、それでお話が、交流クラスのこととか学校からとか役所からいっぱいくる。それで、日本に来て日が浅いので、発達に問題があるとか、診断書をどこで貰うとか、そういうところまでには至らず……。診断書がない、どの程度の発達かもわからないということで、学校からの意見書というのも数件ずつですが、増えてきている印象です。(F氏)

　このように療育手帳を保有しない場合、基本的には、医師の診断書、WISCなどの発達検査が利用根拠に用いられていることが確認される。他方で、学校からの意見書は、医師の診断書やWISCなどの発達検査と意味合いが異なる。外国籍（外国にルーツのある）児童に対する緊急的な措置として用いられていることが推察される。外国籍児への対応として、学校や日常の生活に明らかな困難があるが、日本の社会

福祉制度を利用することに不慣れな側面や言語的側面（多言語に対応したWISCなどは存在するものの専門機関へのアクセシビリティの問題や、発達検査のインフォームドコンセントなどに齟齬が生じやすい問題）が関係し、医師の診断や発達検査が行えないケースで用いられている。そのため、外国籍児童が放デイを利用する場合には、学校からの意見書などが実質的な利用根拠として機能していると考えられる。

　また、次にみるように、医師の診断書を巡り、量的拡大の是正に向けた余波をみることができる。

> 【受給者証の発行の際に】2020年以降が「診断書、診断書」と言われることが多くなった感じですね。（B氏）

> 3年くらい前【2019年】から話に出てきて、だんだん【診断書の必要性が】強くなってきて、2021年あたりから診断書がないとダメというようになってきました。（F氏）

　このように、地域により年次の若干の差があるが、利用根拠の厳格化が確認できる。療育手帳などで利用根拠を明示できない場合、診断書の取得を必須化する傾向が強くなっている。また、このような基準の厳格化に対し、2つの評価の方向性を確認した。

> 【受給者証の】発行が行いにくくなくなったことはないです。反対に、【診断書の取得が厳格化されることで】線引きがしっかりされてきていいのじゃないかなと思います。（F氏）

> これだけ【放デイが】乱立して国の予算を使うわけですから、どこかでボーダーを引かなければいけないのだけれども、「診断名がつかなくても本当に放デイに来たほうがいいよ」というお子さんがたくさんいます。（A氏）

　このように、利用根拠が厳格化される動きに対し、一方では、利用対象が明瞭になることを肯定的に語る側面があり、もう一方では、制度の対象を厳格化するあまり社会福祉を必要とする人を潜在化させてしまうことへの危惧が確認される。

　これは、放デイにおける発達障害児の受給者証の発行を巡り「対象の対象化」（真田 2012:55-69）を暗示させる。「対象の対象化」とは、制度の対象が、当事者のねがいと一致していることは稀であり、財政的な制約、費用対効果、効果の政治的帰結などを

計算しながら制度を切り取って、対象を限定することを指す（石倉2021:52-53）。

こうした政策主体が講ずる実態がある一方で、利用根拠が厳格化されるために、診断書の取得が目的化する動きがある。

> 診断のうわさで、「あそこの病院に行くと、すぐに発達障害って書いてもらえるよ」っていうことを聞いたことがあるんですよ。放デイを使いたいということで。(C氏)

> 「どこどこの病院は診断書を出してくれる」という話がお母さんのコミュニティで広がっていることもあります。今日の放デイ利用が「診断書、診断書」となっているから、その診断書の取得に関わる課題の行方というか、【診断書の】とり方は考えますね。……「診断書貰ってきて」と言われて、2回3回受診して「貰ってきました」みたいなのは少しちがうんじゃないかなと。(F氏)

このように、利用根拠の厳格化が行われるが、「診断書さえあれば利用できる」というように、診断書の取得が目的化する事態を招いていることが推察される。特に、F氏は、前段で放デイを利用する理由が明確になるため利用根拠が厳格化される動きを肯定的に語る一方で、その仕組みがうまく機能/実装していないことを危惧する点は、印象的である。

ここでは、発達障害児の「受給者証の発行」を巡り、急増する総量を統制することも含め、「対象の対象化」を引き起こしかねない実態を確認した。一方、制度によって対象が切り取られることを防ぐ利用者の動きとして、診断書の取得が目的化する様相の一端をみた。

3-3　本調査のまとめ

以上の調査結果から明らかになった点を整理すれば、表8-2のようになる。受給者証の発行の根拠には、①療育手帳、②特別支援学校や特別支援学級に在籍するといった学籍、③医師の診断書、④WISCなどの発達検査、⑤学校からの意見書など専門家による書類、の提示が主流となることがわかった。

また、厚労省（2021d:5）では、「診療報酬の発達障害関係の算定回数の推移」を示しており、「診療行為別の算定回数の推移を見ると、臨床心理・神経心理検査の算定回数は増加傾向にあり、子どもの心理・発達に関する特性把握の需要が年々増

表8-2 放課後等デイサービスの利用根拠と学籍の関係

学籍		放デイの利用根拠
特別支援学校在籍児		学籍／療育手帳
小学校	特別支援学級在籍児	医師の診断書／WISCなどの発達検査／学校からの意見書／療育手帳
	通級支援学級利用児	
	通常学級在籍児	

出所：筆者作成

加している」とある。厚労省（2021b:2）では、「発達障害の診断に関係の深い、臨床心理・神経心理検査に係る診療報酬の算定回数も、同期間に大きく伸びている」と指摘している。このように、医師の診断書やWISCなどの発達検査による利用根拠が指摘されている。

本節での事例検討は、厚労省（2021b,d）が指摘する数量的変化を、具体的な語りに基づき補足する知見になると考えられる。なお、財政制度等審議会（2023:51）は、国が給付決定における具体的な基準等を定める必要性を指摘しており、今後、「受給者証」の発行に関わる転換が想定される。

さらに、「受給者証の発行」で用いられる利用根拠がどのような割合になっているのかみておきたい。あくまで補足的なデータに留まるが、A氏の法人の実態を確認しておく。A氏の法人を利用している子どものうち通常の学校に通学する子どもは、合計で54人であった。それら利用児の学籍は、通常学級のみ：31.5%（17人）、通常学級・通級利用：24.1%（13人）、特別支援学級（知的クラス）：24.1%（13人）、特別支援学級（自閉情緒クラス）：20.4%（11人）であった[9]。そのA氏の法人で示された利用根拠の割合は、①療育手帳：11.1%（6人）、②特別支援学校や特別支援学級といった学籍：0%（0人）、③医師の診断書：61%（33人）、④WISCなどの発達検査：14.8%（8人）、⑤学校からの意見書：11.1%（6人）、その他：2%（1名）であった。

利用児が、通常の小学校に在籍する場合、医師の診断書が半数以上を占め、その割合が多いことが改めて確認される。また、療育手帳、WISCなどの発達検査、学校からの意見書の割合を確認できる。事例的な数字ではあるが、発達障害児の利用根拠の一端をうかがい知ることができる。

4節 放課後等デイサービスの構造的特徴とその課題

　本章では、放デイにおける量的拡大の要因を導出するために、擬似市場と利用契約に関わる知見を深めてきた。特に、①社会福祉基礎構造改革以降に擬似市場とも呼ばれる官製の部分的な市場システムが、放デイにおいてどのように導入されているのか先行研究のレビューを通じて明らかにし、②放デイでの利用契約に際して重要な手続きとなる「受給者証の発行」の実態を、事例調査のデータをもとに明示してきた。本章で検討した内容を以下のように改めて整理することができる。

4-1　放課後等デイサービスにおける擬似市場

　まず、擬似市場と放デイの検討から見出した点である。quasi（擬似/準と訳される）という言葉が、markets（市場）の前につくのは、「供給、需要、調整」の3点で純粋市場と異なることに特徴があるが、放デイは、その特徴を有することがわかった（図8-1）。①供給については、「民設民営」の傾向を強めつつ、多様な事業者による福祉供給によって営利事業者と非営利事業者で供給サイドが構成される。②需要については、原則としてサービス費用の9割が公費で賄われる。③調整については、受給者証の交付による認定や事業所設置の届け出などに、行政が介在する仕組みになっていることを見出した。ここでの検討から、2012年に新設された放デイが、一連の改革とそれを基礎づける擬似市場の原理・メカニズムに基づく制度として位置づくことが鮮明になった。

　特に、量的拡大という社会的事象がどのような構造に基づき発生しているのか、一連の改革との関係から検討を深めた点、擬似市場と放デイの構造にどういった課題が潜んでいるか検討を重ねた点に重要性があると考えられる。

　以上の放デイにおける擬似市場の検討を踏まえ、平岡（2008:130-133）の「ケア市場の現実」を参考にして、次の3点を指摘しておきたい。

　1点目に、放課後・休日の居場所の拡大である。擬似市場の原理に基づく放デイは、事業者の多元化を通じて、地域社会での障害児支援を身近なものとし、障害児の放課後・休日対策の「供給量の拡大」に寄与したと考えられる。

ただし、2点目として、放デイにおける擬似市場が、発達支援やサービスの質に果たした影響に目を向ける必要がある。参入障壁の緩さや多様な事業者の参入を含みつつ行われる事業者間での競争が、硬直的な福祉サービスの供給のあり方を打開し、事業者の規律を維持し、発達支援やサービスの質に寄与しているのか、再考が迫られる。特に、虐待・わいせつ行為、テレビをみせているのみといった劣悪なサービスの蔓延を防止することは必須の課題である。またこれに留まらず、発達支援やサービスの質を向上させる仕組みとして機能するよう整備していくことが必要になろう。

3点目に、上記の2点目と関連するが、擬似市場に対する政府のガバナンスについてである。平岡（2008:132-133）は、サービスの質の問題に関して、擬似市場のメカニズムを導入したこと自体が原因というより、ケアサービスの特性に応じた競争条件の設定や基盤整備、事業者に対する規制、利用者に対する支援策などに課題があることを指摘している。特に、サービスの質に関わる直接の原因として、人員に関する基準の緩さ、報酬の低さ（その結果としての不安定雇用や人材確保の困難）、人材養成・研修制度の不備、事業者規制に関する責任所在の曖昧さ、などをあげている。

これは、放デイにも共通する部分があると考えられる。本章を通じ確認された論点として、たとえば、①人員配置の基準が10:2であり「大人が2人いてできる活動をすればよい」という建前の中で、発達支援やサービスの質を問う制度設計上の課題、②基本報酬の減算をはじめとする「労働費用の切り下げ」、③不安定雇用や人材確保の困難、などがあった。

4-2 放課後等デイサービスにおける「受給者証の発行」

次に、利用契約のなかで重要な手続きとなる「受給者証の発行」に関わる実態を明示してきた。具体的には、「障害児支援が必要であることが判断できる書類」として、①療育手帳、②特別支援学校や特別支援学級に在籍するといった学籍、③医師の診断書、④WISCなどの発達検査、⑤学校からの意見書など専門家による書類などを「受給者証の発行」に際する根拠としていることが明示された（表8-2）。

放デイの利用者がどういったプロセスを通じ承認され、そのプロセスにおいて何が課題になっているのか、その一端を明らかにしたことは基礎資料の提示として有益な知見と考えられる。特に、発達障害児の「受給者証の発行」では、医師の診断

書を巡り「対象の対象化」を暗示する実態もあった。一方、制度によって対象が切り取られることを防ぐ利用者の動態として「診断書の取得」が目的化する一端を確認した。

　第１章に先述したように、発達障害者支援法の実施（2005年）から20年を待たずに、「通常学級に在籍する発達障害の可能性がある小学生」は10.4％を超える実態がある（文科省2022）。これを踏まえても、発達障害児の放デイ利用が、制度的に錯綜することは想像に難しくない。ただし、発達障害は、2000年前後まで「発達の問題」という認識が教育現場でも十分ではなく、また、福祉分野では福祉サービスの明確な対象とはされず「制度の谷間」「サービスの狭間」に置かれてきた。このことを踏まえれば、「地域社会で身近な支援が受けられるようになった」ことは進展した部分である。

　そして、前章の第７章で明示したような放デイにおける発達障害児の利用が増加してきた背景を踏まえなくては、量的拡大という社会的事象と利用者の要求（子どもとその保護者の願い）を見誤ることになってしまう。また、本章で考察したように、制度の対象を恣意的に切り取るという意味での「対象の対象化」を増幅させていないか、放デイ利用者の縮小を検討するときには留意する必要がある。

［注］

※１　第３章に先述のように、社会福祉における利用契約とは、一般的に、利用者が希望する施設・事業所などと直接契約し利用すること、すなわち、福祉サービスの利用者と提供者による直接契約に委ねる方式とされる。

※２　第６章では、官庁統計や外郭団体等の数量データから放デイの全体的な傾向を明示したが、量的拡大を分析するデータとしては限定的であった。

※３　一連の改革を念頭に放デイを対象にした研究として、加藤（2022）がある。

※４　なお、介護保険では、2015年から所得上位20％を対象に２割負担の導入、2022年10月から後期高齢者医療制度において所得上位30％を対象に２割負担の導入を踏まえ、「介護保険における２割負担の範囲拡大についても、ただちに結論を出す必要がある」（財政制度等審議会2023:70-71）という指摘がある。

※５　総量規制の対象は、放デイに加え、児童発達支援、障害児入所施設、生活介護、就労継続支援Ａ型・Ｂ型、障害者支援施設である（財務省2023:113）。

※６　https://www.atpress.ne.jp/news/354237　「経営者様に向けた総合福祉事業で年商10億円を突破した経営者が語る　放課後等デイサービス開業セミナーを開催」（最終閲覧2023.5.14）

※7 たとえば、財政制度等審議会（2023:73）では、介護事業者の5割が人材紹介会社を活用しているが、必ずしも安定的な職員の確保に繋がっておらず、公費を財源にする高額の経費が人材派遣会社に流入しているとして、「介護事業者向けの人材紹介会社については、現行の規制の徹底に加え、一般の人材紹介よりも厳しい対応が必要であるとともに、ハローワークや都道府県等を介した公的人材紹介を強化すべき」と指摘がある。

※8 具体的には、①食事、排せつ、入浴及び移動のうち3以上の日常生活動作について全介助を必要とするもの、②指標判定の表の項目の点数の合計が13点以上であるもの、のいずれかに該当するものである。

※9 小数点以下を四捨五入しているため、合計が100.0にならない。

第9章 放課後等デイサービスにおける発達支援の論点と課題
―― 発達障害のある子どもに対する発達支援に着目して

1節 本章の研究目的と問題の所在

1-1 発達支援を巡る諸課題

　本章の目的は、通常の小学校に在籍する発達障害児に着目した発達支援の検討を行うことにある。特に、家庭や学校とは異なる場所として独自の価値を提供することが求められる放デイは、発達障害児に対し、どのような発達支援の提供が必要となるのか事例検討を通じて具体的に把握していく。

　前章までに検討したように、放デイの量的拡大には、福祉的・教育的要請の集積（第7章）、擬似市場の浸透や事業者の多元化（第8章）などの背景が関係すると考えられる。そうした量的拡大の様相を呈する放デイでは、発達支援の質が常に問題視されてきた。第2章に先述したが、新聞記事を通じて以下のような発達支援の問題が確認される。

> 「障害のある子どもが放課後や長期休暇中に利用する『放課後等デイサービス』（放課後デイ）が急速に広がっている。制度が始まった4年前から事業所は激増し、<u>サービスも多様化</u>。発達障害児向けプログラムなどに取り組むところも多い。しかし、その一方で、<u>質にばらつきが大きいとの指摘もある</u>。」（読売新聞2016年4月8日）（下線筆者加筆）

「ただ、十分なノウハウを持たない事業者の参入なども増えており、放課後デイのサービスの質について、『格差が出ている』という指摘も出ています。すべての利用者に対する質の良い支援が求められています。」（読売新聞2017年12月15日）（下線筆者加筆）

　「開設の条件が緩いこともあって新規参入が相次ぎ、5年間で4倍以上になった。その半面、質の低下への懸念が強まっており、厚生労働省が対策に乗り出した。」（朝日新聞2017年12月24日）（下線筆者加筆）

　「大半の自治体は、放課後デイの意義や目的に対する事業者の意識の低さを危惧する。地域や学校との連携不足を指摘する声も多い。背景には急激な事業者の参入がある。」（毎日新聞2018年2月7日）（下線筆者加筆）

　以上のように、発達支援の質に関わって、「サービスの多様化」「質のばらつき」「サービスの質の格差」「質の低下への懸念」などの指摘が確認される。さらに、「急激な増加」「ノウハウを持たない事業者の参入」「開設条件の緩さ」「連携不足」などの観点も指摘されてきた。
　他方で、第6章で検討した通り、放デイは放課後や休日といった特異的で緩やかな活動を対象にする制度であるため、発達支援の位置づけを明確に定位したり、活動内容を厳密に規定することがむずかしいという側面を踏まえる必要がある。
　より具体的に言えば、放デイのガイドラインには、「支援の多様性自体は否定されるべきものではない」としつつも、「障害のある学齢期の子どもの健全な育成を図るという支援の根幹は共通しているはず」であり、放デイ事業所が「その支援の質の向上のために留意しなければならない基本的事項もまた共通するはず」と言及がある（厚労省2015:1）。つまり、発達支援に関する明確な規定はないが、その一方で、発達支援の大まかな傾向に共通性はあるという見方である。
　こうした曖昧ともいえる表現に留まるのは、次の2点が考えられる。第一に、放デイはさまざまな特別な教育的ニーズのある子どもの居場所として機能するため、発達支援の規定内容も多様にしておく必要がある。第二に、放デイは、放課後や休日という時間を支える制度であるため、学習指導要領のような明確な教育的意図を提示しにくいことがある。
　第6章でみたが、みずほ情報総研（2020:81-96）によるアンケート調査の調査項目では、①基本的な日常生活動作（ADL）の自立の支援、②社会性やコミュニケーショ

ンスキルの獲得・向上の支援、③事業所内で文化芸術活動を行う時間の提供、④外出、野外活動や外部公共施設利用の機会の提供、⑤学習教材や宿題に取り組む時間、学習支援の提供、⑥有資格者による訓練（言語療法、作業療法・感覚統合訓練など）、⑦具体的な活動を設けず本人が自由に過ごせる時間の提供、を設定している。この項目をみるだけでも、放デイでのサービス提供の内容が多岐にわたることが確認される。

　さらに言えば、発達支援という用語を規定すること自体が容易ではない。たとえば、放デイにおける発達支援は、「支援を必要とする障害のある子どもに対して、<u>学校や家庭とは異なる時間、空間、人、体験等を通じて、個々の子どもの状況に応じた発達支援を行うことにより</u>、子どもの最善の利益の保障と健全な育成を図る」（厚労省2015:2）（下線筆者加筆）と規定されている。このように、学校でも家庭でもない時間・空間・仲間の中で、子どもの状況に応じて提供する支援や活動が、放デイにおける発達支援の中核にあるとわかる。ここからもさまざまな活動が想定でき、発達支援が複合的な要素を統合した用語であることがわかる。

　また、発達障害者支援法などでも、発達支援という用語は使用されている[※1]。さらに発達支援は、ガイドラインや法律に用いられるだけでなく、実践現場の具体的なサービスの提供を指す場合もある。このように発達支援は、法・制度から現場まで広範に使用される多元的な用語である。

　以上のように、発達支援という用語は、複合的かつ多元的な要素を含むと考えられ、その用語を規定すること自体が容易ではない。また、容易に規定できないということが、放課後活動が有する自由で柔軟な活動であることを体現しているともいえる。

1-2　放課後等デイサービスにおける発達支援の研究課題

　先行研究では、発達支援に関わる議論を放デイ制度化初期から行ってきたことが確認される。

　たとえば、『障害者問題研究』（2013）では、「放課後保障の新展開」と題する特集が、放デイの創設早々に組まれた。その巻頭には、「放課後保障は新しい段階を迎えているようにみえる。そのことを象徴的に示すのが、放課後等デイサービスの制度の発足であろう。(中略)障害のある子どもの放課後活動のあり方について、基本的な方向性

が確認されなければならない。同時に、放課後保障が進展するなかで、一歩進んだ議論や取り組みが求められているのではないか。たとえば、『医療的ケアの必要な子ども』『発達障害のある子ども』『知的障害の軽い子ども』といったように、子どもの多様性に着目する放課後保障の議論があってよい」（丸山2013:1）と記されている。

こうしたように、多様な子どもの発達支援を具体的に検討することが提起された。それ以降の発達支援に関わる研究では、第2章の先行研究の動向で確認したように、「障がい・ニーズ別の支援」17本、「支援プログラム・支援方法」14本、「専門家との連携・専門性を活かした支援」12本、「家庭・保護者およびその支援」10本となり（鈴木2021）、研究の展開が確認される。

ただし、森地ら（2019）は、全国1,000か所の放デイ事業所のうち、同意を得た480事業所を対象に（回収率48%）、アンケート調査を実施したが、その問題意識として、「放デイにおける支援の質の向上に関する検討はおろか対象児の属性に応じて提供される支援の特徴も明らかにされていない」（森地ら2019:117）と、発達支援に関わる知見の蓄積が不十分であることを指摘している。そして、調査の結果として、障害種別ごとに提供されるサービスの現状、学年別に提供されるサービスの現状、所属学校形態のちがいにより提供されるサービスの現状、障害種別と学年や所属学校形態との関係、を明記している。特に、本章との関連で言えば、生活スキルの向上、人間関係の構築、教育的配慮に関するサービスは、発達障害児が多い事業所、小学生が多い事業所、通常の学校在籍児が多い事業所で、実施されることが明らかにされている。

こうした発達支援に関わる用語規定の課題、制度的・実践的な課題の喫緊性を鑑みて、本章では、通常の小学校に在籍する発達障害児に着目した発達支援の事例検討を行う。さしあたり本章での検討は、家庭や学校とは異なる場所として独自の価値を提供することが求められる放デイでは、発達障害児に対してどのような発達支援の提供を必要とするのか具体的に検討することに力点を置く。この主題に対してどのようにアプローチするのかについては、次節でくわしくみていく。

2節 研究方法

2-1 調査方法

本調査では、放デイ事業所を運営するA社のスタッフ2名（複数回）、A社が所在するC市の「発達障害の可能性のある児童生徒に対する早期支援研究事業」の研究指定校に指定されているD小学校の教諭1名と、A社と支援の関わりが深いE小学校の教諭2名を対象に、半構造化インタビューを行った。調査期間は、2019年9月から2020年6月である。調査の概要は、表9-1の通りである。

2-2 調査対象の選定理由

放デイにおける発達支援は、先述の森地ら（2019）が指摘するように、利用児の属性や特性に応じて提供される発達支援を明らかにしていく必要がある。しかし、現状では、年齢や障害の異なる多様な子どもが通う事業所や小学生あるいは中高生

表9-1　インタビュー調査の概要

調査年月日	対象者	インタビュー時間	備考*
2019年 9月18日	F氏（1回目）	40分	・A社児童発達管理責任者（2013年から2019年3月） ・A社児童相談支援員（2019年4月から）
2020年 1月30日	G氏（1回目）	1時間15分	・A社代表理事（2013年から）
2020年 2月 6日	F氏（2回目）	1時間15分	
2020年 3月19日	F氏（3日目）	1時間25分	
2020年 5月10日	G氏（2回目）	1時間30分	
2020年 6月14日	G氏（3回目）	2時間	
2020年 7月17日	H氏（1回目）	1時間45分	・E小学校教諭／特別支援教育コーディネーター／特別支援学級主任（2018年から）
2020年 7月29日	I氏（1回目）	50分	・D小学校校長（2015年から2018年3月） ・E小学校校長（2018年4月から2020年）
2020年 8月 1日	J氏（1回目）	1時間25分	・D小学校教諭／特別支援教育コーディネーター（2013年から2020年3月） ・K小学校教諭／特別支援教育コーディネーター（2020年4月から） ※K小学校はC市外であり、K小学校の内容は含んでいない

＊：対象者の役職は、調査を実施した時点のものである

を中心とする事業所などがあり、活動内容も屋内での活動や学習支援、遊びなど一様ではないといった指摘がある（丸山2019b:139-140）。

つまり、放デイの現状は、放デイを利用する子どもの属性や特性を意識して発達支援を提供している事業所もあれば、多様な特性をもつ子どもがともに活動できることを念頭に発達支援を提供する事業所もある。利用する子どもの属性や活動内容を一様に捉えることは容易でない。その一方で、この状況を乗り越え新たな知見を付け加える必要がある。

こうした放デイの実情を踏まえ、本調査の対象は、利用児の属性や特性に基づき発達支援を提供する放デイ事業者を選定した。調査対象として、発達障害児への発達支援を放デイ制度化初期にあたる2013年から行っているA社を選定した[※2]。

また2つの小学校を調査した理由は、学校教育からみた放デイの役割の検討、A社の位置づけを補足的に検討するためである。A社の事業所があるC市の小学校を基本とし調査対象を選定した。D小学校は、発達障害児教育の研究指定校であるため選出した。E小学校は、A社の事業所と学区が隣接するとともに大規模小学校であるため、E小学校の児童がA社を利用する割合が高いと考えられる。そのため、インタビュー対象として選定した。

2-3 調査における視点

本調査の視点は、増山（2015）が指摘する学童保育の基本的な機能に依拠している。

学童保育は、第Ⅱ部に詳述したように、1998年に児童福祉法に基づく放課後児童健全育成事業として制度化した。また、障害児の受け入れ事業は、2001年「障害児受入促進試行事業」を契機に拡充してきている。学童保育は、子どもの放課後・休日の居場所として、放デイとの親和性がある。

増山（2015:2）は、現代の日本社会の動向において、学童保育（実践・運動）が果たしている役割と課題を明らかにすることの重要性、子どもの成長発達にとって放課後の活動・地域生活がもつ意味を議論の中心とする必要性を指摘している。

そこで、学童保育は、日本の子どもの生活と発達の場としてなくてはならない存在であるとし、学童保育の基本的な機能を3点あげる。第一に、宿題などを行う「学習の機能」、第二に、「遊び・文化活動の機能」、第三に、子どもが放課後を安心し

て生活できる「家庭の代替機能」である（増山2015:16）。

　本調査において依拠する基本的な機能とは、上記の３点である。また、増山（2015:2）は、学童保育の役割について「学童保育が子どもの放課後活動と発達保障にとってどのような役割を担うことになるのか改めて検討する必要がある」と強調している。

　ここであげられる「発達保障」は、1960年代より障害児者の人格発達や生活のあり方を問い発展してきた概念である（田中1980: ⅲ-ⅸ）。また、発達保障の概念がもつ特徴には、生存だけではなく、また身体的健康や経済的安定のもとに生きることにも留まらない、内面的な豊かさを含んだ生存を社会的にすべての人へ保障していくことにある（加藤1997:62）。

　この学童保育の基本的な機能は、これまで障害児者への教育実践・福祉実践の概念として展開してきた発達保障を踏まえ、放課後・休日の活動を検討する枠組みであり、障害児を対象にする放デイの発達支援にも重要な示唆を与えうると考えられる。また、学童保育は、通常の小学校に在籍する子どもの放課後や休日の活動を主な対象としており、本研究で着目する対象（通常の小学校の発達障害児）と共通性が見出せる。ただし、在籍する学校に共通点がある一方で、定型児を念頭に置いた増山の枠組みとの相違点を踏まえた検討が求められる。

表9-2　調査内容と質問内容の一覧

対象	調査内容	質問内容
A社スタッフ	A社の概要	・A社の事業所展開の変遷 ・活動時間、日課、年間計画
	学習支援	・放課後における学習支援の役割 ・学習支援の内容 ・発達障害児の学習の困難
	遊び	・発達障害児にとって集団的な遊びがもつ役割 ・屋外での活動内容
	家庭の代替（居場所）	・利用児に対しA社の居場所がもつ役割 ・利用児との向き合い方 ・スタッフと利用児の関係
教諭	特別支援教育を行うようになった背景	・特別支援教育、発達障害児への支援のきっかけ ・勤務校（担当学級）の変遷
	発達障害児の学校生活	・発達障害児の学校生活における困難 ・特別支援学級に在籍する児童および通常学級に在籍する「気になる子」への対応
	教諭からみる放デイの役割	・学校教育の立場からみた放デイの役割や重要性 ・学校―放デイの連携の状況

以上の視点を念頭にして、本調査では調査項目を、表9-2のように設定した。第3節では、表9-2の調査内容に記載している「A社の概要」で得たものを記述するとともに、教諭から得た内容を反映させている。第4節では、「学習支援」「遊び」「家庭の代替（居場所）」で得た内容から明示している。

3節　調査対象の整理

3-1　B県C市の概要[※3]

　B県は、関東地方にある。B県内における放デイ事業所数は、245か所である（2020年1月現在）。B県でも放デイ制度化以降、障害児の放課後・休日の居場所が拡大した。また、2019年時点の児童（7～17歳の人口）1,000人当たりの放デイ事業所数は、全国平均が1.19である。B県は、その平均をやや下回っている（厚労省2021d:15）。
　B県C市は、人口約9万8千人の小規模都市である。C市の放デイ事業所は、14か所（30名定員1か所、10名定員13か所）である（2020年1月現在）。14か所のうち、3か所がA社の事業所である。なお、学童保育は30か所となっている。

3-2　A社の概要

（1）A社の変遷

　A社は、2013年にC市に設立された非営利の法人である。現在は、第1から第4事業所までの放デイ事業所を設置している。
　第1事業所は、2013年に開設した。第2事業所は、2014年B県の県庁所在地に特別支援学校在籍児を対象として開設した。2018年に第1事業所は、新たな事業所への移転が行われ、第1事業所の移転先に併設する形で第3事業所を、放デイおよび児童発達支援事業所として開設した。利用ニーズの高まりは続き、2020年に第4事業所を、第1・第3事業所に隣接して開設した。本調査では、第1・第3・第4事業所に焦点を当てている。なお、第1・第3・第4事業所の位置関係は図9-1の通りである。

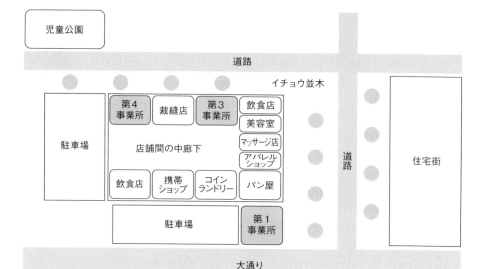

図9-1　第1・第3・第4事業所の位置関係と近隣の環境　　　出所：筆者作成

（2）A社の利用児

A社の第1・第3・第4事業所の利用児は、通常学級と特別支援学級に在籍する子どもがおよそ半数ずつとなっている。

また、A社での利用相談の傾向は、次の3点のとおりである。第一は、未就学児健診などからニーズが把握され、小学校入学と同時にA社を利用するケースである。未就学期からニーズが顕在化し、小学校入学にあわせて利用相談が行われる。第二は、2年生の時期に学校生活等での問題をニーズとしてA社を利用するケースである。「勉強ができない」「やっぱり落ち着かない」といった困難が問題視され利用相談が行われる。第三は、4、5年生の時期に、学校・家庭生活など生活全般における困難をニーズとしてA社を利用するケースである。特に、学習面での困難が一番多く、次いで「身の回りのことができない」「指示が入らない」「落ち着かない」といったものが多い（F氏2回目、G氏2、3回目のインタビューより）。

（3）A社の活動

A社の活動時間は、学校日は、下校時刻から18時まで、土曜日と長期休暇は9時から12時までである。活動内容は、学校の宿題やA社で用意した学習支援を約1時間行う。その後、約1時間半は近隣の公園等で屋外遊びを行う。その後事業所に戻

り、保護者の迎えを待つ約30分間、室内遊びや軽食を食べるなどして過ごす。

　学習支援と屋外遊びは、年間を通じて行われる。また年間行事は、夏季休暇の市民プールや川でのバーベキュー、秋に近隣住民を交えた焼き芋大会、春季休暇の公共交通機関を利用した遠足がある。

3-3　学校とA社の協働

　今回調査を実施したC市の2校の小学校は、次のような規模であった。D小学校は、発達障害児の研究指定校であり、全10学級、全校生徒192人である。また、E小学校は全25学級、全校生徒647人であり、大規模校に分類される。

　なお、E小学校は、特別支援学級が5クラス・27名、通級指導学級が2クラスとなっている。その27名のうち、約1/3がA社の利用児であるという。また、H氏のクラスは、5人中4名がA社を利用しているという（H氏のインタビューより）。

　D小学校のJ氏は、公認心理士、臨床発達心理士、特別支援教育アドバイザーなどの資格等を保持する。長年にわたりC市全域の特別支援教育を牽引している。J氏は、A社の特徴について、利用児の特性やニーズの把握を、WISCなどの発達検査による知見と実践を通じた直接的な関わりの両側面から行っていることをあげた。「ただ（子どもの状態を）勝手に見取って、この子こうだから、この方がいいんじゃない？とするのではなく」、WISCなどのアセスメント結果を発達支援に反映させることが、ほかの放デイではあまり見ないことと強調した。

　また、A社の利用児が多く通うE小学校校長のI氏は、「重なり合って一緒に育てている」と連携をとりながら子どもを指導・支援ができていることを語った。加えて、H氏は、A社との関係性について、学校だからできること、放デイだからできること、学校と放デイでできることは一貫して取り組むといった「1人のお子さんを同じ方向をみて支援したり、指導していったりする本当に協力者という存在」と語った。

　以上のように、A社は、発達支援をするにあたり子どもの特性やニーズを多面的に理解することに努めている点、A社の利用児が所属する学校との連携・協働を積極的に行っている点がうかがえる。

調査結果——3つの基本的な機能から得た知見

本節では、先述した３つの基本的な機能を基軸に、調査結果を検討する。以下では、①「学習の機能」を「学習支援」として、②「遊び・文化活動の機能」を「遊び」として、③「家庭の代替機能」を「家庭の代替（居場所）」として明示する。

4-1　学習支援

まず、A社の学習支援に関わる内容を以下に記述する。学習支援は、A社に到着した子どもがまず取りかかる活動である。学習時間の大まかな内訳は、宿題に30分、A社で用意した課題に30分程度の時間を当てている。

（1）A社が学習支援を行う背景

A社では、利用児の生活リズムを整えることに力点を置くという。G氏（2回目）は、学校日において、利用児の帰宅が18時以降になることを鑑み、食事・風呂など就寝までにやることを残したまま、家庭で宿題を行うことが適切なのかという問題意識をもとに、A社では学習支援を展開していると語った。また、発達障害児の家庭学習は、家庭トラブルの１つになりやすいため、この対応として、A社での学習支援が行われているという（G氏２回目のインタビューより）。

（2）学校教育との接点を踏まえた学習支援

A社では、学校から出た宿題の支援を学習支援の１つとしているという。また、長期休暇明けの漢字テストは、学校文化を鑑みて、例外的にテストの点数をとるための学習支援を行うという。その理由は、長期休暇明けの漢字テストでは合格点に達しないと、何回も追試が実施されるためであり、追試が続けば利用児は「疲労感」「嫌々感」が出て「やればやるほどできなくなってきてしまう」ためである。合格点を一回で取れるような学習支援を長期休暇期間中には行っているという（G氏２回目のインタビューより）。

また、漢字の学習では、日常生活には読める字であるが、正確な「はね」「とめ」などをみればもう一歩足りないといった字を書く利用児に対し、生活で最低限必要

となる習熟度と、学校教育において求められる学習習熟度にちがいがあることを説明するという（G氏3回目のインタビューより）。

（3）児童期以降を見通した学習支援

他方で、A社へ相談に訪れる保護者は、「勉強ができない」「数字がわからない」「字が書けない」「漢字が書けない」というような学習面の悩みをもつことが多いという。このような学習の困難を背景として、A社の利用を希望する保護者もいるという。しかし、そうした保護者との懇談の際、G氏は保護者に対し「100点をとることがこの子のすべてではないよということを伝えています」ということが強調された（G氏2回目のインタビューより）。

その背景として、「100点をとることは学習塾ではないので、（テストの点数をとることが）目標ではないです。ただ、ここの子どもたちも将来はあるので、将来の自立ということで、この子たちは何ができるのかなというところは日々考えています」「こんなところが得意だね、将来こうなってくれればいいね…それに向けての学習支援になると思います」と語った。利用児の将来を見通した際、何が必要かという発達の見通しを踏まえ学習支援を提供するという（G氏1回目のインタビューより）。

（4）ゆったりとした時間での学習支援

学習面の悩み、学力強化・テストの点数獲得を要望にする保護者の声がしばしばある一方で、保護者の要求を深く聞く中で出てくるのは、利用児の対人関係に関わることであるという。利用児が「自分の思いを言葉で伝える」という課題に対し、A社では学習支援の時間を活用して対応を試みるという（F氏2回目のインタビューより）。

特に、わからなければ「わからない」と言うことのできる環境づくりなど、利用児が言葉を発する機会を創出しているという。そのために必要なこととして、利用児とスタッフの良好な関係を日頃から構築することをあげた。学校の先生やクラスのみんなの前では恥ずかしくて「できない」と言えないことや、反対に「できません」とひとこと言って終わりにしてしまうことも、A社スタッフの前では「ここ教えて」「ここずっとわからなかったんだ」など「素直に言える姿」につながるという（G氏2回目のインタビューより）。

このような利用児の言葉を引き出す試みは、スタッフ1人に対し利用児1人、あるいはスタッフ1人に対し利用児2人から3人程度の比較的個別に近い関わりがで

きる学習支援の時が適するため、その時に意識して実施するという（G氏2回目のインタビューより）。

（5）学習支援に関する調査から得られた知見

学習支援に関して、以下の点がみられる。

第一に、A社が学習支援を行う背景からは、利用児の帰宅後の生活や生活リズム、家庭での学習トラブルへの発展を鑑み、学習支援を発達支援の1つとして行っていることがわかった。

第二に、学校教育との接点を踏まえて学習支援を展開することがわかった。特に、日々の宿題のサポート、長期休暇明けに実施される追試付きの漢字テストへの対応など、学校生活に「ついていく」ため、その困難を少なくするための対応として、学習支援を行うことがわかった。とりわけ通常の学校に在籍する発達障害児は、いわゆる定型発達の子どもとともに学習を行うことも多いため、学習のつまずきや日々の学習へのフォローは、重要な論点と考えられる。

また、A社の学習支援の事例には、「漢字の書き」があげられたが、日本の学校における漢字指導は、「標準」以外の漢字を誤りとする画一的なあり方が1つのハードルと指摘されている（窪島2013:14）。発達障害児の場合、学習困難のニーズが放デイに向くことも少なくないため、学習支援の提供の仕方は必須の検討事項になると推察される。

第三に、児童期以降を見通して学習支援を展開することがわかった。特に、学力やテストの点数の強化が保護者のニーズになることもしばしばある中で、「児童期以降を見通した時、放デイの役割は何か」という視点が重要視されていた。放デイは、基本的に1年ごとにクラス替えのある学校よりも、長期的な関係性にたち、ライフステージを見通した支援が期待される。また、家庭とは異なる立場から利用児の将来を見通し、支援することが求められる。児童期以降を見通すことは、学習支援のみならず発達支援の重要な点と推察される。

第四に、ゆったりとした時間での学習環境が重要であることがわかった。利用児の「素直に言える姿」、利用児の置かれている立場、内面的な迷いを理解するスタッフの基本的姿勢が重要視されていた。ここには、子どもとのやりとりから具体的な子どもの言動や表情や姿勢などの観察をして、子どもの内的状態を洞察する必要性があるものと考えられる。加えて、こうした関わりは少人数での活動が適している

こともわかった。

4-2 遊び

次に、A社の遊びに関わる内容を以下に記述する。

A社で展開される遊びは、学習支援と同様に、通年の日課に組み込まれる活動である。利用児は、上記の学習を行ったのち、悪天候でない限り外遊びをする。遊びの時間は、約1時間30分である。基本的には、A社の事業所から50mほどの距離にある児童公園を利用する（図9-1）。下校時刻が早い日や休日は、片道40分ほどで登ることができる山や、遊具が充実した広い公園などに行くこともある（F氏2回目のインタビューより）。

（1）生活リズム

A社が遊び（特に屋外遊び）を行う背景には、利用児が体をダイナミックに使うことを通じ、一定の疲労感や満足感を得ることによって、帰宅後の生活を落ち着いて過ごすため、子どもの精神的な安定（「精神的な安らぎ」、「ストレスの軽減」、「不安の解消」など）を導くために実施しているという（G氏2回目のインタビューより）。また、利用児のストレスは、大人には想像しきれないような小さいことから、大きなことまで多々あるため、遊びを通じて、できるだけA社にいる時間に、そのストレスの軽減や不安の解消をしてあげたいとの思いがあると語った（G氏2回目のインタビューより）。

さらに、「しっかり学びしっかり遊ぶ」ということが「健全な経験」と語り、児童期の育ちに必要な要素であることを強調している（F氏3回目のインタビューより）。

（2）不可視化されていた困難の把握

遊びを通じた利用児のリラックスした様子には、学校や家庭では見せない姿があり、新しい特性やニーズを発見する場面が多くあるという。特に対人関係や子どもの問題行動に関わる部分において、保護者の主訴やアセスメントで確認されていないことが、遊びの場面から観察できるという。遊びの活動は、利用児に多様な経験を提供することにとどまらず、利用児の特性を多面的に把握するためにも行っているという（G氏1回目のインタビューより）。

また、学校の先生も知らなかった「家庭環境の内容」、親にも言えなかった「実

は僕学校で何人かにこういう風にいじめられているんだ」といった悩みを吐き出すことなど、利用児が自らの悩みを打ち明けることがあるという。屋外での活動は、事業所内では引き出せない姿を発見することがあるという（G氏2回目のインタビューより）。

あわせて、多様な環境条件と活動を利用児に提供することは、対人関係の機会の創出、自然現象の体験的発見、生活背景に基づく固有名詞の獲得、他者との関わりにより培われる語法の習得など、日常生活や会話の基礎を形成する役割が期待できるという（F氏2回目のインタビューより）。

（3）集団の形成

A社の利用児が行う遊びは、スタッフが活動内容を決定したり、活動するペアやグループをあらかじめつくることはないという。男子は、鬼ごっこ、ドッヂボールなどのボール遊び、女子は「〇〇ごっこ」遊びなどが多い。それに加え、ブランコや滑り台の周辺で子どもたち独自のルールをつくり遊んでいるという（G氏1回目のインタビューより）。

基本的には集団で遊ぶ利用児が多いが、一部集団で遊べない利用児もいる。段階的でいいから集団に加わることができるよう利用児を促す関わりを継続的に行うという。また、声をかけてみて個人で遊びたい様子が観察されれば、そのまま個人の遊びをさせるという（G氏1、3回目のインタビューより）。

A社では、6年生から「リーダー」を選出するという。これは、リーダーとなった利用児の発達のみならず、それ以外の利用児の発達も促しているという。たとえば、4、5年生の利用児であれば次年度以降のことを自ら考える芽生えにつながり、3年生以下の下学年においては、子ども集団における善悪を学ぶ機会となっているという。さらに、集団での遊びが日常的に実現されることによって、自分の意志を伝えることや相手の言いたいことを把握する力につながるという。また「どこに集まる、何時にする」などの会話が聞けるようになるとき利用児の発達を実感するという（G氏2回目のインタビューより）。

（4）主体性の形成

利用児が主体的に活動するためには、スタッフの働きかけや支えが必要になるという。特に、曖昧な価値基準に課題のある利用児は、感情が高ぶったまま、ほかの

子どもと関わり、トラブルになることが少なくないという。対人関係に困難を抱える利用児が少なくないため、A社では若手の男性スタッフが子ども集団に加わり、共に遊ぶことにしているという（G氏2回目のインタビューより）。

また、A社のスタッフ構成とは対照的に、C市内の学童保育の実態は、シルバー人材等からの紹介で勤務する年配者が多く「一切遊ばず見守り隊」となる場合もあるという。そういった状況では、どうしても「これしろ」「こうしなさい」といった口頭だけの関わり、遊びの見守りが多いという。他方で、A社の利用児について、「あれだけ走り回れてそれも毎日できるという経験はすごく貴重なこと」と強調した（F氏3回目のインタビューより）。

（5）遊びに関する調査から得られた知見

遊びに関する知見として、以下の点が明らかになった。

第一に、A社が遊び（特に屋外遊び）を行う背景が示された。利用児が身体をダイナミックに使うことを通じ、一定の疲労感や満足感を得ることで帰宅後の生活を落ち着いて過ごすこと、「ストレスの軽減」「不安の解消」など子どもの精神的な安定を導くことを目指して取り組まれている。こうした取り組みが、子どもの精神的安定、生活リズムの安定に寄与するため、遊びを積極的に実施していることがわかった。

第二に、遊びが利用児の状態や特性の把握に寄与することがわかった。A社では、保護者の主訴、学校との情報共有、アセスメントによる把握などに加え、遊びを通じた日常的な関わりから、多面的に利用児の状態や特性を把握することに注力している。これは、「見えない障害」と称されることや、集団行動における問題行動をはじめ「見えすぎる障害」と扱われることなど発達障害の理解や方策が一様でない状況において（窪島2019:33）、遊びを通じて発達障害児の現状や困難を把握することは、放デイでの発達支援の重要な役割と考えられる。

第三に、集団形成の工夫や集団活動が困難な子どもに対する支援の一端が明らかになった。なお、放課後・休日対策が未拡充であった時代の障害児は、「家に放置される」（藤本1974:100）、あるいは、「放課後、休日、長期休日の過ごし方」は「母親と家の中でテレビを見て過ごす人が8割に達する」（黒田2009:69）という状況であり、障害児の集団的な活動を保障することは、長年の課題であった。また、1970年代後半より障害児の放課後実践に取り組む村岡（2018:88）は、「放課後活動のよさ」として、異年齢集団を多様に無理なく作りだせることを指摘する。A社の

事例は、こうした障害児の集団保障という文脈に通ずる点がある。遊びを通じた集団の形成は、発達支援の役割として重要な論点と考えられる。

　第四に、利用児の主体性を下支えする取り組みが明らかになった。発達障害児に対して、単に集団で遊ぶことや主体的な活動を促すだけでは不十分な場合もあり、スタッフの働きかけが必要となることがわかった。特に、A社の場合は、若手の男性スタッフが子ども集団に加わり、利用児への働きかけを行っている。これは、単に遊ぶ場所を解放しただけでは、十分な発達支援とはならないことを暗示した内容と推察される。子どもと遊ぶことの「上手さ」は、資格要件に基づく専門性に反映されないが、発達支援の重要な論点になると推察される。

4-3　家庭の代替機能（居場所）

　本節の最後に、A社の家庭の代替機能（居場所）に関する内容を以下に記述する。

（1）生活の一部となる居場所

　A社では、「ただいま」といって学校からA社に来所する利用児を「おかえり」と迎え入れ、学校であった話などを聞くことを大切にするという（F氏2回目、G氏3回目のインタビューより）。

　G氏（2回目）は、「朝起きて学校に行ってから、ただいまと帰るまでに利用児は、学校でかなり疲れることがあると思う」と語り、そういった利用児の状態を「解消する」「素の自分でいさせてあげる」といった「ここ（A社）だったら自分を認めてもらえるんだとか、こんなこと言っても大丈夫なんだとか、小さな自信（がもてる）とか、（自分の思いを）吐き出せる空間（がある）というか、そんな居場所をつくっていきたいと思う」と語っている。

　また、「その日あったことはその日解決しよう」「明日以降に持ち越さないにしよう」と利用児の1日の課題は、A社で解決し帰宅できるような関わりに注力するという。特に、学校でのできごとを引きずり、A社に来所したのち、他者への加害行為や粗暴な行為をみせる利用児には、「何か原因があるはず」といった視点を大切にするという。このような対応をするのは、特性の強い子どもの主訴に耳が傾けられないケースも多々あるため、「大人の都合で中途半端に終わらせない」ことをA社の指針にして取り組んでいるという（F氏2回目のインタビューより）。

またG氏は、他者への加害行為や粗暴な行為をみせる子どもへの対応を、手を抜かずにやらなければ、利用児はいつまでも「落ち着かない子」「粗暴な言動の子」といって怒られ続け、発達障害児の課題は決してよい方向には進まないと強調した。さらに、子どもの「素直さ」も欠如してきてしまうという。そういった事態になる前に日々の関わりから手を打つことが重要であるという（G氏3回目のインタビューより）。

（2）利用児の内面を尊重する居場所

子ども期の失敗経験は子どもの成長に不可欠な要素であるが、発達障害児の場合、うまくいかない様子や実行できない様子にのみに焦点が当たり、「なんでできないの」などと叱責されることも少なくないという。利用児にとって、「落ち着いた環境で活動できる居場所」となるよう注力するという。特に、利用児の「いいのかな、いいのかな」といった「不安定な自信」に対して、「とにかくやってみな」と後ろから押す役割や、失敗したときには受け入れる役割など、「安心」を基礎にするという（G氏1回目のインタビューより）。

また、「利用児が明日も来たいと思える居場所」として、A社に来所することに前向きになる居場所を目指しているという。A社の利用児には、外遊びを通じて思い切り遊べる環境があること、認めてくれる大人や友だちがいるなどがA社に来所したい理由にあるという（F氏2回目のインタビューより）。

（3）家庭の代替（居場所）に関する調査から得られた知見

家庭の代替（居場所）に関して、以下の点が明示された。

第一に、生活の一部となる居場所があることの重要性である。「ただいま」といってA社に来所する利用児を「おかえり」と迎え入るような日常的な関わりが大切になるという意味で、単なるスキル獲得の場でなく、精神的な安定や生活の一部になる居場所を目指していることがわかった。

また、他者への加害行為や粗暴な行為をみせる利用児への対応として、「何か原因があるはず」といった視点から子どもの行動の背景を読み取ることが強調された。この点は、滋賀大キッズカレッジにおいて、発達障害児への学習指導・相談・アセスメントを通じて見出した内容と重なる部分がある。キッズカレッジでは「まじめでやさしい」子どもたちの手足が出るほど攻撃的な行動や罵詈雑言の悪態にはそれなりの理由があるという立場から、「子どもの声を聞く」という作業は当然のこと

として行うという指摘がある（窪島2019:13,595）※4。

　第二に、落ち着いた環境で活動できる居場所が必要であることがわかった。特に発達障害児は、目的の達成までには時間がかかり、不器用さも伴うこともあるため、安心して取り組むことができ失敗しても再挑戦できる場が必要となる。しかし、「計画通り」「目に見える成果」という風潮の強まりが子どもを急がせ内面をなおざりにすることが問題の１つにある（村岡2018:19）。「放課後活動のよさ」は、子どもの「内面世界」の広がりの可能性に応じて柔軟にタイムリーに組織できることにあるとの指摘もある（村岡2018:54）。

　また、利用児が明日も来たいと思える居場所として、来所に前向きになれることが、まずもって重要であることがわかった。特に、児童福祉の場合、サービスを受ける利用児とサービス契約を行う保護者に主体が分かれる。そのため、保護者の主訴が先行して利用児の意思や思いが不在になることが危惧される。利用児の「明日も行きたい」という気持ちは大事な点といえよう。

5節　発達障害のある子どもに対する発達支援

5-1　事例検討から見出した発達支援の論点

　本章では、３つの機能を軸に、発達支援の内実を具体的に検討してきた。本項では、３つの機能―学習支援、遊び、家庭の代替（居場所）から見出した論点を改めて整理する。その上で次項では、発達障害児に対する発達支援に通底する「生活を支える」という視点を提起して、本章の結論としたい。

　第一に、学習支援についてである。発達支援として行う学習支援は、学校教育での学習の躓きや家庭トラブルに発展しやすい家庭学習と関連づけて行われる必要を本調査から見出した。

　他方で、学習支援は、子どもの困難を飛び越え、極端な視点が持ち込まれやすいことが懸念される。たとえば、放課後や休日は、「緩やかな環境」であるとの認識が先行し放課後・休日の学習や教育機能を否定的に扱うこと、反対に、過度な学力の強化やテストの補習に焦点化することが考えられる。実践主体の立場により、学

習支援の内容は左右することが考えられる。

　こうした点を踏まえれば、発達障害児への学習支援は、学校教育や家庭学習のニーズと継ぎ目なく関わり合うこと、その中で利用児の困難を明確に位置づけ展開することが必要になるといえよう。また、Ａ社では、学習支援のあとに遊びを実践するように、複数ある発達支援の１つとして学習支援を位置づけること、すなわち、学習支援だけが１日の発達支援にならないことが重要な論点と推察される。

　加えて、放デイとその利用児の関係性は、基本的に１年ごとにクラス替えのある学校と比べ長期的である。また、学校のカリキュラムとは異なる、ゆったりとした時間での学習を通じ、「素直に言える姿」など利用児の内面にも配慮した学習支援の役割が期待される。さらに、親子関係など家庭とは異なる立場から利用児の将来を見通すことが発達支援に求められる。以上のように、発達支援として行う学習支援は、学校教育や家庭学習のニーズと関わり合いつつ、学校でのカリキュラムや家庭学習とは異なるという特徴を踏まえ、発達支援としての学習支援が具体化されることに１つの論点があると考えられる。

　第二に、遊びについてである。発達支援として行う遊びは、生活リズムの安定、「見えない障害」「見えすぎる障害」といわれる発達障害児の多面的な把握、障害児の集団形成に関わって重要となることが本調査から見出された。またＡ社では、単に遊ぶ場所を提供するのではなく、スタッフによる直接的な働きかけを含めて遊びを展開している。これは、単に遊び場を解放しただけでは、十分な発達支援とはならないことを暗示している。

　なお、発達支援として行う遊びは、子どもの権利条約第31条に記される「子どもの休息・余暇、遊び・レクリエーション、文化的生活・芸術への参加の権利」を念頭に置く必要がある[※5]。放デイには、第31条の権利を保障する直接的な担い手としての役割がある。障害児に対する第31条の「遊びの権利」「休息・余暇の権利」をいかに保障するかは、放デイにおいて重要な論点といえよう。

　ただし、塾や習い事の要素が放デイにも流入していることに留意する必要がある。たとえば、京都新聞（2021年12月6日）は、厚労省が「学習やピアノなどに特化した塾や習い事のような支援は公費で賄う対象から外す」と方針を出したことを報じている。こうした実態は、次のような問題と裏腹の関係にある。

　１点目に、学校以外での学習補填の意味合いから「放課後の学校化」として膨大な学習時間を子どもに押し付けることである（増山2013:86-87）。２点目に、遊びや

生活体験・自然体験・社会体験の時間の拡大が謳われながらも、その本質には子どもを消費者として教育・子育て・余暇を利潤追求のターゲットとする教育・福祉・レジャー産業への子どもの引き渡しである（増山1997:100）。これらの指摘は、第31条との関係で危惧されてきたものである。放デイがこうした問題と接合しないよう留意する必要がある。

　第三に、家庭の代替（居場所）についてである。「ただいま」といって来所する利用児を「おかえり」と迎え入れるような日常的な関わり、他者への加害行為や粗暴な行為をみせる利用児への対応、落ち着いた活動ができる環境の創出などに重要点があることを本調査から見出した。

　しかし、こうした点は発達支援の主たる活動というよりも、活動を下支えする背景や事業所の文化・雰囲気にあたるものであり、「ごく当たり前な要件」として自明視されがちな内容でもある。ただし「ごく当たり前な要件」は軽視されるべきものではない。「子どもが急がずに安心して活動できるようにする」などは、国連子どもの権利委員会（The Committee on the Rights of the Child, UN）において強調される点であり、発達支援の重要な論点と考えられる[※6]。

　また、そうした要件は、学校教育に対する放課後の従属的な位置づけ、学力強化を目指す補完的位置づけ、就労／レスパイト支援を必要以上に行う預け先としての位置づけなど、実践主体の認識次第で不在になることが懸念される。そのため、「安心」「自尊心」「居場所」といった利用児の内面を尊重する関わりが行き届いているか、常に目を配る必要があろう。

　以上を踏まえれば、近藤・藤本（2018:163-164）が指摘するように、家庭の代替（居場所）としての発達支援では、学校から放デイ、放デイから家庭、家庭から学校という連続した日常の中での「おだやかな療育」を前提にした支援・活動とその基盤が必要になると考えられる。さらに、「子どもの育ち」の観点から、子どもが明日に疲れを残さず活動できること、地域の友だちと関われること、家族とも過ごすことができることを備えた放デイの機能が求められる。

5-2　発達支援に通底する「子どもの生活」という視点

　本章では、3つの機能——学習支援、遊び、家庭の代替（居場所）から、発達障害児に対する発達支援を検討してきた。これら3つの機能に通底するのは、利用児の

生活を支えるという点にあると考えられる。特に、A社の発達支援の場合には、学校および家庭との関わりから利用児の姿（実態）を把握し、利用児の内面を重要視しつつ、発達支援を作り上げていくことに力点があった。

　ただし、こうした論点はA社の事例に留まらず、これまでの障害児の放課後・休日の実践や活動でも強調されてきた点である。

　特に、第一（家庭）や第二（学校）の居場所に次ぐ、「第三の居場所」「第三の世界」としてその重要性が強調され、子どもの生活をこれら三項関係から捉える必要性が指摘されてきた（藤本・津止1988、藤本ら1992、白石2007、障害のある子どもの放課後保障全国連絡会2011ほか）。

　とりわけ、藤本・津止（1988）は、障害児の放課後・休日を体系的に捉えた最初期の著作として重要であり、その第8章「障害児の発達保障と社会教育」の「『新しい集団』—第三の世界と子どもの発達保障」という節で、藤本（1988）は次のような指摘をしている。

　藤本は、従来はある意味で、学校と家庭が協力して子どもを育ててきたが、学校教育でも家庭でもない新しい集団（サマースクールや学童保育など）の意義を次のように指摘した。この集団の特質として、①学校とちがって同年齢の集団ではないこと、②教えるときもあり、教えられるときもある異質な集団であること、③学校よりも少しゆるく、家庭よりも少し厳しいというように、子どもたちが主体的なものを発揮でき、それなりに規律のある集団であることに言及する。こうした点を踏まえ、新しい集団が障害児に保障されるのは、新しい意味をもつのではないかと指摘している（藤本1988:200-201）。

　上記の藤本（1988）は、養護学校教育義務制実施（1979年）から10年ほどの期間で検討されてきた内容である。放課後活動の原理として、学校や家庭との関わりが大切であり、その上で、「異年齢」「主体と客体が常に入れ替わる」「独自的な規律をもつ」などの点に第三の居場所における集団の意義が見出せる。

　さらに、白石（2007:116-123）では、子どもの内面に立ち入って考えると、学校でもない、家庭でもないという時空間や人間関係は、まさに「第三の世界」（田中昌人の呼称による）と呼ぶにふさわしいと指摘する。その上で、「第三の世界」が存立するために大切なこととして、1つ目に「第三の世界」での人間関係、特に指導員との関係に、教育的意図を感じさせないということをあげている。つまり、「同じ目の高さ」で向き合うことに「第三の世界」の特徴があると意味づけている。2つ目に、みん

なのために大切な役割を果たすことができるなら、子どもは集団によって必要とされているという自分の存在感を実感できるとする。集団の中での役割の大切さは、障害の有無によらず、生活において自分の存在の意味と価値を実感できることにある、と指摘している。

　こうした言及は、学術的検討や実践を通じて長らく指摘されてきたことであるが、昨今、政策答弁や政策決定にも一部引き継がれるようになっている。たとえば、①2021年6月から計8回にわたり開催した「障害児通所支援の在り方に関する検討会」の報告書では、「障害のある子どもにとって、児童期から適切な発達支援を受けて成長していくことは、安心感や自尊心等を育むことで持てる能力の発揮に着実に貢献」すると明記された（下線筆者加筆）（厚労省2021b:3）。②第6章で示したように、担当大臣が、放デイについて「生活・遊び・集団という視点も含めて発達支援を行うとともに、学校や家庭とは異なるその子らしく過ごせる場所として、障害のある子どもと家族を支える重要なサービスと認識をしております」（下線筆者加筆）と答弁している※7。

　このように、①発達支援において「安心」「自尊心」が強調され、②国会答弁において個別的な訓練だけでなく、「生活・遊び・集団」を踏まえた支援が強調され、放課後や休日の独自の価値が見直されてきている。

　この点は、放デイが今後の進むべき方向性を示す、重要な政策動向といえるだろう。第Ⅲ部（第7・8・9章）での検討を踏まえれば、放デイ創設の時期から発達支援が問題視されつつも、サービス供給量の拡大に目下の課題があった。その段階から、サービスの質的拡充へ制度的課題が本格的に移行しつつある。

　そうした制度の潮流を鑑みて、家庭や学校とは異なる場所で過ごす独自の価値を提供することが求められる放デイは、発達障害児に対しどのような発達支援の提供が必要となるのか、本章での検討からは、次のような論点が明示される。

　まず大前提として、①発達障害児の放課後や休日を保障する社会福祉制度が不可欠であり、今日ではその役割の中心を放デイが担っていることである。これを、第一の居場所（家庭）や第二の居場所（学校）に次ぐ、第三の居場所を制度として創出していくことである。この点については、本書を通じて再三確認したように、量的拡大に伴って障害児が通所可能な居場所は格段に増加した。

　しかし、②第三の居場所が各地に点在すれば、発達支援の諸課題が解決するのではなく、その居場所において、家庭や学校での困難や生きづらさなどを踏まえ

た上で、提供する発達支援の内容が決定される必要性が見出された。特に、利用児の内面を重視しつつ、利用児の「家庭→学校→放デイ→家庭…」と連続する生活を捉えた発達支援が必須となる。この時に重要になるのは、学校での様子、保護者の主訴、発達検査などのアセスメント、そして直接的な関わりを通じた子どもの状態把握、などを総合して捉えることである。それが、子どもとその保護者の願いを支える基点になるだろう。

一方で、③家庭や学校での生活を念頭に置きつつも、放課後・休日における活動を支援する独自性が必要である。それは、競争的な環境から子ども時代と子どもの発達を守ること、子どもの権利条約第31条の「遊びの権利」「休息・余暇の権利」を保障すること、6年・9年・12年など長期的な視点から利用児の将来や発達を見通すことが肝要である。こうした点は、上述している「安心感や自尊心等を育む」「生活・遊び・集団という視点も含めて発達支援を行う」「学校や家庭とは異なるその子らしく過ごせる場所」という昨今の政策動向を実質的に実現していくために不可欠な要素となる。

[注]

※1 発達障害者支援法の「第一章 総則」「第一条 目的」には、「この法律は、発達障害者の心理機能の適正な発達及び円滑な社会生活の促進のために発達障害の症状の発現後できるだけ早期に発達支援を行うとともに、切れ目なく発達障害者の支援を行うことが特に重要であることに鑑み、障害者基本法(昭和四十五年法律第八十四号)の基本的な理念にのっとり、発達障害者が基本的人権を享有する個人としての尊厳にふさわしい日常生活又は社会生活を営むことができるよう、発達障害を早期に発見し、発達支援を行うことに関する国及び地方公共団体の責務を明らかにするとともに、学校教育における発達障害者への支援、発達障害者の就労の支援、発達障害者支援センターの指定等について定めることにより、発達障害者の自立及び社会参加のためのその生活全般にわたる支援を図り、もってすべての国民が、障害の有無によって分け隔てられることなく、相互に人格と個性を尊重し合いながら共生する社会の実現に資することを目的とする」(下線筆者加筆)と明記されている。

※2 A社の取り組みは、多数紹介されており、たとえば経営情報に関する月刊誌の特集(2015年)において、A社の発達障害児への支援の思いや支援内容が掲載されている。また、A社の取り組みは、東海地域で開催された「外国人の子どもと発達障害」をテーマにした全国フォーラムにA社代表理事が登壇し、その内容は、東海地域の新聞およびB県の地元新聞において掲載されている。

※3 この項のデータは、C市の「第5期障がい者計画・第6期障がい福祉計画・第2期障がい児福祉計画」を参照した。匿名性の観点から市名を匿名としている。

※4 窪島(2019)「第10章」にくわしい。窪島は、キッズカレッジでの研究と実践を通じて、「ま

じめ・一生懸命・やさしい」という子どもの発達的本質を軸にする子ども観を見出している。この捉え方は、一般的な子ども性善説や児童中心主義的な見方の延長ではなく、キッズカレッジの活動で垣間見られる発達障害児の具体的な姿によるものと指摘する。また、この発達障害児の本質は、発達障害の通念とは逆のことであったと指摘する。

※5 なお、第31条は、子どもの権利条約が採択されたのち、2007年ごろまで"忘れられた条文（forgotten right）"と言われていたが、IPA（International Play Association;子どもの遊び権利のための国際協会）などの国際的運動の展開により、その意義の見直しが行われている（子どもの権利条約市民・NGOの会2020:65）。

※6 たとえば、国連子どもの権利委員会（The Committee on the Rights of the Child）は、これまで日本の子どもが大別して2つの困難に直面してきたと指摘している。第一に、日本の子どもが競争主義的な公教育制度のもとで大きなプレッシャーにさらされていること。第二に、親や教師など子どもに直接かかわる大人との人間関係が荒廃し、このことが子どもの情緒的幸福度の低さの原因になっていることである（子どもの権利条約市民・NGOの会2020:41）。そして、2019年3月に国連・子どもの権利委員会から公表された「日本政府第4・5回統合報告審査に関する最終所見」では、日本の子どもが置かれている現状とその打開に向けて提示した主要な勧告の1つとして、「社会の競争的な環境から子ども時代と子どもの発達を守る必要」があげられている。これまでの国連子どもの権利委員会から公表された勧告では、日本の学校の競争的システム（competitive system）を形容してきた用語が、「第1回：highly（高度に）」「第2回：excessive（度を越した）」「第3回：extremely（極度の）」というようにして深刻さを表現している。また、「第4・5回」では、an overly competitive system（あまりにも競争的なシステム）と、さらに強い表現が使われた（下線筆者加筆）（子どもの権利条約市民・NGOの会2020:56-59）。

※7 答弁内容は、2023年3月17日参議院内閣委員会インターネット審議中継を、筆者が文字起こしした（https://www.webtv.sangiin.go.jp/webtv/index.php）。最終閲覧日：2023年3月21日　質疑者：井上哲士議員、答弁者：小倉將信内閣府特命担当大臣および厚労省社会・援護局障害保健福祉部部長。

第10章 本書の総括

　本章では、第1章から第9章において展開してきた議論を踏まえ、本書の総括を行う。まず以下の第1節では、第Ⅰ部（第1章から第3章）、第Ⅱ部（第4章から第6章）、第Ⅲ部（第7章から第9章）の内容を整理して、本書の結論を示す。続く第2節では、第1節の内容を受けて、本書の知見がもつ学術的・社会的意義を明示する。最後に第3節では、今後の研究課題を明記したい。

1節　結論──本書の検討を通じて明らかになったこと

1-1　第Ⅰ部での検討内容

　本書の目的は、冒頭に示したように、障害児の放課後・休日対策が醸成された過程を明らかにするとともに、社会福祉基礎構造改革や地域福祉の政策動向を踏まえ、障害児の放課後・休日対策に関わる構造的課題を明らかにすることにあった。
　これを平易な言葉で置き換えれば、放デイが創設するまでの粘り強い社会運動や政策化のプロセス、あるいは、放デイが創設した後の様相や内包する課題を詳細に検討していくことに研究課題があった。
　本書では、放デイを2つの側面から捉える方略をとった。すなわち、放デイの制度化を図1-1〈p.13〉のように、コインの両面の関係とした。
　その1つ目の側面では、障害児の放課後・休日対策の重要な転換点（エポック）として放デイが存立することを捉えた。言い換えれば、放デイの制度化は、従来の障害児の放課後・休日対策を、量的にも質的にも転換させるものであった。
　他方で2つ目の側面では、放デイが制度化されても対象者に対する専門的な実践

（有用な給付・援助・支援など）の提供に至らない困難を内包していると捉えた。つまり、放デイが制度化されて障害児の放課後・休日の居場所は格段に増加したのであるが、社会福祉制度として提供されるサービスの水準に満たない事業者を含むため、専門的な実践を提供できていないという実情を合わせもっていた（表1-1〈p.15〉）。

　以上の２つの側面を踏まえれば、放デイの制度化を一面的に理解することはむずかしい。端的には、①放デイの創設は、従来の障害児の放課後・休日対策を量的にも質的にも転換させた新しい潮流であること、②その一方で、制度化しても万全で有用な専門的実践を提供しているとは言いがたい状況を内包していること、この二面性を合わせもっている。したがって、ひと口に放デイを検討するといっても、コインの両面を見るようにして、丹念にその構造を検討していく必要があった。

　本書では、上記の論点をあらかじめ提示して、以下のように各章を展開した。

　第Ⅰ部の第１章では、上記のような研究目的や本書に貫徹する視点などを明示するとともに、本書が主題にする放課後・休日対策が導入される背景を整理した。放課後・休日対策については、「子育てニーズの拡大」「子どもの発達環境の変化」の２点を基軸にして先行研究のレビューを行った。

　障害の有無を問わず子ども全般の放課後・休日対策は、おおむね1960年代以降の社会構造や産業構造の変化を契機として、その方策が必要となってきた。それは、子どもと保護者の生活、地域社会の機能などが変化したことによる。また、放課後・休日対策のうち、障害児に対する制度的な役割は、2012年に創設した放デイが主に担うことを確認した。さらに、2000年代以降では、発達障害の社会的認知の広がりや法制度の整備などと関わり、発達障害児への対応が重要課題となることを明示した。

　第２章では、次の２点に焦点化して放デイに関わる既存の知見の把握を進めた。第一に、放デイの実態を俯瞰的に理解するために、新聞記事を用いて放デイに対する社会的関心の整理を行った。第二に、放デイに関わる先行研究の動向を整理して、先行研究の到達点あるいは本書の位置づけを明確にした。

　新聞記事の整理では、朝日新聞、毎日新聞、読売新聞の３紙を対象にして、放デイを取り上げた新聞記事とその内容を検討した。「居場所の必要性」「虐待／事件・事故」「不正請求」「量的拡大（制度の改訂／ニーズの増加）」「発達支援について（発達支援の質／実践報告）」「コロナ禍（COVID-19）」のカテゴリに分類して、放デイに対する社会的関心を明示した。

先行研究の整理では、放デイの研究動向を網羅的に整理した鈴木（2021）を踏襲しつつ、次の３点に力点を置き整理した。①鈴木（2021）では、文献整理の期間が2012年から2020年であったため、本書では文献整理の期間を2023年５月までに延長した。②放デイの研究動向を整理した８つのカテゴリの中で、発達障害児を主題にした研究に焦点を絞り、その研究概要を明記した。③先の８つのカテゴリのうち、本書の関心に近似する「実態調査」「制度の動向」をくわしく整理した。加えて、本書は社会調査に基づく検討を行っているため、先行研究ではどのような調査方法が採用されてきたのか、この点にも着目して先行研究の整理を進めた。

　第３章では、地域福祉の要点や社会福祉基礎構造改革に関する一連の動向を振り返るとともに、本書の分析視角を提示した。本書の分析視角は、次の２点である。

　第一は、「放課後・休日対策の発展過程に対する地域福祉的考察」である。これは、上述したコインの表面にあたる「放デイの創設は、従来の障害児の放課後・休日対策を量的にも質的にも転換させた新しい潮流であること」に対応する論点であり、放課後・休日対策の政策化に向かうプロセスを通時的／時系列的に検討した。

　なお、ここでいう地域福祉的考察とは、放課後・休日対策の発展過程を「社会問題―社会運動―政策主体」の三項関係から捉えることを指す。本書では、放課後・休日対策が政策化に向かうプロセスを、この三項関係を基軸にする三元構造論に基づいて検討する視座を提示した。すなわち、障害児の放課後・休日対策の発展過程を、「社会問題：障害児の放課後・休日問題」「社会運動：放課後保障を求める運動」「制度・政策：放デイの創設と展開」として、三元構造論の枠組みに落とし込むことで、これまで明らかにすることができなかった論点や知見を導出するための視座を提示した。なお、第一の分析視角は、第Ⅱ部において展開した。

　第二は、「放課後・休日対策の新展開に対する批判的検討」である。これは、上述したコインの裏面にあたる「制度化しても万全で有用な専門的実践を提供しているとは言いがたい状況を内包していること」に対応する論点である。放デイを単に否定することではなく、放デイを多面的な視点で吟味しその本質を捉え、内在する課題の解決策や方策を見出す一助になることを目指す視座として提示した。

　特に、新たな局面として存立する放デイの実情を捉えるために、社会福祉サービスの供給方法の変化に目を配る必要があった。本書では今日の社会福祉制度を分析するにあたって、公的責任の度合いを「濃淡のスペクトラム構造」で捉える視点が有効であることを確認した。とりわけ、その「濃淡」のうちの「淡」に該当する領

域が大幅に拡大しており、本書で着目する放デイは「淡」の拡大を如実に示すものであった。なお、第二の分析視角は、第Ⅲ部において展開した。

また、上記のように本書の分析視角は、三元構造論に基づく理論や社会福祉基礎構造改革による一連の政策動向などを踏まえて展開しているため、第3章の後半ではそれらの論点をくわしく検討した。

以上のように、第1章から第3章にあたる第Ⅰ部では、本書の問題設定に該当する部分である。第1章では、本書の研究目的や本書に貫徹する視点、子ども全般の放課後・休日対策が導入される大枠の背景について示した。第2章では、放デイに関する知見として、今日までの到達点を網羅的・俯瞰的に理解するために、放デイに関する先行研究と新聞記事を整理した。第3章では、本書が依拠する理論や一連の政策動向の整理を行うとともに、本書の分析視角を提示した。なお、後述する第Ⅱ部と第Ⅲ部は、上述した2点の分析視角を基軸にして展開されるものである。

1-2 第Ⅱ部での検討内容

第Ⅱ部では、「社会問題」「社会運動」「制度・政策」の三項関係から捉える三元構造論に基づき放課後・休日対策が政策化に向かうプロセスを検討した。主に「障害児の放課後・休日問題」「放課後保障を求める運動」「放デイの創設と展開」の三項関係に着目して、以下のように各章の検討を進めた。

第4章の目的は、障害児の放課後・休日対策の変容と到達点を明示することにあった。特に、1979年の養護学校教育義務制以降、障害児の放課後や休日における生活問題がいかにして問われてきたのかを考察するとともに、放課後保障の社会運動の広がりに対して政策主体はどのような応答を行ってきたのか通時的な検討を行った。

第5章の目的は、前章の議論を踏まえて、障害児の教育権保障の第三のうねりと位置づく放課後保障の特徴を明らかにすることにあった。特に、放課後保障の中核を担ってきた全国放課後連という準拠集団に着目して、その社会運動が制度の創設に果たした役割や放デイ制度が創設されて以降の働きかけについて考察した。

第6章の目的は、放デイを中心とする障害児の放課後・休日対策の現況を明示することにあった。特に、官庁統計や外郭団体などの数量データから、放デイを中心としつつ学童保育や日中一時支援にも目を向けて、放課後・休日対策の全体的な傾

向を示した。また、コロナ禍（COVID-19）において、放課後・休日対策が果たした役割を考察した。こうした検討を通じて、障害児が地域社会で生活する上での基盤整備や制度状況などを明確にしていった。

　以上のように第Ⅱ部では、本書の冒頭で論点提示した内容に応答しつつ、「社会問題」「社会運動」「制度・政策」の三項関係から捉える三元構造論に基づき検討を進めた。とりわけ、第4章では「障害児の放課後・休日問題」「放課後保障を求める運動」「放デイの創設と展開」の諸関係を時系列に整理して、放課後・休日対策が政策化に向かうプロセスを総合的・包括的に捉えることに力点を置いた。

　第5章では、障害児の教育権保障の第三のうねりと位置づく放課後保障の中核役割を担った団体に着目して、「放課後保障を求める運動」の特徴を明らかにしていった。三元構造論に即して言えば、「社会運動」に関わる知見といえる。

　第6章では、官庁統計や外郭団体などの数量データをもとに、障害児が地域社会で生活する上での基盤整備や制度状況などを明確にしていった。三元構造論の観点で言えば、「制度・政策」に該当する。

　これらの検討を踏まえれば、第Ⅰ部の冒頭で論点提示した「放デイの創設は、従来の障害児の放課後・休日対策を量的にも質的にも転換させた新しい潮流である」という論点は改めて認められるべき内容であり、その新たな潮流を生み出したうねりを第Ⅱ部の検討は詳細に見出したといえるだろう。

　障害児の放課後・休日対策が政策化に向かうプロセスを端的に示せば、次のようになる。

　障害の種別や軽重、生活年齢、発達年齢、学校種別などにちがいがあるとしても、障害児の放課後・休日の生活は、ひとりぼっちか家庭で家族と過ごすことが多くなりがちであった。遊び方も、仲間と過ごす機会は少なく、テレビをみる、ゲームをする、動画をみるといったように単調になることが少なくなかった。また、家族と過ごす時間が多いということは、ケアする主体も偏っていく。このように、障害児の放課後・休日は、専門的機能を有する居場所が全国的に拡充していなかったために、放課後や休日に一人になってしまう障害児の生活が問題となってきた。障害児の発達や保護者の就労が保障されなく生活状態の悪化を招くことが「生活問題」となっていた。

　上記のような障害児の放課後・休日問題を、当時の制度展開や時代背景に照らして言えば、次のようになる。障害児の放課後・休日は、1979年の養護学校教育

義務制実施を契機に「社会問題」となった。それ以降、1992年の学校5日制の導入を端緒としながら、障害児の放課後・休日問題に社会的関心が集まった。また、2002年の学校週5日制完全実施が、放課後・休日問題を一気に顕在化させた。加えて、1994年に日本政府は、国連・子どもの権利条約に批准し、障害児の遊びや余暇の保障が法的拘束力のある国際的な公約となったことも、障害児の放課後・休日問題が対象化された遠因となった。

　こうした社会問題に着目して、有志のボランティアや保護者グループが結集し、ニーズに対する活動やサービスが創出され、公的責任での対応に結びづける「社会運動」の機運が高まった。この展開は、障害児教育における教育権保障の第三のうねりと位置づく、独自性のある取り組みであった。これは放課後保障と呼ばれた。

　この放課後保障は、「日本のどこに住んでいても実現できるようにしたいものです」と趣旨が表明されたように、公的保障を追求する姿勢を堅持して運動が進展した。公的責任の必要性をまだ認識していない人々にも成果を及ぼす可能性を包含して、運動が展開された。こうした点は、社会福祉運動の特徴を如実に表すものであった。また、全国連絡会が国レベル、地域連絡会が都道府県・市区町村レベルというように、二段階の組織形態を有することで、訴えかける政策主体を見分けた社会運動を可能にした。放課後保障は、「不十分というより、ない」「全く念頭にないから、考えないといけない」というように、無から有をつくりだしていくような取り組みであったといえる。

　他方で、放課後保障を求める運動は、上記のような生活問題を解消することだけに留まらない。「子どもは夕方育つ」という独自の価値が強調されている。たとえば、学校や家庭とは質の異なる場所で主体的に参加する活動、集団の中で自分自身をコントロールする力や相手との関係を調整する力を豊かに身につける点など、その価値への言及は多岐にわたる。すなわち、家庭よりも規模が大きく可変的な異年齢集団を創り、学校よりも柔軟に活動を組織できる点に、放課後・休日の実践が持つ魅力があることを示してきたといえるだろう。

　公的責任に基づく放課後活動の実施やサービス提供の必要性が社会運動の成果により認知され、児童福祉法に基づく放デイが制度化した。放デイの制度化によって、障害児が地域社会で生活する上での基盤整備が進み、制度の利用状況は格段に拡大している。また、コロナ禍（COVID-19）における障害児の（午前中からの）居場所の確保は、放デイを中心とする放課後・休日を支援する主体によって担われた。

こうした献身的なエッセンシャルワークを踏まえれば、放デイにおける量的拡大は、必ずしも「悪しき増加」であったわけではないと考えられる。

しかし、第Ⅰ部に先述したように、放デイの制度化がもつ正負の二側面がある。特に、放デイ制度化以降の放課後保障の運動では、利潤を過度に追求した質の低い支援を提供する事業所運営を「放課後活動の営利化」と指摘しており、その事態は看過できないという姿勢を一貫して保持している。

障害児の放課後・休日対策が政策化するプロセスには、放課後保障という社会運動が強く関与することが確認される。こうした社会運動の動機は「私たちのねがいは非常にささやかで当たり前のもの」という切実な願いに代表される。特に、放課後保障の動態を通時的な視点から捉えれば、①障害児が放課後・休日の活動をするための居場所を確保すること、②その保護者の就労・レスパイトするための施設として機能すること、③そのために事業所職員が安定して働けること、の3つの要求に収斂されると考えられる。

1-3 第Ⅲ部での検討内容

第Ⅲ部では、「放課後・休日対策の新展開に対する批判的検討」として、主に発達障害児の事例を参照しながら、放デイにおける量的拡大と発達支援の検討を通じて構造的課題の一端を明らかにし、政策的・実践的示唆の導出を試みた。第Ⅲ部での検討は、本書の冒頭で示した二面性の片側であり、コインの裏面に対応する。

なお、ここでいう批判的検討とは、放デイを単に否定することではなく、放デイを多角的な視点で吟味しその本質を捉え、内在する課題の解決策や方策を見出す一助になることを目指す視座であった。ただし、「新たな局面として存立する放デイ」「二面性を合わせもつ放デイ」という複雑な実情を、根本から理解しようとすれば、さまざまな次元や多様な観点から検討することが必須であった。また、その視座から検討を進めるにあたり、プライオリティをつける必要があった。

本書の第2章を通じて、この検討を進めるための優先課題を析出した。新聞記事の整理によって俯瞰的な理解を進め、先行研究の網羅的な整理によって既存の知見の把握を進め、本書が優先して検討する課題を明確にした。特に、量的拡大を背景として生起する「発達支援の質」「虐待/事件・事故」「不正請求」などの諸問題が、放デイにおける大きな関心となっていた。本書では、「放デイの量的拡大は、そも

そもどのような構造に規定され生み出された社会的事象であるのか」という課題を見出した。言い換えれば、放デイの量的拡大を規定する要因や構造を分析的・体系的に読み解くことを検討課題に設定した。

以上を踏まえ、第Ⅲ部の各章を以下のように展開した。

第7章の目的は、放デイの利用者数の増加を規定する構造を探索的に明らかにすることにあった。そのなかでも増加が著しい、発達障害児の放デイ利用が増加した背景に着目して、インタビューデータをもとにした具体的な記述から、量的拡大の構造の一端を把握することを試みた。

第8章の目的は、放デイにおける量的拡大の要因を導出するために、擬似市場と利用契約に着目した検討を行った。特に、①擬似市場とも呼称される官製の部分的な市場システムが放デイに浸透することを明らかにするとともに、②放デイの利用契約において重要な手続きとなる「受給者証の発行」について、発達障害児の実態を事例調査のデータをもとに例証した。

第9章の目的は、通常の小学校に在籍する発達障害児に着目した発達支援の検討を行うことにあった。特に、家庭や学校とは異なる場所として独自の価値を提供することが求められる放デイは、発達障害児に対してどのような発達支援の提供が必要となるのか事例検討を通じて具体的に考察した。

これらの検討を踏まえれば、量的拡大は、自然に発生した事象ではなく、社会的な要請や政策の展開などが相まって形成・構成されたものであった。量的拡大が社会的事象として立ち現れる要因として、次のような点が導出された。

2012年に創設された放デイは、障害児教育の教育権保障の第三のうねり（放課後保障）として展開した社会運動の成果であるとともに、障害児とその保護者の社会的支援を単一の制度により実現した。これは、障害児の放課後・休日対策の転換点となった。2012年の放デイの制度化は、1979年の養護学校教育義務制を起点にすれば、33年後のことであった。

こうして、実質的には家族などの私的な負担を含み潜在化していたニーズが、放デイ制度の利用という形で如実に表れた。さらに、発達障害は2000年前後まで「発達の問題」という認識が薄く、「制度の谷間」「サービスの狭間」にあった。それが、発達障害者支援法の成立（2004年）・施行（2005年）、学校教育法の改正（2006年）、特別支援教育の施行（2007年）を契機に、発達障害児も社会的支援の対象となった。

こうした発達障害の広がりは、先の私的な負担を含み潜在化していたニーズに合

流し、放デイ利用の急増の一翼となった。特に、放デイ制度化以前の発達障害児は、定型発達の子どもと遊ぶ、家族とともに過ごす、学童保育へ通所する、障害児への放課後支援が進んだ自治体の場合はその制度を利用する、といった放課後・休日の生活を送っていたと考えられる。発達障害児が放課後・休日に活動できる場所は、皆無であったわけではないが、困難や生きづらさに応答する居場所が量的に拡充していたとはいえない状況であった。

　放デイの量的拡大を規定する要因には、上記の潜在化していたニーズを含みながら福祉的・教育的な要請が放デイに向けられ、図7-2〈p.199〉のような事象が立ち現れている。学校教育、家庭、学童保育、児童発達支援、幼保園などからの要請を受ける構造が見出された。放デイの量的拡大は、この要因に限られるものではないが、本書の第7章で示したような複数の要因が接合したことで発生したと考えられる。こうした急増ぶりこそが、社会的必要を表しているともいえる。

　他方で、利用者の拡大を受容するために、事業者の整備を進めていくことが必須であった。端的に言えば、その整備は社会福祉供給主体の多元化によって進展した。一連の改革による規制緩和、「民間の力」を十分に活用することで事業者の確保を進めた。利用者の増加が見込まれた状況に対して、放デイにおけるサービス・支援の提供は、営利事業者と非営利事業者による多様な事業者によって賄われた。放デイは、「民設民営」の傾向を強めつつサービス供給を可能にしていった。また、放デイは、原則としてサービス費用の9割が公費で賄われている。さらに、受給者証の交付といった認定、事業所設置の届け出など、行政が介在する仕組みを内在している。

　このように放デイは、一連の改革とそれを基礎づける擬似市場の原理・メカニズムを反映させる制度として位置づくことが鮮明になった（図8-1〈p.208〉）。擬似市場の原理に基づく放デイは、事業者の多元化を通じて、地域社会での障害児支援を身近なものとし、障害児の放課後・休日対策の「供給量の拡大」に寄与したと考えられる。

　その一方で、擬似市場の原理に基づく制度運営には、課題も内包されていた。一言で言えば、規制緩和による正負の側面を如実に表すということになろう。とりわけ、参入障壁の緩さや多様な事業者の参入を含みつつ行われる事業者間での競争が、硬直的な福祉サービスの供給のあり方を打開し、事業者の規律を維持し、発達支援やサービスの質に寄与しているのか、再考が迫られる。また、放デイの人員配置の基準が10:2であり、「大人が2人いてできる活動をすればよい」という建前の

中で、発達支援やサービスの質を問う制度設計上の課題などが確認された。

　以上を踏まえれば、放デイは、利用者と事業者の双方が互いに補完することで、その量的拡大が堅持されている。障害児の放課後・休日対策の約45年（放デイ創設までの33年と放デイ創設から12年の経過）を踏まえれば、放デイの量的拡大は、学校でも家庭でもない第三の居場所を身近な地域社会に拡充させることに寄与し、障害児と保護者の生活に果たした役割があると考えられる。その一方で、放デイを早く普及させるため、事業者の多元化や開設・運営の基準を緩めることで、提供する発達支援の質が不安定になる課題を誘発した。

　上記のように、放デイ創設当初から発達支援が問題視されつつも、サービス供給量の拡大に目下の課題があった。ただし、第9章に示したように、供給量を拡大する段階から、サービスの質的拡充へ制度課題が本格的に移行しつつある。それは、①「児童期から適切な発達支援を受けて成長していくことは、安心感や自尊心等を育む」ことが政策文書において強調され、②国会答弁において個別的な訓練だけでなく、「生活・遊び・集団という視点も含めて発達支援を行うとともに、学校や家庭とは異なるその子らしく過ごせる場所として、障害のある子どもと家族を支える重要なサービス」と放デイの必要性を担当大臣が指摘している。

　このように、放課後や休日の独自の価値が見直されている。「安心感」「自尊心」「生活・遊び・集団」「学校や家庭とは異なるその子らしく過ごせる場所」といったキーワードは、これからの放デイ、ひいては障害児の放課後・休日対策が進むべき方向性を示す重要な政策動向といえるだろう。本書の事例検討からは、発達障害児に対する発達支援の提供として、次のような論点が明示された。

　1点目に、大前提として、発達障害児の放課後や休日を保障する社会福祉制度が不可欠であり、今日ではその役割の中心を放デイが担っていることである。第一の居場所（家庭）や第二の居場所（学校）に次ぐ、第三の居場所を制度として創出していくことが必須である。この点については、再三確認したように、放デイの量的拡大に伴って障害児が通所可能な居場所は格段に増加した。

　しかし2点目として、第三の居場所が各地に点在すれば、発達支援の諸課題が解決するのではなく、その居場所において、家庭や学校での困難や生きづらさなどを踏まえた上で、発達支援が決定される必要性が見出された。端的に言えば、子どもの生活を捉えることである。特に、利用児の内面を重視しつつ、「家庭→学校→放デイ→家庭…」と連続する生活を捉え発達支援を提供していくことである。この時

に重要になるのは、学校での子どもの様子、保護者の主訴、発達検査などのアセスメント、そして直接的な関わりを通じた子どもの状態把握、などを総合して捉える視点と姿勢である。それが、子どもとその保護者の願いを支える基点になるだろう。

その一方で3点目として、家庭や学校での生活を念頭に置きつつも、放課後・休日を舞台にする活動の独自性が必要である。特に、「競争的な環境から子ども時代と子どもの発達を守ること」、子どもの権利条約第31条の「遊びの権利」「休息・余暇の権利」を保障すること、6年・9年・12年と長期的な視点から利用児の将来や発達を見通すことなどが肝要となっている。

2節 本書の知見がもつ学術的・社会的意義

以上のように本書は、障害児の放課後・休日対策が醸成された過程を明らかにするとともに、社会福祉基礎構造改革以降の展開および地域福祉の政策動向を踏まえて、障害児の放課後・休日対策に関わる構造的課題を明らかにしてきた。特に、放デイを主な分析の対象にして展開してきた本書は、次のような学術的・社会的意義をもつと考えられる。

2-1 学術的特色

まず、本書の学術的特色から明記していきたい。本書は、真田是から石倉康次に続く地域福祉論の系譜に依拠して、障害児の放課後・休日対策の実態を把握し、社会福祉制度の構造的課題に接近することを試みてきた。本書の特色を2点あげることができよう。

第一に、障害児の放課後・休日対策における「中間的総括」である。本書は、障害児の放課後・休日対策を約45年の範囲で捉えてきた。その経過は、1979年の養護学校教育義務制から2012年の放デイ創設までの約33年、放デイ制度化以降の約12年に大きく分けることができる。

特に、約45年という時間軸の中で検討したのは、放課後・休日対策が政策化に向かうプロセスを把握するためである。第3章で論述したように、放デイに限らず保育所や学童保育などの児童福祉法を根拠法にする制度は、社会運動などを起点に

して制度の必要性が訴えられ、その方策が講じられてきた経緯があるため、通時的な視点が重要になる。つまり、従来は子どもの居場所とその保護者の就労を統一的に保障していくような制度は、社会福祉制度の対象の外側にあった。そして、社会背景の変化とともに、ニーズに対応するサービスの策定や公的責任に基づく制度の創設が課題となってきた。

しかし、こうしたニーズの質的・量的な拡大に対して、制度の拡充が適切に応答するのではなかった。その時々の時代的な制約や制度・政策上の限界をもちながら制度の拡充が図られる。その意味で、諸制度が醸成されるプロセスでは、社会的・政治的対抗の帰趨による揺れを伴いながら、その制度の内容や水準が決定される。

上記のように、「子どもの居場所とその保護者の就労を統一的に保障していく制度は、従来的には社会福祉制度の対象の外側にあり、ニーズに対応するサービスの策定や公的責任に基づく制度の創設が課題となってきた」という点は、児童福祉法に規定される諸制度の間で共通する。その一方で、保育所や学童保育に比して、障害児の放課後・休日対策に関わる文脈の整理は、更なる検討の余地を残していた。すなわち、制度が有する独自の文脈を丹念に整理することが求められており、障害児の放課後・休日対策の場合には、「障害児」「放課後・休日」「広範な年齢（学齢期・7歳から18歳まで）」といった固有の要素を含み検討を深めることが必須となる。

本書が障害児の放課後・休日対策に関する政策化のプロセスを検討したことは、児童福祉法を根拠法にする制度との共通点を見出しつつ、障害児の放課後・休日対策における独自の文脈や固有の要素を踏まえた知見になると考えられる。また、「中間的総括」とは、上記のような通時的な視点からの検討を指すものであり、特に、障害児の放課後・休日対策の「これまで」と「これから」を繋ぐという意味を包含しているといえよう。

第二に、真田是から石倉康次に続く地域福祉論の理論的補完である。

第3章の学術的背景で論述したように、2000年の社会福祉法では、地域において特殊な存在とはいえなくなった社会福祉ニーズへの応答として、地域福祉の推進が注目された。一方で、地域福祉の全容を包括的に理解することは、地域福祉を巡る制度・政策が常に変化し続けるということも影響して決して容易ではない。このような状況を鑑みれば、21世紀の社会福祉を総合的に捉えつつ、対象とする制度や着目する問題群の固有性を踏まえて詳細に検討することが求められていた。

本書では、こうした時代的な背景を踏まえて、真田から石倉に続く地域福祉論に

依拠して議論を展開することにした。特に本書は、障害児の放課後・休日対策の発展過程を、真田の三元構造論に依拠して検討した。すなわち、「社会問題：障害児の放課後・休日問題」「社会運動：放課後保障を求める運動」「制度・政策：放デイの創設と展開」として、三元構造論の枠組みに落とし込むことで、これまで明らかにすることができなかった論点や知見の導出を目指した。

　ただし、新たな局面として存立する放デイの実態を捉えるためには、地域福祉の政策展開と社会福祉基礎構造改革によって変容する社会福祉サービスの供給方法を理解する必要があった。端的に言えば、社会実態の変化を踏まえた枠踏みが必要であり、本書では、真田の研究を今日的な枠組みに組み替えて継承している石倉の地域福祉論を参照した。特に本書では、公的責任の「濃淡」が制度・施策の内部に存在することを捉える視点を、石倉の地域福祉論から引き継いだ。すなわち、真田が提起した三元構造論を基礎にしつつも運動主体と政策主体の拮抗関係や応答関係のみでは説明できないため、石倉が指摘する政策主体の公的責任をスペクトラム構造として捉える視座を参照した。

　その一方で、本書では、公的責任の度合いを5つのレベルに分けたスペクトラム構造を踏まえつつ、特定の制度を詳細に検討していく点にさらなる課題を見出した。特定の制度を詳細に検討する点において、本書は、真田から石倉に継承される地域福祉論に対して理論的な補完を行ったと考えられる。すなわち、本書は、①真田の三元構造論に依拠して障害児の放課後・休日対策を検討した。②また、石倉が分類した5つのレベルのうち、公的責任の度合いが2番目に弱い「第二種社会福祉事業のうち利用契約制度化された事業」に該当する放デイを分析の対象にして検討した。なお、放デイは、その「淡」の拡大による正負の側面を合わせもつ先例的な制度と位置づくものであった。

　別の言い方をすれば、社会福祉制度における公的責任の後退や市場関係によるサービス供給の課題を踏まえつつ、本書は放デイという個別の制度を具体的・事例的に検討することに注力した。事例的に検討することが、先行する理論研究との差異を示す、本書の独自性といえる。その検討を進めることで、一連の改革によって成立した社会福祉制度にはいろいろな課題が山積することも事実であるが、「制度の谷間」「政策の狭間」に置かれてきた諸問題の解決に寄与した部分も見えてきた。すなわち、少なくとも目の前にある放デイは、良否の二項対立あるいは善悪二元論として存在するのではない。

本書の事例的な検討とは、放デイの二面性に着目して、過度な単純化を避け複雑な問題に対応するために、それ相応の複雑な理解を引き受けながら実態と向き合うことにあったといえよう。この方略により、多面的な視点から吟味することを可能にした。地域福祉の現実から徐々に離れずに、実態に基づいた結論を導出することに寄与したと考えられる。

2-2　社会的意義

　次に、本書がもつ社会的意義を示していきたい。

　第一に、障害児の放課後・休日対策に関する政策的示唆が期待される。従来のいわゆる「縦割り行政」による放課後・休日対策（文科省の放課後子供教室、厚労省の学童保育や放デイなど）は、2023年4月から「こども家庭庁」に移管された。しかし、具体的な事実・データに基づく総合的なビジョンの提示は、依然として必要である。本書は、障害児の放課後・休日対策に関する基礎資料として、政策的示唆を有する。

　第二に、障害児の放課後・休日対策に関する実践的示唆が期待される。特に、本書が取り上げた放デイの課題は同時代の社会事象であるために、その課題の論点が当事者や実践者の間で共有されにくい。言い換えれば、日々の支援を担う実践者は、放デイの課題に認識はありつつも、それを整理・分析して共有する時間の余裕が十分になく、そうした課題は暗黙のうちに不可視化・埋没化してしまうことが想定される。本書で検討した内容は、実践にも直接的/間接的に関係するものである。本書の知見は、不可視化・埋没化しうる部分を丁寧に読み解き、1つの成果物にまとめることで、障害児の放課後・休日を検討する際の参照資料として有益になると考える。

　また、政策的・実践的示唆を合わせもつ論点として、次のポイントがあげられる。放デイの量的拡大が問題になるということは、放デイが創設されてから障害児の放課後・休日対策に従事するようになった人も多いと想定される。言い換えれば、放デイ制度化以前（政策化される前）の実態を認知しない層も増えてくる。制度への認識の多様さを尊重しつつも、制度が成立してきた過程や制度の根源的な課題、制度が果たす社会的意味を共有することも必要である。本書は、こうした放課後・休日対策の根幹を共有するための1つの素材として意義をもつと考えられる。

3節　研究課題

　本書を通じて、障害児の放課後・休日対策が醸成された過程について、あるいは社会福祉基礎構造改革や地域福祉の政策動向を踏まえた放デイの構造的課題について、ある程度把握することが可能であった。しかし、次のような研究課題も見えてきた。

　第一に、本書は日本国内における障害児の放課後・休日対策の検討であったため、今後は諸外国を対象にした研究展開が求められる。子どもの放課後・休日対策に関わる国際比較研究や国際動向の整理は、2000年代以降に広がりをみせている[※1]。先行研究の動向を踏まえ、①今日的なデータをもとにした議論への組み替え、②特別な教育的ニーズに対応する政策と実態の把握、③欧米が中心となる知見からアジアに対象を広げる点など、新たな知見の導出が求められる。こうした課題への応答を今後の研究展開に位置づけたい。

　第二に、本書の第Ⅱ部での検討が文献資料調査によって見出した知見であったのに対して、今後の研究ではインタビュー調査などによる知見の導出を目指す必要がある。特に、放課後・休日問題を抱える当事者への調査を通じて、その生活問題の実態を把握することは肝要となる。また、放課後保障の社会運動は、障害児教育の第三のうねりと位置づき、社会福祉運動の特徴を示す訴求力の強い取り組みであった。これを駆動させた当事者への調査をさらに進めることを今後の研究課題に位置づけたい。

　第三に、本書の第Ⅲ部での検討が探索的な調査により見出した知見であったのに対して、今後の研究ではさらに広範な調査から得た知見の導出を目指す必要がある。本書は、19,000か所を超える放デイ事業所が存在するうちの数事業所からの検討であり、現在の日本社会で展開される放デイの議論について一般化を図ろうとするには限界がある。また、本書では、総体として放デイの量的拡大の構造を捉えることに力点を置いたため、その諸要因を個別に分析する点で課題が残った。今後は、個人研究に加え、共同研究に取り組むことや民間団体・外郭団体と協働した規模の大きな調査を視野に入れ、対象とする集団や問題群の特徴を緻密に記述し、社会的事象を説明することを目指す。

　第四に、発達障害児の実践や活動に関する知見を深めることである。この論点に

関しては、次の2つの方向性を見出すことができる。

　1つ目の方向性は、学校でも家庭でもない第三の居場所のさらなる知見の導出である。とりわけ、特別な教育的ニーズの充足が、学校教育（あるいは特別支援教育）の外側から進められる実態もある。さらに、そこから理論的・実践的な知見の蓄積が確認される[2][3]。先行研究の知見に学びつつ、「家庭でも学校でもない第三の居場所」として独自の価値を模索していくことが問われているといえよう。

　2つ目の方向性として、児童福祉法を根拠法とする障害児通所支援の展開と達成状況について検討することが必須となる。特に、2024年の改正児童福祉法では児童発達支援センターの中核的役割が明確化された。その機能は、今後の日本における障害児福祉の軸になりうる制度であり、この萌芽的な制度に対し自発的・先進的な実践を展開する事業者に着眼した検討を視野にいれる必要がある。

［注］

[1] 先行研究では、たとえば、池本（2009）の『子どもの放課後を考える―諸外国との比較でみる学童保育問題』、明石ら（2012）の『児童の放課後活動の国際比較―ドイツ・イギリス・フランス・韓国・日本の最新事情』、金藤編（2016）の『学校を場とする放課後活動の政策と評価の国際比較―格差是正への効果の検討』、臼田（2016）の『オーストラリアの学校外保育と親のケア―保育園・学童保育・中高生の放課後施設』、石橋ら（2013）の『しあわせな放課後の時間』、汐見（2003）の『世界に学ぼう！子育て支援』などがある。また、増山（2015:32-33）は、先の池本（2009）の調査研究を参照し、放課後・休日対策の位置づけを「教育、福祉、余暇（文化）」との関連において3つの潮流を見出した。それは、①イギリス型の学校教育に比重を置いて学校教育の拡大、学習支援の場として捉えるタイプ、②北欧諸国型の教育を社会保障の中核に位置づけ、教育と福祉を統合する場と捉えるタイプ、③フランスなどの南欧型として余暇・文化活動の場と捉えるタイプである。

[2] たとえば、室橋（2016）は、発達障害児を主な対象とする「土曜教室活動の意義」を整理している。「土曜教室は、『発達障害』のある児童・青年を対象とし大学生・大学院生・現職教員からなるスタッフによる学習援助を目的とした集団である」（室橋2016:93）と規定する。また、土曜教室の系譜として、1980年代後半に東京学芸大学の上野一彦が学習障害のある子どもたちの親の要請に応じて、治療教育を目的とした臨床研究活動を土曜日の午後に大学内で行っていたものと指摘される（室橋2016:93）。そして、「富山大学における土曜教室」「北海道大学における土曜教室」の事例と意義が検討されている。特に、それら事例を踏まえた「土曜教室活動の意義」として、特に、「土曜教室とは異なる姿を見せる子どもたちをめぐる議論が生じ、子どもへの理解が深まった。発達障害のある子どもたちにおいては、往々にして、状況によって異なる姿をみせることがある」（室橋2016:99）といった指摘がみられる。

※3 滋賀大キッズカレッジ（以下、SKC）の理論的・実践的な知見の蓄積は、発達障害の理解を改めて問い直し、その指導・支援、アセスメントなどの新たな地平を開く意味において示唆的である。SKCは、発達障害、とりわけ学習障害に関する相談や指導に取り組む専門機関であり、2004年に結成され、2018年からはNPO法人SKCカレッジとして運営している。SKCの学術的成果は、窪島（2019）、深川（2021）を始めとして多数存在する。SKCは、学校とは別のかたちで存在し、独自の基本的視点（「安心と自尊心」「自己認識」をもとに、子どもたちは人間としての発達の大きな飛躍的変化を自ら成し遂げていく）から発達障害児を捉え、相談や指導に約20年取り組んできた。こうした活動から、SKCの「三つの発見」という理論的・実践的成果が導出されている。SKCの「三つの発見」とは、端的に、①アセスメントの三つの相、②急激な飛躍的発達的変化、③発達障害の子どもの三つの本質である（窪島2021b:1-2）。また、「発見」というのはあまりに仰々しいとする反面、そのいずれも発達障害や学習障害の研究分野で他にこうした指摘がないことも事実であり、あえて主張する所以と指摘している。さらに、特別支援教育の実施からかなりの時間が経過したが、それほど大きく実情が変わっていないという印象を禁じ得ないのは、こうした観点が欠落していることが否めない（窪島2021b:4-5）、との指摘にも目を向ける必要がある。

【参考文献】
- 阿比留久美（2022）『孤独と居場所の社会学』、大和書房
- 赤木和重（2017）『アメリカの教室に入ってみた』、ひとなる書房
- 赤木和重（2019）「なぜ特別支援学級・学校の在籍児は急増しているのか？」『博報堂教育財団　第14回　児童教育実践についての研究助成』
- 赤木和重（2021）『子育てのノロイをほぐしましょう』、日本評論社
- 明石要一・岩崎久美子・金藤ふゆ子・小林純子・土屋隆裕・錦織嘉子・結城光夫（2012）『児童の放課後活動の国際比較』、福村出版
- 明柴聰史（2021）「富山県内の放課後等デイサービスの現状と課題」『富山短期大学紀要』57、11-23
- 朝日新聞（2017年12月24日）「放課後デイサービス、急増　障害ある子預かり、5年で4倍に」
- 朝日新聞（2018年3月4日）「障害児の学童、継続利用認めて」
- 朝日新聞（2021年3月14日）「放課後デイ相次ぐ行政処分」
- 荒川智（2018）「特別支援教育10年を検証する」『障害者問題研究』45（4）、2-9
- 足立佳美（2010）「事例：福祉的支援の広がり（2）」『よくわかる発達障害（第2版）』小野次朗・上野一彦・藤田継道編、ミネルヴァ書房、158-161
- 荒井庸子・前田明日香・張鋭・井上洋平・荒木穂積・竹内謙彰（2012）「舞鶴市における発達障害児の実態とニーズに関する調査研究」『立命館産業社会論集』47（4）、99-121
- 萩原緑・高橋甲介（2021）「放課後等デイサービスにおける自閉スペクトラム症児の機能的アセスメントに基づく支援の在り方」『長崎大学教育学部教育実践研究紀要』20、189-198
- 江原真二（1988）「障害児の学童保育」『放課後の障害児』藤本文郎・津止正敏編、青木書店、59-66
- 深川美也子（2021）『就学前から1年生のひらがなの土台づくり』、文理閣
- 浜岡政好（2023）「政治的言説としての『自助・共助・公助』論の本質」『総合社会福祉研究』54、10-20
- 花岡祐奈・武内珠美（2018）「放課後等デイサービスを利用する発達障害児の変化と必要な支援」『教育実践総合センター紀要』36、1-10
- 畑本裕介（2012）『社会福祉行政』、法律文化社
- 平岡公一（2004）「社会サービスの市場化をめぐる若干の論点」渋谷博史・平岡公一編著『福祉の市場化をみる眼』、ミネルヴァ書房、293-312
- 平岡公一（2008）「ケア市場化の可能性と限界」『ケアその思想と実践5』上野千鶴子・大熊由紀子・大沢真理・神野直彦・副田義也編集、岩波書店、125-142
- 平岡公一（2011）「社会福祉の運営体制」『社会福祉学』平岡公一・杉野昭博・所道彦・鎮目真人、有斐閣、456-480
- 平岡公一（2013）「ヨーロッパにおける社会サービスの市場化と準市場の理論」武川正吾編『公共性の福祉社会学』、東京大学出版、193-213
- 平沼博将（2008）「保育所から学童保育への接続問題（2）」『福山市立女子短期大学研究教育公開センター年報』5、103-108
- 本田由紀（2008）『「家庭教育」の隘路』、勁草書房
- 保坂亨（2023）「『令和3年度　児童生徒の問題行動・不登校等生徒指導上の諸課題に関する調査結果』について」『生徒指導』53（1）、30-34
- 細田千佳・汐田まどか（2020）「発達障害療育における地域機能シェアリング」『小児の精神と神経』60（3）、247-253
- 藤松素子編（2006）『現代地域福祉論』、高菅出版

- 藤本文朗（1974）「学校にはいれなかった障害児」『この子らの生命輝く日』河添邦俊・清水寛・藤本文朗、新日本出版社、25-82.（再掲：（2021）『人間発達研究所』34、100-129）
- 藤本文朗（1988）「障害児の発達保障と社会教育」『放課後の障害児』、青木書店、186-210
- 藤本文朗・三島敏男・津止正敏（1992）『学校五日制と障害児の発達』、かもがわ出版
- 古荘純一（2024）『境界知能』、合同出版
- 市田弘子・津止正敏（1992）「障害児の放課後と学童保育要求」『学校五日制と障害児の発達』、かもがわ出版、90-108
- 一瀬早百合（2020）「家庭における支援の視点」、『そだちの科学』34、8-14
- 池本美香（2009）『子どもの放課後を考える』、勁草書房
- 池本美香（2020）「放課後児童クラブの国の整備目標の妥当性」『JRIレビュー』vol.7 no.79、55-82
- 池添素（2022）「子どもの療育をめぐる状況と課題」『人権と部落問題』964、36-41
- 石橋裕子・糸山智栄・中山芳一（2013）『しあわせな放課後の時間』、高文研
- 石倉康次（2012）「刊行のことば」『真田是著作集』i - vi
- 石倉康次（2021）『まなざしとしての社会福祉』、北大路書房
- 石本雄真・山根隆宏・松本有貴（2018）「心理教育プログラム実施者の実施前後での心理的適応および効力感の変化」『教育研究論集』8、15-22
- 泉宗孝（2019）「放課後等デイサービスを中心とした障害のある子どもの放課後生活保障の動向」『新見公立大学紀要』40、51-57
- 泉宗孝（2021）「障害のある子どもを対象にした放課後等デイサービスに関する調査研究の文献検討」『川崎医療福祉学会誌』31（1）、1-16
- 泉宗孝（2023）「障害のある子どもを対象とする放課後等デイサービスの役割・機能の整理」『川崎医療福祉学会誌』32（2）、355-366
- 神野直彦（2008）「ケアを支えるしくみ」『ケアその思想と実践5』、岩波書店、1-25
- 垣内国光（2021）「生活保障としての学童保育」『学童保育研究の課題と展望』日本学保育学会編、明誠書林、13-29
- 金藤ふゆ子編著（2016）『学校を場とする放課後活動の政策と評価の国際比較』、福村出版
- 加藤旭人（2022）「社会福祉基礎構造改革と放課後等デイサービスの制度化の展開」『大原社会問題研究所雑誌』767・768、55-74
- 加藤薗子（2002）「社会福祉政策と福祉労働」『社会福祉労働の専門性と現実』真田是監修/上田章・垣内国光・加藤薗子編、かもがわ出版、14-35
- 加藤直樹（1997）『障害者の自立と発達保障』、全国障害者問題研究出版部
- 川﨑聡大（2023）「学びに困難を抱えた子どもたち」『世界』968、岩波書店、207-215
- Klin. Ami・Volkmar.R.Fred・Sparrow.S.Sara（2000）"Asperger Syndrome"、"The Guilford Press"（アミー・クライン、フレッド・R・ヴォルクマー、サラ・S・スバロー編（2008）山崎晃資監訳『総説アスペルガー症候群』、明石書店）
- 木村裕子（2015）『発達障害支援の社会学』、東信堂
- 北川雄也（2020）「障害者福祉サービス供給主体の「多元化」と「市場原理」の功罪」『社会福祉研究』137、46-53
- こども家庭庁（2023a）「こども家庭庁組織図概要」
- こども家庭庁（2023b）「令和5年　放課後児童健全育成事業（放課後児童クラブ）の実施状況」
- 子どもの権利条約市民・NGOの会（2020）『国連子どもの権利条約と日本の子ども期』、本の泉社
- 駒村康平（2004）「擬似市場論」『福祉の市場化をみる眼』、ミネルヴァ書房、213-236

- 近藤真理子・藤本文朗（2019）「放課後等デイサービスの『サービス』提供の実態の諸問題と専門家養成の課題」『滋賀大学教育学部紀要』68、155-166
- 近藤真理子（2023）「不登校児童生徒の増加の背景とインクルーシブ教育」『日本の科学者』58（9）、42-47
- 越野和之（1997）「学校外生活の現状と地域生活の保障」『障害児教育学』全国障害者問題研究会出版部、173-202
- 越野和之（2002）「障害をもつ子どもの「放課後・休日問題」と関連制度・施策」『入門ガイド 障害児と学童保育』茂木俊彦・野中賢治・森川鉄雄編、大月書店、138-155
- 小宮山繁・山下浩二（1988）「障害児のサマースクール」『放課後の障害児』、青木書店、84-100
- 厚生労働省（2008）「障害児支援の見直しについて」
- 厚生労働省（2012-2022）「社会福祉施設等調査の概況」
- 厚生労働省（2012）「地域社会における共生の実現に向けて新たな障害保健福祉施策を講ずるための関係法律の整備に関する法律について」
- 厚生労働省（2015）「放課後等デイサービスガイドライン」
- 厚生労働省（2021a）「放課後等デイサービスの現状と課題について」
- 厚生労働省（2021b）「障害児通所支援の在り方に関する検討会報告書」
- 厚生労働省（2021c）「障害児支援施策の概要」
- 厚生労働省（2021d）「障害児通所支援の現状等について」
- 厚生労働省（2021e）「障害児通所支援の在り方に関する検討会」議事録、第1回〜第8回
- 厚生労働省（2022a）「児童発達支援・放課後等デイサービスの現状等について」
- 厚生労働省（2022b）「令和4年（2022年）放課後児童健全育成事業（放課後児童クラブ）の実施状況」
- 厚生労働省（2023）「新型コロナウイルス感染症（COVID-19）に係る新型インフルエンザ等感染症から5類感染症への移行について」
- 小山秀之・前田泰宏（2018）「不登校経験を有する発達障害がある児童への福祉心理学的支援」『奈良大学紀要』46、169-182
- 窪島務（1988）『障害児の教育学』、文理閣
- 窪島務（1998）『ドイツにおける障害児の統合教育の展開』、文理閣
- 窪島務（2013）「アセスメントと教育学的発達論的指導の階層論的関係に関する方法論的問題」『SNEジャーナル』19、6-20
- 窪島務（2019）『発達障害の教育学』、文理閣
- 窪島務（2021a）「インクルーシブ教育時代の教育学の課題」『教育』910、86-93
- 窪島務（2021b）「保護者手記（第二弾）の発行に際して」『発達障害の子ども・青年の成長の記録"安心と自尊心"を柱に』SKCキッズカレッジ手記編集委員会、文理閣、1-6
- 窪島務（2022a）「インクルージョンと『通常学級教育学』の無意識的、実践的、理論的クライシス」教育科学研究会 教育学部会 報告、2022年12月18日
- 窪島務（2022b）「ボーダーライン知的機能（BIF）の教育学的定位」『滋賀大学教育学部紀要教育科学』72、145-157
- 窪島務（2023）「『特別の教育的ニーズ』（SEN）概念の再定義とSENシステム」『SNEジャーナル』29（1）、7-24
- 訓覇法子（2008）「サービス格差に見るケアシステムの課題」『ケアその思想と実践5』、岩波書店、27-52
- 黒田学（2005）「学齢障害児の放課後生活支援と余暇保障」『障害者問題研究』32（4）、21-28

- 黒田学（2009）「格差社会における障害児の子育てとコミュニティケア」『障害のある子ども・家族とコミュニティケア』黒田学・渡邉武編、クリエイツかもがわ、58-81
- 黒田学（2011）「放課後活動の広がり」『障害のある子どもの放課後活動ハンドブック』障害のある子どもの放課後保障全国連絡会、かもがわ出版、146-158
- 黒田学（2017）「放課後保障の歩みと制度化」障害のある子どもの放課後保障全国連絡会『放課後等デイサービスハンドブック』、かもがわ出版、150-162
- 黒田学（2025）「排除と包摂、発達保障としての福祉コミュニティ」『排除と包摂の福祉社会（仮題）』、クリエイツかもがわ
- 京都新聞（2021年12月6日）「放課後デイなど再編へ」
- Lareau. Annette（2003）"Unequal Childhoods" The University of California
- 網野武博（1994）「家族および社会における育児機能の社会心理的分析」『現代家族と社会保障』社会保障研究所、東京大学出版、89-105
- 前林英貴・藤原映久（2021）「島根県内放課後等デイサービスにおける医療的ケアの課題と展望」『島根県立大学松江キャンパス研究紀要』60、21-29
- 毎日新聞（2018年2月7日）「放課後デイ：利用広がる　障害のある子ども支援、生活力訓練や療育利益優先、質置き去り懸念も」
- 毎日新聞（2018年2月17日）「質問なるほどリ：放課後デイサービス、なぜ急増？　企業やNPOも参入　開設基準緩く課題も」
- 毎日新聞（2020年2月28日）「新型肺炎：休校期間『自治体で判断』文科省が正式要請」
- 牧里毎治（1984）「地域福祉の概念（1）（2）」『地域福祉教室』阿部志郎・右田紀久恵・永田幹夫・三浦文夫編、有斐閣選書、57-68
- 真崎尭司（2017）「放課後等デイサービス制度の課題」『放課後等デイサービスハンドブック』、かもがわ出版、163-185
- 増山均（1997）『教育と福祉のための子ども観』、ミネルヴァ書房
- 増山均（2012）「現代日本社会と学童保育」『現代日本の学童保育』日本学童保育学会編、旬報社、61-93
- 増山均（2013）「子どもの放課後問題の到達点と課題」『障害者問題研究』41（2）、2-10
- 増山均（2015）『学童保育と子どもの放課後』、新日本出版社
- 増山均（2021）『子どもの尊さと子ども期の保障』、新日本出版社
- 丸山啓史（2013）「権利保障のさらなる前進に向けた探究を」『障害者問題研究』41（2）、1
- 丸山啓史（2014）「障害児の放課後活動の現況と変容」『SNEジャーナル』20（1）、165-177
- 丸山啓史（2018）「障害者福祉と学校教育の連携」『社会保障研究』2（4）、512-524
- 丸山啓史（2019a）「2018年度報酬改定に関わる放課後等デイサービスの実態と課題」『特別支援教育臨床実践センター年報』9、1-8
- 丸山啓史（2019b）「"余暇"の権利と社会福祉援助」『新・現代障害者福祉論』鈴木勉・田中智子編著、法律文化社、138-145
- 丸山啓史（2020）「障害のある子どもの放課後」『学童保育研究』21、4-13
- 松下浩之（2023）「知的障害のある子どもの放課後等デイサービス利用ニーズに関する研究」『社会福祉学』64（1）、15-30
- 松﨑美保子（2021）「学齢期軽度発達障害児の共生に向けた発達支援」『淑徳大学社会福祉研究所総合福祉研究』25、103-109
- 三島敏男（1992）「学校五日制と障害児教育」『学校五日制と障害児の発達』、かもがわ出版、200-215
- 宮地由紀子（2017）「子どもの居場所づくり施策の研究」『環境と経営』23（2）、165-172

- 宮地由紀子・中山徹（2020）「障がい児の放課後等の居場所づくり施策の現状と課題」『日本家政学会誌』71（4）、28-36
- みずほ情報総研（2018）「地域生活支援事業の実施状況（実態）及び効果的な実施に向けた調査研究」
- みずほ情報総研（2020）「放課後等デイサービスの実態把握及び質に関する調査研究報告書」
- 森地徹・大村美保・小澤温（2019）「放課後等デイサービスにおける支援の現状に関する研究」『障害科学研究』43、117-124
- 文部科学省（2007）「『発達障害』の用語の使用について」
- 文部科学省（2019）「日本の特別支援教育の状況について」
- 文部科学省（2020）「令和2年度における小学校,中学校,高等学校及び特別支援学校における教育活動の再開等について（通知）」
- 文部科学省（2021a）「特別支援教育の現状」
- 文部科学省（2021b）「学校基本調査」
- 文部科学省（2022）「通常の学級に在籍する特別な教育的支援を必要とする児童生徒に関する調査結果について」
- 文部科学省（2023）「特別支援教育の充実について」
- 文部科学省国立教育政策研究所（2015）「『絆づくり』と『居場所づくり』Leaf.2」
- 元森絵里子（2009）『「子ども」語りの社会学』、勁草書房
- 森川鉄雄（2002）「障害児だけの『学童保育』」『入門ガイド　障害児と学童保育』、大月書店、70-79
- 森川鉄雄（2011）「全国放課後連の運動」『障害のある子どもの放課後活動ハンドブック』かもがわ出版、159-171
- 村岡真治（2018）『まるごと入門　障害児の人格を育てる放課後実践』、全国障害者問題研究会出版部
- 室橋春光（2016）「土曜教室活動の意義」『北海道大学大学院教育学研究院紀要』124、93-105
- 長岡清美（2019）「発達に特性のある子どもを持つ親の認知の変化」『創価大学大学院紀要』40、215-240
- 永岡正己（2012）「真田社会福祉理論の現代的意義」『真田是著作集』第3巻、1-8
- 内閣府（2021）『令和3年版少子化社会対策白書』
- 内閣府（2023）「青少年のインターネット利用環境実態調査」
- 中村尚子・村岡真治（2013）「障害のある子どもの放課後活動制度化の運動と放課後等デイサービスの課題」『障害者問題研究』41（2）、19-26
- 中村尚子（2019）「放課後等デイサービスにみる2018年報酬改定の問題点」『障害者問題研究』46（4）、72-78
- 中村尚子（2021）「障害児通所支援2021年度報酬改定の問題点」『障害者問題研究』49（1）、46-51
- 中村尚子（2022）「障害児通所支援の10年と今後の課題」『障害者問題研究』50（2）、90-97
- 中西郁・大井靖・日高浩一・岩井雄一・丹羽登・濱田豊彦・半澤嘉博・渡邉流理也・渡邉健治（2020）「インクルーシブな放課後等デイサービスの在り方に関する研究」『Bulletin of Jumonji University』51、13-28
- 中西典子（2006）「子育て,教育をめぐる運動の展開」『地域社会の政策とガバナンス』、東信堂、55-69
- 中西康介（2022）『発達障害診断と心理面接』、金剛出版

- 西本絹子（2008）『学級と学童保育で行う特別支援教育』、金子書房
- 西村いづみ（2018）「放課後活動利用にみる発達障害児と家族の社会状況」『子ども家庭福祉学』18、25-41
- 二宮厚美（2012）「福祉国家における学童保育の発展」日本学童保育学会編『現代日本の学童保育』、旬報社、17-59
- 落合恵美子（2013）「アジア近代における親密圏と公共圏の再編成」落合恵美子編『親密圏と公共圏の再編成』、京都大学学術出版会、1-38
- 落合恵美子（2019）『21世紀家族へ【第4版】』、有斐閣選書
- 岡崎裕司（2006）「地域福祉の構成要件」『現代地域福祉論』、高菅出版、155-194
- Oldenburg,R.（1989）"Great good place"（オルデンバーグ,R『サードプレイス』、忠平美幸訳、みすず書房、2013年）
- 御旅屋達（2012）「子ども・若者をめぐる社会問題としての「居場所のなさ」」『年報社会学論集』25、13-24
- 御旅屋達（2015）「居場所—個人と空間の現代的関係」『現代社会論』本田由紀編、有斐閣、131-153
- 大泉博（2023）「過去十年間における障害児とその家族の悲劇的事件について」『人間発達研究所紀要』36、108-116（初出：大泉博（1981）『障害者の生活と教育』、民衆社）
- 小関俊祐・杉山智風・伊奈優花・岸野莉奈・松崎文香・池田美樹・久保義郎（2021）「児童発達支援事業と放課後等デイサービスにおける発達障害児に対する支援効果」『桜美林大学研究紀要』2、66-75
- 小澤温（2018）「放課後等デイサービスの現状と課題」『小児保健研究』77（3）、227-229
- 桜井政成（2021）『福祉NPO・社会的企業の経済社会学』明石書店
- 眞城知己（2023）「国連障害者権利委員会勧告（総括所見）と特別ニーズ教育・インクルーシブ教育研究の課題」『SNEジャーナル』29（1）、25-45
- 真田是（2012）「社会福祉の対象」『真田是著作集』第3巻、55-69
- 真田是（2012）「社会問題・生活問題・社会福祉」『真田是著作集』第3巻、71-85
- 真田是（2012）「社会福祉と社会体制」『真田是著作集』第3巻、27-39
- 真田是（2012）「社会福祉の戦後過程をどう読むか」『真田是著作集』第3巻、129-164
- 真田是（2012）「社会福祉における『政策論』」『真田是著作集』第3巻、227-258
- 真田是（2012）「社会福祉理論研究の課題」『真田是著作集』第3巻、321-353
- 真田是（2012）「地域福祉とはなにか」『真田是著作集』第4巻、237-247
- 真田是（2012）「いま『社会福祉労働』を問う意味」『真田是著作集』第5巻、113-116
- 真田是（2012）「社会福祉運動とはなにか」『真田是著作集』第5巻、223-243
- 真田是（2012）「社会福祉運動の戦後過程」『真田是著作集』第5巻、245-265
- 真田是（2012）「『社会福祉基礎構造改革』下の社会福祉運動の課題」『真田是著作集』第5巻、267-278
- 真田祐（2002）「障害児の受け入れの実態と課題」『入門ガイド　障害児と学童保育』、大月書店、56-66
- 佐藤一子（2002）『子どもが育つ地域社会』、東京大学出版会
- 佐藤匡仁・鈴木和子・斎藤昭彦（2021）「発達障害児の支援システムにおける情報共有の現状と課題（第1報）」『岩手県立大学社会福祉学紀要』23、63-71
- 篠崎美佐子（2019）「熊谷市における放課後等デイサービス」『立正社会福祉研究』21、57-64
- 汐見稔幸編著（2003）『世界に学ぼう！子育て支援』、フレーベル館
- 白石正久（2007）『障害児がそだつ放課後』、かもがわ出版

- 糟谷知香江・村田ひろみ・河瀬未来世・河津厳（2018）「発達障害児を持つ母親の時間的展望の変化」『心理・教育・福祉研究』17、11-19
- 総務省（2021）「子どもの居場所に関する調査報告書」
- 住田正樹・南博文編（2003）『子どもたちの「居場所」と対人的世界の現在』、九州大学出版
- 住田正樹（2014）『子ども社会学の現在』、九州大学出版会
- 鈴木みゆき（2021）「我が国における放課後等デイサービスに関する研究動向」『関東学院法学』31（1・2）、1-24
- 障害のある子どもの放課後保障全国連絡会（2011）『障害のある子どもの放課後活動ハンドブック』、かもがわ出版
- 障害のある子どもの放課後保障全国連絡会（2019）「放課後等デイサービス報酬改定指標判定・区分導入に関する事業所調査と提言」
- 障害のある子どもの放課後保障全国連絡会（2020）「放課後等デイサービスの制度改善に関する要望書」
- 障害のある子どもの放課後保障全国連絡会（2021）「放課後等デイサービスの制度改善に関する要望書」
- 衆議院 HP（2008）「第170回国会障害のある子供の放課後活動事業の制度化を求めることに関する請願」（最終閲覧：2022.6.14）https://www.shugiin.go.jp/internet/itdb_seigan.nsf/html/seigan/1700446.htm
- 高橋眞琴・横山由紀・田中淳一（2018）「地域連携を基盤とした発達上課題のある児童への支援」『鳴門教育大学学校教育研究紀要』32、51-59
- 田中淳一・横山由紀・高橋眞琴（2018）「発達障がいのある子どもたちの自立活動上の課題」『鳴門教育大学学校教育研究紀要』32、45-50
- 田中昌人（1980）『人間発達の科学』、青木書店
- 武川正吾（2006）『地域福祉の主流化』、法律文化社
- 東京都福祉保健局（2021）「放課後等デイサービス事業運営状況調査について」
- 津止正敏（1992）「障害児の地域活動と地域福祉」『学校五日制と障害児の発達』、かもがわ出版、148-162
- 津止正敏・津村恵子・立田幸代子編（2004）『放課後の障害児白書』、クリエイツかもがわ
- 津止正敏・立田幸代子（2005）「障害児・家族の生活実態と地域生活支援」『障害者問題研究』32（4）、13-20
- 柘植雅義（2008）『特別支援教育の新たな展開』、勁草書房
- 牛木彩子・定行まり子（2020）「障害児の放課後支援の変遷」『日本女子大学大学院紀要』26、29-36
- 牛木彩子・定行まり子（2021）「豊島区内事業所を対象とした放課後等デイサービスの設立経緯と役割について」『日本女子大学大学院紀要』27、41-49
- 臼田明子（2016）『オーストラリアの学校外保育と親のケア』、明石書店
- 安河内恵子（2008）「子育てと地域社会」『地域の社会学』森岡清志編、有斐閣、141-169
- 焼山正嗣・岡本祐子・森田修平（2015）「放課後等デイサービスを利用する母親の子どもに対する発達障害理解の変容過程」『広島大学心理学研究』15、93-108
- 山本佳代子（2015）「障害のある子どもの放課後活動における制度化の展開」『西南女学院大学紀要』19、79-88
- 山本佳代子（2016）「北九州市における放課後等デイサービスに関するアンケート調査」『西南女学院大学紀要』20、43-51
- 山本佳代子（2017）「K市における放課後等デイサービス事業所の現状と課題」『西南女学院大

学紀要』21、107-114
- 山根希代子・前岡幸憲・北山真次・内山勉・金沢京子・米山明・光真坊浩史（2020）「放課後等デイサービスガイドラインを用いたサービス提供の実態把握のための調査」『脳と発達』52、311-317
- 山下亜紀子（2019）「日本社会における母親像への問いかけ」『そだちの科学』33、70-76
- 矢澤澄子「少子化と都市環境における子育て」矢澤澄子・国広陽子・天童睦子（2003）『都市環境と子育て』、勁草書房、1-9
- 読売新聞（2016年4月8日）「広がる療育『放課後デイ』発達障害など対象　民間参入」
- 読売新聞（2017年12月15日）「［数字で語る］8352ヶ所　放課後デイ事業所　増加傾向」
- 読売新聞（2018年12月3日）「［あんしんQ］障害ある子ども　放課後の居場所は？　地域に専用デイサービス」
- 読売新聞（2020年3月17日）「休校 障害児行き場なく 新型コロナ 放課後デイも人手不足」
- 読売新聞（2021年2月28日）「［社説］障害児支援 制度悪用した不正を見逃すな」
- 米澤旦（2022）「社会福祉基礎構造改革以降の「福祉の多元化」の再検討」『大原社会問題研究所雑誌』767・768、21-38
- 財政制度等審議会（2023）「歴史的転機における財政」
- 財務省（2017）「社会保障について②（介護,障害福祉等）」
- 財務省（2020）「社会保障について②（介護,障害福祉等）」
- 財務省（2021）「社会保障について②（介護,障害福祉等）」
- 財務省（2023）「財政各論③：こども・高齢化等」
- 全国学童保育連絡協議会編（2020）『学童保育情報2020-2021』
- 全国放課後連（2004-2024）「全国放課後連ニュース」、第1号-第43号
- 全国社会福祉協議会（2019）『地域福祉論』「社会福祉学習双書」編集委員会
- 全国社会福祉協議会（2021）『社会福祉の原理と政策』「社会福祉学習双書」編集委員会
- 全国障害者問題研究会（2004-2018）『全国障害者問題研究会・全国大会』報告集、第45回-第51回

おわりに

　ここまでの議論をお読みいただきありがとうございました。
　「はじめに」でも触れましたが、本書の起点には現場の方々（実践者や教師や保護者や行政職員など）に代わり制度を読み解くことで、地域福祉や障害児支援に対する貢献をしたいと思ったことがあります。
　そのためには、常に実践を基軸に考える必要がありました。たとえば、実践を通じて感じる「ここ問題だな」と思う論点、目の前で起きているできごとが「どうも自分の身のまわりだけではなさそう」「多くの実践者が直面していそう」と想像される課題、制度が「意図せざる結果」を引き起こして実践を縛る機能不全、暗黙のうちに潜在化して共有されない問題点……、こうしたものをできるだけ拾い上げ、問い直す必要がありました。
　その意味で言えば、20代の10年間に継続的に関わった実践を踏まえ、著者なりにまとめたものが本書であります。研究と実践を「行ったり来たり」する中で培われた視点に、著者の強み、本書の特徴があるといえるでしょうか。
　そうした著者の経験が「研究と実践を架橋する成果」となり、本書が障害のある子どもの第三の居場所について静かに考える機会となっていれば幸いです。

＊＊＊　＊＊＊　＊＊＊

　本書は、2024年3月に立命館大学より博士号を授与された論文を、大幅に修正・加筆したものです。博士論文やその元になっている投稿論文、さらにその構想を形成した修士論文、あるいはその前段にある学部の卒業論文を含めると、著者は多くの方にお世話になっています。すべての過程でお世話になりました方々に、感謝申し上げます。
　なお、本書は、立命館大学大学院博士課程後期課程博士論文出版助成制度の助成を受けて刊行しています。
　「おわりに」で自己紹介をするようで恐縮ですが、この場を借りて、著者がこの研究を出発させたきっかけを記したいと思います。また、後段では本書を執筆するにあたりお世話になった方への感謝の気持ちを述べ、本書を閉じたいと思います。
　著者は、大学1年の時にボランティアとして参加したことを端緒に、障害児支援

の実践に関わりました。大学・学部時代は、東京農業大学に在籍し、国際農業開発を専攻していました。そのため、専門的な演習・実習と位置づけて障害児支援に関与していたわけではありません。ただし継続的に実践に関われば、当たり前ですが、晴れ・雨・雪の日、猛暑・極寒の日、春一番・台風による突風の日など、いろいろな日に出くわしました。子どもの体調や気分も一様ではないことを知りました。毎日が「変わりうるもの」として、臨機応変に創意工夫して、子どもたちと前向きに活動をつくりだすことにやりがいを感じました。

　大学4年の卒業論文では、食農教育を通じた障害児支援について考察しその成果をまとめました。端的には、放課後等デイサービスを利用する子どもたちと1年間農業体験をしました（農家から空いている畑をお借りし、苗やタネは近隣農家や県立農業大学校などから分けてもらうなど工夫をした）。

　この企画を立ち上げた背景には、「食べる」という行為に対して「食べ物を作る」という経験は日常的な生活から獲得するのがむずかしくなっていること、発達障害児の偏食が1つの課題になっていることがありました。それなら「一緒に野菜を作ってみよう」と思いました。農業体験では、「掘る、抜く、切る、摘む、播く、植える、撒く、肥やす、被せる」などのいろいろな経験をダイナミックに積んで、食べ物ができる過程を五感で学ぶことをねらいとしました。そのため、多様な動作・作業をバランスよく取り入れるために20種類近くの野菜を栽培しました。個人的にはこれを研究課題として昇華しようと考えた次第です。

　子どもが時間をかけて成長・発達していく姿をみて、非常にうれしい気持ちになることを何度も経験しました。著者にとって地域福祉や障害児支援は、偶有的（必然とまで言えば大げさだが単なる偶然でもなく、もっと知りたいと思った時に見識を深めることが不可能ではないよう）な出会いに支えられています。

　他方で、上記のような活動を継続する中で浮上した疑問が多々ありました。その1つに、子どもたちが置かれる環境や処遇は「何とかならないのか」と考えたことがあります。いつもは気の優しい子どもが、時として発する「許せない、殺してやる、死にたい」という言葉はどこからくるのか。一生懸命に取り組む姿が印象的な子どもが、無気力、脱走、離席などで毎日のように注意を受けるのはどうしてなのか。発達障害児の「イライラ、キレる、罵詈雑言、自分勝手、多動、不注意、こだわり、さぼり、学習拒否、集団不適応、忍耐の欠如、自信喪失」は、なぜ行動として表出するのか（これらの論点は窪島務（2019）『発達障害の教育学』にくわしく論述されて

います）。

　こうした言動が家族や教育・福祉関係者、そして子ども自身を悩ませていることを理解します。しかし、毎日のように子どもと顔を合わせ、ともに活動する中で垣間見えるのは、この特徴だけでは説明できない一面でした。むしろ目に留まるのは、「真っ直ぐ、素直、他者思い、利他的行動、仲間意識、気遣い、明るい振る舞い、気さくな挨拶、人懐っこい、ルールの順守、几帳面」などの姿でした。

　著者が研究の世界に飛び込んだのは、実践の中で浮上した疑問をまずは自分が理解したいと思ったからであり、そして明らかになった課題や方策を周囲にも伝えて解決の一助になりたいと思ったためです。第三の居場所がうまく機能することで、課題解決に少しでも寄与できるのかもしれないと素朴ながら思い立ったことにあります。

　こうした思いを抱きながら研究できる場所を探しました。幸運なことに、立命館大学の黒田学教授に出会うことができました。

＊＊＊　＊＊＊　＊＊＊

　主査である黒田学先生（立命館大学教授）には、博士課程前期課程（修士）、博士課程後期課程（博士）の5年間お世話になりました。黒田先生がいらっしゃらなければ、この研究を続けることはできなかったと思います。

　修士1年の2月には新型コロナウイルスが襲来し、活発な研究活動や自由な社会活動が危ぶまれましたが、黒田先生はオンラインツールを難なく使いこなし、労を惜しまず何どきでも応答してくださいました。それだけでなく、投稿論文や各種申請書の結果は「山あり谷あり」でしたが、決して見捨てることなく、採択された時には一緒になって喜んでくださいました。

　さらに黒田先生は、「専門社会調査士も取ったらええやん」というように、いつも背中を押してくださいました。「目の前の課題を解きつつ、その先を見据えよ」と言わんばかりに、常にさらなる課題を提示していただきました。たとえば、「科学研究費助成事業（科研費）の調査研究に同行して諸外国の動向にも目を向けてみよう」という機会は、大学の垣根を超えて年齢や専門分野も広範にわたる研究者と協働する、学びの多い時間となりました。

　この5年間は「未知の道」を進むようでありましたが、その都度出くわす要所の

判断で、いつも的確なご助言をいただきました。研究計画、著者の技量・体力・気力・環境条件、この機会を逃すことの意味、別の選択肢を得た先にある可能性など、常にあらゆる側面を統合的に判断してアドバイスをいただきました。

「この5年間の学恩をどのようにお返しするのがよいでしょう」と聞けば、おそらく先生は「次の世代につなげてくれ！」とカラっとした口調でお答えになり、ニッと笑うと思います（その笑顔が爽快で好き）。また、2023年度からは学部長に選出され大変お忙しくされていましたが、ご自身の研究や研究費の獲得などに向かわれる姿、大学教育に対する熱い気持ちを近くで拝見できたことは、貴重な学びとなりました。

2024年4月からは、立命館大学衣笠総合研究機構専門研究員として、所属を変えて再び黒田先生の研究室にお世話になっております。この先は、研究者として、教育者として、その他の社会活動を通じて、黒田先生から教えていただいたたくさんのことを実践していきます。これからもお世話になると思いますが、著書を出版するこのタイミングで感謝の言葉をお伝えしたいと思います。本当にありがとうございました。

また、この研究を進めるにあたり、2人の副査の先生に大変お世話になりました。

まず、竹内謙彰先生（立命館大学名誉教授）には、修士1年からの5年間、副査としてご指導いただきました。発達心理学をご専門にする竹内先生からは、発達障害に関する理解、心理学や発達に関する基礎理論、発達支援に関する知見などをご教授いただきました。修士論文の口頭試問、博士論文の構想発表や中間審査、公聴会といった節目において、いつも的確なご指摘をいただきました。そして、いつどんな時も研究者の主体性を第一に尊重してくださる方針に感激しました。また、博士課程3年の前期は、ほぼマンツーマンの状態で授業を受ける機会に恵まれました。温厚で柔和である竹内先生ですが、学術的関心のあるスポットやツボに入った時には、ニョキニョキと「知の巨人」が現れるのを幾度と拝見しました。骨太の論理に裏付けされた議論に、毎回圧倒されました。いつも上質な知的訓練をしていただいたという気持ちです。お世話になった5年間のうち、2年間は学部長職を担われご多忙であったと思うのですが、いつも親身にご助言をいただきました。

また、石田賀奈子先生（立命館大学教授）には、博士課程に入ってからの3年間を副査としてご指導いただきました。社会的養護をご専門にする石田先生からは、子どもの権利や子ども家庭福祉、保護者・家族支援の知見を中心にご教授いただきました。修士課程1年の前期に石田先生の授業に出席して、本書の議論の土台にある

地域福祉論や戦後社会福祉の展開について学びを深めました。その意味において、修士課程の頃に石田先生から得た学びが本書の基盤の1つとなっています。また、石田先生は子育てをする母親でもありますので、「お母さんの気持ち」についてもコメントをいただきました。その当事者としての視点を学術的な議論の俎上にのせる技術はいつも秀逸でした。さらに、進路等をいつも気にかけてくださり、細やかにお声がけいただきました。

　副査をしていただいた竹内謙彰先生と石田賀奈子先生の両先生には、大変お世話になりました。ありがとうございました。

　さらに学外では、窪島務先生（滋賀大学名誉教授）にお世話になりました。修士課程の頃、窪島先生の発達障害や障害児教育を巡る論考に「雷に打たれるような衝撃」を受けました（こういう衝撃が本当にあるのだと実感しました。打たれてすっかりトリップしてしまい、乗っていたバスを降り忘れて飲み会に遅刻）。主査の黒田先生から、窪島先生が理事長をされている滋賀大キッズカレッジ（SKC）に「修行に行ってみたら？」とご提案いただきました。「本の世界の人」であった窪島先生に、研究相談をできる機会に恵まれました。この好機・幸運を逃すまいと、足しげくSKCに通いました。論文同様のレトリックの切れ味、博識に裏打ちされた視野の広さに感銘を受けました。また、優れた研究は問いが立っていると表現するときがありますが、そうした研究がどのようにして立ち上げられるのか、実践のどういう点に目を付けているのか、といった核になる部分をたくさん学びました。さらに、研究のお話をする中で「それおもしろいやん」「そこ重要やね」と言っていただけたことが、手探り状態の不安を払拭して、突き進むための活力になりました。学ばせていただいたことは計り知れません。本当にありがとうございました。

　また、石倉康次先生（立命館大学特任教授）には、本書の草稿をお読みいただき、貴重なご指摘を頂戴しました。特に、本書の中核となる地域福祉の理論、その理論が提起された時代的背景などについて、複数回にわたりコメントをいただきました。本書は、真田是先生から石倉康次先生に継承される理論に依拠しています。理論の解説をご本人から受けられるということは、滅多にない貴重なことだと思います。さらに、本書がどのような点に対して理論的貢献を果たしているのか、本書から導出した内容がどのような社会的意義を帯びるのか、著者が今後の研究展開において着眼するとよいであろう論点など、ご助言は多岐にわたりました。夕立が降りつける日もお帰りを気にすることなく、議論を交わしてくださり、感謝に堪えませ

ん。ありがとうございました。

　立命館大学大学院社会学研究科および黒田学研究室の先輩である、野村実さん（大谷大学専任講師）、一井崇さん（富山国際大学准教授）、菱田博之さん（飯田短期大学准教授）、田中隆人さん（立命館大学大学院社会学研究科）に大変お世話になりました。多種多様なご経歴をもつ先輩方と議論を深めることができたのは、非常にありがたい環境であったと思います。地域社会に生起する諸課題の解決に向けて、それぞれの研究を進めている先輩方からさまざまなことを学びました。ありがとうございました。

＊＊＊　＊＊＊　＊＊＊

　なお、本書を構成する各章の初出は、以下の通りです。

第1章、第2章、第3章、第10章
「障害のある子どもの放課後・休日に関する地域福祉研究―発達障害のある子どもの放課後等デイサービスに着目して―」立命館大学大学院博士学位請求論文、2024年

第4章、第6章 第2節（2-1）第3節（3-3）
「障害のある子どもの放課後対策の変容と到達点―障害のある子どもの豊かな放課後保障を目指す社会運動に着目して―」『立命館産業社会論集』、第58巻第2号、pp.109-128、2022年

第5章：書き下ろし

第6章 第2節（2-2(1)）第3節（3-1,3-2）
「障害のある子どもが育つ地域社会の状況―放課後等デイサービスに着目して―」『日本の科学者』Vol.58 No.9、pp.36-41、2023年

第7章
「発達障害のある子どもの放課後等デイサービスの利用者増加をめぐる現状と課題―放課後等デイサービスの量的拡大を規定する構造に着目した事例検討―」『人間発達研究所紀要』、第36号、pp.2-16、2023年

第8章
「障害のある子どもの居場所の開かれ方―放課後等デイサービスにおける擬似市場と利用契約に着目して―」『排除と包摂の福祉社会』（第3章）、クリエイツかもがわ、2025年刊行予定

第9章
「放課後等デイサービスの発達支援に関する論点と課題―小学校に在籍する発達障害のある子どもの発達支援に着目した検討―」『立命館産業社会論集』、第57巻第4号、pp.103-122、2022年
「After-School Learning Support for Children with Developmental Disabilities in Japan」『Journal of Science – HNUE』vol.67（Hanoi National University of Education, Vietnam）、pp.3-13、2022年

本書の出版に際して、クリエイツかもがわの田島英二社長、担当編集者の水田萌さんに大変お世話になりました。出版というはじめての作業に戸惑う著者を、いつも適切に導いてくださいました。ありがとうございました。

　また、インタビュー調査に応じてくださった調査協力者の皆様に感謝申し上げます。本書では匿名性を確保するため、実名を挙げて感謝の気持ちを表すことはできませんが、貴重な証言を提供してくださった調査協力者の皆様、ありがとうございました。

　さらに、本書は全国放課後連のニュースを検討の素材にしていますが、この研究にあたって資料を快く提供してくださった全国放課後連の皆さまに感謝を申し上げます。

　加えて、個人情報を保護する観点から実名を挙げることはできませんが、飽きずに「いさみ～いさみ～」と呼んでくれる子どもたちに「いつもありがとう」と伝えたいと思います。研究を進める上で大きな力になりました。

　最後に、いつどこに行くのかもわからない著者を心身ともに支えてくれた、父、母、弟、祖母、叔母に、この場を借りて心からの「ありがとう」を伝えます。どんな時も最大の応援者でいてくれて、本当にありがとう。

　　　　　　　2024年8月　晩夏の男体山にかかる夕焼け雲を眺めながら

　　　　　　　　　　　　　　　　　　　　　　　　　　伊井 勇

著者プロフィール
伊井 勇（いい いさみ）

1994年栃木県生まれ。立命館大学衣笠総合研究機構専門研究員。博士（社会学）。専門社会調査士、高等学校教諭一種免許（農業）。専門は社会福祉学、地域福祉、障害児福祉。共著書に『排除と包摂の福祉社会（仮題）』『ハイブリッド版・キーワードブック特別支援教育』（いずれもクリエイツかもがわ・2025）など。

障害のある子どもの放課後と地域福祉
―放課後等デイサービスの二面性

2025年3月20日　初版発行

著　者●Ⓒ伊井 勇
発行者●田島英二　info@creates-k.co.jp
発行所●株式会社 クリエイツかもがわ
　　　　〒601-8382 京都市南区吉祥院石原上川原町21
　　　　電話 075(661)5741　FAX 075(693)6605
　　　　https://www.creates-k.co.jp
　　　　郵便振替 00990-7-150584

装丁・デザイン●佐藤 匠
印刷所●モリモト印刷株式会社
ISBN978-4-86342-384-8　C3036　　　　　　　　printed in japan

本書のコピー、スキャン、デジタル化等の無断複製は著作権法上での例外を除き禁じられています。本書を代行業者等の第三者に依頼してスキャンやデジタル化することは、たとえ個人や家庭内での利用であっても著作権法上認められておりません。

好評既刊　　　　　　　　　　　　　　　　　　　　　　　　　　　　　　　　　　［定価表示］

主体的な学びの探求

竹内謙彰／著

「主体的な学び」とは？主体的な学びの態度を育てる要素は？
自己評価の質問紙調査を通して、主体的な学びへの態度と年齢・性別、小学生時代の遊びの体験、人生満足度との関連を検証。人が「主体的に」学ぼうとする態度を形成するのには、何が関係しているのかを紐解いていく。

1980円

「世界の特別ニーズ教育と社会開発」シリーズ　全4巻　　黒田学／編

1　ロシアの障害児教育・インクルーシブ教育

多くの専門家との研究交流、障害児教育・インクルーシブ教育の理論、モスクワでの質的調査から学校現場の実践の変化を見る。

1760円

2　ヨーロッパのインクルーシブ教育と福祉の課題

ドイツ、イタリア、デンマーク、ポーランド、ロシア

財政危機と難民問題で揺れるヨーロッパの各国が、障害者権利条約の思想や各条項を、どのように現実のものとして達成させていくのか。

2200円

3　スペイン語圏のインクルーシブ教育と福祉の課題

スペイン、メキシコ、キューバ、チリ

日本での先行研究が少ないスペイン語圏の各国が、障害者権利条約の思想や各条項を、どのように現実のものとして達成させていくのか。

2200円

4　アジア・日本のインクルーシブ教育と福祉の課題

ベトナム・タイ・モンゴル・ネパール・カンボジア・日本

先行研究が乏しいアジアのインクルーシブ教育と福祉の課題を探り、日本との比較研究を試み、各国が障害者権利条約の思想を、どのように達成させていくのか、諸課題を提示。

2640円

好評既刊　　　　　　　　　　　　　　　　　　　　　　　　　　　　　　　　　　　［定価表示］

新版・キーワードブック特別支援教育
インクルーシブ教育時代の基礎知識

玉村公二彦・黒田学・向井啓二・平沼博将・清水貞夫／編

特別支援教育の基本的な原理や制度、改革の動向や歴史、子どもの発達や障害種別による支援など、基本的な知識を学ぶことが重要。教員をめざす人や特別支援教育をさらに深めたい人、特別支援教育学、心理学、福祉学、歴史学のテキストとして最適。　　　3080円

鉄オタ集結！
「好き」を強みに♡発達障害のある子の居場所「鉄オタ倶楽部」

富井奈菜実・越野和之・別府哲／編著

困難ととらえられがちな「こだわり」を「好き」に変え、他者とつながり、自分を知っていく子どもたち。奈良教育大学特別支援教育研究センター「鉄オタ倶楽部」の活動。　　1430円

母ちゃん☆センセ、笑ってなんぼ
発達障害のある子どもと創る希望ある生活

松為信雄／監修　　宇野京子／編著

パワフルで細やかな母ちゃん、厳格であたたかい特別支援学級教師、破天荒でやさしい大学教員がその選択は誰のために？ 何のために？ と問いながら、障害のある子どもたちと創り出してきた、穏やかな生活と教育。　　　　　　　　　　　　　　　　　　　1870円

特別支援教育は幸福を追求するか
学習指導要領、資質・能力論の検討

三木裕和／著

学習到達度調査PISAから眺める学力、特別支援学校学習指導要領改訂が求めるもの、そして、実践からみえる若者の感覚とこれからを歩む権利。教育現場が必要とする知見をわかりやすく、鋭く問う。　　　　　　　　　　　　　　　　　　　　　　　　　　1870円

あたし研究　自閉症スペクトラム〜小道モコの場合　1980円
あたし研究2　自閉症スペクトラム〜小道モコの場合　2200円

小道モコ／文・絵

自閉症スペクトラムの当事者が「ありのままにその人らしく生きられる」社会を願って語りだす―知れば知るほど私の世界はおもしろいし、理解と工夫ヒトツでのびのびと自分らしく歩いていける！

好評既刊　　　　　　　　　　　　　　　　　　　　　　　　　　　　　　　［定価表示］

小学生のこころを育む放課後生活
こころの居場所となる学童保育・放課後デイって？

近藤直子／著

放課後を過ごす子どもたちのこころもよう家とも学校とも違う独自の魅力をもつ放課後生活の場。それはどのようなところか。そこで、子どもたちのこころはどのように動き、変化していくのか。学習やあそびが語られることの多い学童保育を発達心理の視点からみたとき、放課後を過ごす場が、子どものこころにとってどんな意味をもつのかにせまります。　　1430円

災害時の学童保育のブリコラージュ
「まびひょっこりクラブ」がつなぐ未来へのバトン

鈴木 瞬・糸山智栄・若井 暁／編著

地震・災害が頻発する日本列島。災害など想定を超えた事態での即応的対応力！
豪雨災害からわずか数日後に開設された学童保育実践から、危機対応学の概念をもとに、想定を超えた事態が生じた際の即応的対応として、あり合わせのものや偶然すらも活かしていく「ブリコラージュ」の発想をもとにを考える。　　2200円

発達障害児者の"働く"を支える
保護者・専門家によるライフ・キャリア支援

松為信雄／監修　宇野京子／編著

ウェルビーイングな「生き方」って？　生きづらさを抱える人たちが、よりよい人生を歩むための「働く」を考える。「見通し」をもって、ライフキャリアを描けるように、ジョブコーチやキャリアカウンセラー、研究者や教員、作業療法士、保護者・当事者などさまざまな立場の執筆陣が、事例や経験、生き方や想いを具体的に記す。　　2420円

私が私として、私らしく生きる、暮らす
知的・精神障がい者シェアハウス「アイリブとちぎ」

河合明子・日髙 愛／著

栃木県のごくごく普通の住宅街にある空き家を活用したシェアハウス。元キャリアコンサルタントと作業療法士の異色コンビがお金を使わず知恵を使う、誰もが使いやすい環境整備、対話のある暮らしやポジティブフィードバック……。障害をかかえた彼女・彼らが主人公で、あたり前に地域で暮らすためのヒントが満載。　　2200円

知的障害のある人の青年期の教育権保障
教育と福祉「二つの専攻科」の比較から

辻　和美／著

「子どもから大人へ」「学校から社会へ」の移行期に、どんな学びを準備するのか。
知的障害のある人の高等部以降の進路として、福祉事業所への就労や高等教育への進学以外の第三の選択肢"専攻科"。学校専攻科と福祉事業型専攻科「二つの専攻科」の実践から、青年期のゆたかな学びを考察。制度面や教育カリキュラム・プログラムを比較し、知的障害のある人の青年期教育の課題とこれからを考える。　　2860円